KB262078

이 책은 아나뱁티스트 교육 철학을 관철하려는 일방적 주장이 아니다.
그보다는 "말씀이 육신이 되어"요1:14 우리에게 선물로 찾아오신
예수 그리스도를 통해 하나님을 만나는 자리로 부르신 초대장이다.
– 저자 서문 중에서 –

교육 철학을 제시하는 이 책에서 추상적인 주제와 논증이 지루하게
이어질 것으로 예상하는 사람이 있다면, 곧 예기치 않은 기쁨을
맛보게 될 것이다. 한마디로, 메노나이트 학교들이
"그리스도 중심으로 말씀을 읽고, 그리스도 중심으로 타인을 이해하고,
그리스도 중심으로 이 땅 가운데 사람들 눈앞에 부활하신 그리스도를
보여주는 곳으로 교회를 바라볼 때, 바로 그 가르침들을 통해 진정한 학교로 세워진다"는
저자의 생각을 현장의 생생한 사례를 들어가며 전해 준다.
– 추천의 글 중에서 –

아나뱁티스트는 당시 교회를 개혁의 대상으로 보지 않고 회복의 대상으로 보았다.
그렇기에 당시 주류 개혁자들의 교회 제도를 고치고 부정을 없애고,
비성서적 의례를 바로잡는 '개혁' 수준으로는 교회의 본질,
즉 근본으로 돌아갈 수 없다고 믿었다는 것이다.
– 옮긴이의 글 중에서 –

옮긴이 정용진

고신대 신학과를 졸업하고 인터넷 언론사 정치부 기자로 활동했다. 그는 예수그리스도를
인간 윤리의 규범으로 믿고, 공동체·평화·제자도를 실천하는 아나뱁티스트 신앙을 발견한 뒤,
KAC에서 간사로 섬겼다. 공역으로 『학교 현장을 위한 회복적 학생 생활 지도』(KAP)가 있다.

맛보아 알지어다

지은이	존 로스 John D. Roth
옮긴이	정용진
초판발행	2013년 2월 20일
펴낸이	배용하
책임편집	박민서
등록	제364-2008-000013호
펴낸곳	도서출판 대장간
	www.daejanggan.org
등록한곳	대전광역시 동구 삼성동 285-16
편집부	전화 (042) 673-7424
영업부	전화 (042) 673-7424 전송 (042) 623-1424
ISBN	978-89-7071-274-1

이 책은 한국어 저작권은 MennoMedia와 독점 계약한 대장간에 있습니다.
기록된 형태의 허락 없이는 무단 전재와 복제를 금합니다.

 값 10,000원

맛보아 알지어다

삶을 바꾸는 메노나이트 교육

존 로스 지음

정용진 옮김

Teaching That Transforms

Why Anabaptist-Mennonite Education Matters

John D. Roth

차례

　역자는 책을 소개하는 입장이지만 한편으론 최초의 독자이기도하다. 적어도 새로 옮긴 언어에 있어서는 그렇다. 말하자면, 영어로 쓰인 이 책의 최초의 독자는 저자 자신이겠지만, 한국어로 옮긴 책의 최초 독자는 바로 역자 자신인 셈이다. 그러므로 나는 책을 소개하는 역자의 입장이 아니라 우리말로 된 책을 처음 읽은 독자의 입장에서 일종의 감상문을 써 보려한다. 책을 다 읽고 지금 이 후기를 읽고 있는 독자들이라면, 귀한 책을 읽은 감상을 함께 나눌 수 있을 것이다.

　우리는 수없이 많은 이야기를 듣는다. 사람은 자기가 듣는 이야기대로 살아간다. 이야기는 세상을 보고 이해하는 방식을 뜻한다. 나와 우리, 이 세상이 어떻게 존재할 수 있는지, 선과 악을 구분하는 기준과 행복이 무엇인지를 정의해 준다. 이렇게 우리가 듣는 이야기를 우리는 교육이라 부르고, 때로 세상은 이 교육이라는 이름으로 '우파' 적 시각에서 인생을 가르치고, 때로 '좌파' 의 시선으로 세상을 들려준다. 결국 나는 이 책을 읽으며 한 가지 질문을 만난다. 나는 어떤 이야기를 듣고 있는가? 또 나는 어떤 이야기를 들어야 하는가? 다시 말해, 나에게 '교육' 의 본질은 무엇인가? 교육의 본질은 무엇일까? 방법론일까? 효율성일까? 성적표일까? 아니다. 사람이다. 그 사람이 누군가에 대한 것이며, 어떤 사람이 될 것인가의 문제이다. 결국 교육은 존재의 문제, 그것을 결정하는 정체성의 문제이다. 그래서 국가는 교육을 통해 시민을 양성하고, 기업은 소비자를, 군대는 병사를, 종교는 신자를 만든다. 사실 우리는 한 사회에 살면서 동시에 여러 정체성을 지니고 살아간다. 한 국가의 시민이면서 소비자이기도 하고, 때론 군인도 되었다가 종교인이기도 하고, 특정 직종에 종사한다면 거기에서 요구하는 사람이 되기도 한다. 그럼에도 불구하고 사람에게는 존재를 규정하는 주된 정체성이 있다. 나는 누구이며 무엇을 위해 살아가는가는 바로 이 정체성이 결정한다.

나는 그리스도인이다. 이것이 나를 규정하는 가장 우선된 정체성이다. 그렇다면, 그리스도인은 누구인가? 그리스도인으로서 나는 어떤 이야기를 듣고 있는가? 내가 듣는 이야기가 나를 그리스도인답게 하는가? 다시 말해, 나에게 주어지는 교육의 본질은 무엇이며 그것이 내 정체성을 드러내는가? 이 책은 한마디로 이 질문에 대한 아나뱁티스트의 답변이다. 교육은 무엇이며 왜 중요한가?

이 책을 읽는 동안 나는 줄곧 래디컬radical이라는 말을 떠올렸다. 대개 사람들은 이 말을 '급진적'이라고 옮기지만, 이 말이 '뿌리'를 뜻하는 라틴어 radix에서 온 것을 보면, 기실 '근본적'이라 옮기는 편이 온당해 보인다. 실제로 중세 영어에서는 이 말을 '뿌리를 내린다'forming the roots는 말로 썼다고 한다. 그러나 애석하게도 오늘날 사람들은 대개 급진적이라는 말을 과격하다는 말로 알아듣고, 여기서 다시 어떤 위험성을 떠올린다. 그래서 급진주의자는 테러리스트와 동일하게 취급되며, 때문에 이 말은 정치적으로 반대편을 규정짓고 봉쇄할 때 자주 쓰인다. 지독한 오용이 아닐 수 없다.

내가 래디컬이라는 말을 떠올린 이유는 그리스도인이 누구인지 알기 위해 내가 근본으로 돌아가 뿌리를 점검해야 하고, 거기서 내 정체성을 발견해야 하며, 거기에 내가 들어야 할 이야기가 있기 때문이다. 그리고 이 책에서 보여주는 교회 역사상 가장 래디컬했던 아나뱁티스트가 바로 그렇게 했기 때문이다. 아나뱁티스트는 지난 역사에서 급진적인radical 부류, 그래서 과격하고 위험하다는 꼬리표를 달고 다녔다. 지금이야 이 책에서도 밝히듯이 주류 학계나 교단에서 과거의 평가가 잘못되었다고 인정하고 바로 잡고 있지만, 아직도 한국 교회는 이 삐딱한 이름표를 바로 읽지 못하는 듯하다. 한 때 욕설처럼 불렸던 '아나뱁티스트'라는 이름이 지금은 뭇 사람들에게서 참된 신앙과 진정한 제자도의 표상처럼 들려지고 있지만, 박해만 사라졌을 뿐 아직도 소수만이 이들의 진가를 알아본다. 그래서 아나뱁티스트는 아직도 소수로 존재하는지도 모른다.

아나뱁티스트가 래디컬한 이유는 무엇일까? 이 말이 오랜 세월, 적어도 아나뱁티스트에게만큼은 지독히 오용돼 왔을지언정, 아나뱁티스트를 가장 잘 설명하는 단어임에는 틀림없다. 이들이 급진적이거나 과격한 것이 아니라 근본적인radix 사람들이기 때문이다. 다시 말해, '뿌리'까지 파고들었던 사람들이기 때문이다. 알다시피 아나뱁티스트는 16세기 종교개혁 시절에 루터나 츠빙글리, 깔뱅과 같은 주류 개혁주의자들과 함께 출현했다. 아나뱁티스트가 이들과 다른 점이 있다면, 당시 교회를 개혁reformation의 대상으로 보지 않고 회복restoration의 대상으로 보았다는데 있다. 그렇기에 당시 주류 개혁자들이 교회를 구성하는 제도를 고치고 부정을 없애고, 비성서적 의례를 바로잡는 '개혁'의 정도로는 교회의 본질, 즉 근본으로 돌아갈 수 없다고 믿었다. 근본이 변하지 않는다면 제도와 형태가 개선된 다한들 실상은 변하지 않은 것과 마찬가지라 생각했기 때문이다. 그래서 더 더욱 래디컬하다는 말을 들을 수밖에 없었다.

그러나 이는 이들의 방식을 가리키는 말 아니다. 이들의 관점을 설명하는 것으로 이해해야 한다. 그렇다면 아나뱁티스트는 그리스도인을 어떤 존재로 생각했을까? 다시 말해, 아나뱁티스트는 기독교의 본질을 무엇으로 보았을까? 아나뱁티스트는 기독교 신앙의 근본을 예수로 보았다. 하지만 예수를 말하지 않는 기독교 종파도 있던가? 아나뱁티스트는 달랐다. 예수를 신앙의 중심으로 삼되, 죄 사함과 영혼 구원을 위한 구원자로만 섬기지 않았으며, 그렇기에 예수의 피와 희생, 죽음만이 아니라 그분의 삶과 가르침, 죽음과 부활을 모두 들여다보았다. 특히 예수가 자신의 육체와 삶을 통해, 즉 성육신이라는 신비를 통해 하나님의 뜻을 온전히 드러내셨고, 산상수훈을 통해 원수조차 사랑하라는 하나님 나라의 새로운 삶의 방식을 가르치셨으며, 십자가를 통해 몸소 그 삶의 방식을 보여주셨기에, 예수야말로 인간 윤리의 유일한 규범으로 이해했다. 그러므로 아나뱁티스트에게 신자가 된다는 말은 곧 그분을 따르는 제자가 된다는 말이었고, 교회를 회복한다는 의미는 제도를 개선하는 것이 아니라 예수에게로 돌아가는 것을 뜻했다. 이는 단지 신자가 내면의 확신을 공고히 하고 목청껏 예수의 이름을 부른다고 되는 일이 아니라, 실제로 예수가 걸어가신 길과 보여주신 삶과 가르침을 따라야 한다고 믿었다. 예배 역시 단순히 영혼의 구원자인 그분과 영적으로 교통하고, 그분을 높이고 경배하는 의식과 예전, 혹은 구원을 얻기 위한 방편으로써 기능하는 하는 것이 아니라, 이와 동시에 신자와 교회가 누구인지 보여주는 정체성과 어떻게 살아야 하는지 말해주는 존재의 의미를 확인하는 것으로도 이해했다. 그러니 혹 이런 아나뱁티스트의 모습이 래디컬하다고 한다면, 그것은 바로 예수가 래디컬했기 때문이다.

이 책은 16세기가 아닌 21세기 북미의 아나뱁티스트 상황을 말하고 있지만, 결국 그리스도인이라는 우리의 독특한 정체성을 회복하자는 말로 정리할 수 있다. 저자는 우리에게 근본으로 돌아가야 하며, 신자Believer가 아니라 제자Follower가 되자고 요청한다. 21세기에도 여전히 아나뱁티스트가 되자고 말한다. 그것이 바로 우리가 들어야 할 이야기이며 교육의 본질이라 말한다. 결국 나는 이 책을 통해 내가 들어야 할 이야기는 좌파도 우파도 아닌 예수의 이야기라는 사실을 다시 깨닫는다. 신앙은 사고방식의 문제가 아니라 삶의 방식의 문제이며, 이는 종교적 범주에 갇혀서는 안 되는 대단히 정치적이고 윤리적인 선택이라는 사실을 깨닫는다. 그리고 이렇듯 예수를 따르는 매일의 선택이 그리스도인으로서 나의 정체성을 보여준다는 사실도 깨닫는다.

저자는 이렇게 말한다. "궁극적으로, 그리스도인의 회심은 이성적 사고와 논리적 설득, 혹은 내면의 변화의 문제가 아니라 자신을 경배하려던 욕망과 습관, 행실을 하나님 경배하는 것으로 돌이키는데 있다." 신자, 비신자를 막론하고 우리가 누구를 섬기고 있는지 돌아볼 일이다. 내가 지금 욕망하고 있는 것이 내 섬김의 대상이기 때문이다. 나는 내가 듣는 이야기대로 욕망하고 있다. 그리스도인이라 하면서도 내가 여전히 나 자신을 위해 욕망하고 있다면, 나는 명목상으로는 신자일지 몰라도 진정한 제자일 수는 없다.

오늘날 한국 교회를 보자. 과연 우리가 그리스도인이라는 참된 정체성을 가지고 있는가? 미국과 달리 한국은 전체 공교육에서 사립학교가 차지하는 비율이 상당히 높고, 사학의 비율중 기독교 학교의 비중이 80%에 가까울 정도지만 과연 우리 자신에게 그 독특한 정체성이 나타나 세상에 그리스도인이 누구인지 보여주고 있는가? 무엇이 그리스도인의 '정체성'인가? 부정과 부패, 돈과 권력과 추문과 몰상식과 폭력이 우리의 정체성은 아닌가? 욕망하는 존재가 변하지 않는다면, 어떻게 욕망이 스스로 변할 수 있겠는가? 반대로 말하자면, 욕망의 실체를 보면 존재의 실체를 알 수 있다는 말이다. 마르크스는 "존재가 의식을 규정한다."는 말로 계급 관계를 설명했지만, 우리는 이 말을 약간 다른 맥락에서 이해할 수 있을 것이다. 존재가 욕망을 규정한다.

오늘날 미국은 사실상 준기독교국가semi-christendom이다. 적당히 타협해 정체성을 조금만 희석시키면 '평화롭게' 지내고 모종의 '혜택'도 누릴 수 있지만, 아나뱁티스트는 굳이 자신의 '불편한' 정체성을 드러내 그리스도인이라는 존재의 의미를 잃지 않으려 분투하고 있다. 세상이 바삐 돌아가고 정신없지만, 여전히 지구 반대편 어느 곳에서 바른 이야기를 듣고, 정체성을 세우려는 사람들이 있어 든든하고 감사한 마음이 든다. 한시바삐 우리도 근본radical으로 돌아가 뿌리radix를 들여다봐야겠다. 세상의 이야기를 듣고 나를 욕망할 것이 아니라 예수의 이야기를 듣고 예수를 욕망하며 살아야 하겠다.

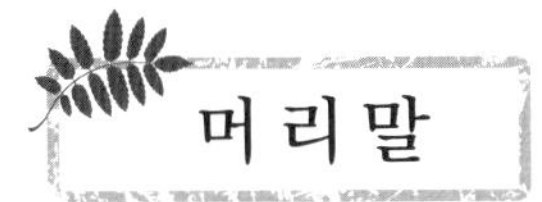

머리말

1991년 10월 어느 날, 고센 대학교의 젊은 역사학 교수인 존 로스를 처음 만난 날을 나는 아직도 생생히 기억한다. 당시 나는 고센 대학교 내에 위치한 교단 역사자료실에 초대받아 에크하르트로 가고 있었다. 초대받은 다른 사람들과 합류하여 벽돌로 지은 역사자료실 건물로 향하던 중, 어쩌다 누군가 이게 얼마나 지루한 행사가 될지 푸념하는 소리를 듣게 되었다. 그러나 행사를 담당한 로스를 만나자마자 사람들의 걱정은 기우에 지나지 않았음을 금세 알게 되었다. 로스는 전시물 중에서 수 세기가 지난 고서적 몇 권을 보여주면서 행사를 시작했다. 로스가 메노나이트 역사를 상세히 되짚어 줄 때, 우리는 모두 숨죽여 들었고 이내 황홀경에 빠져들었다. 그의 설명은 다양한 인종적·문화적 배경을 지닌 우리 방문단 모두 깊이 감동하기에 충분했다. 나중에 안 일이지만, 우리가 차마 자리를 뜨지 못하고 이런 저런 질문을 하며 푹 빠져 있는 바람에, 다음 일정은 시간이 지체되어 그만 '취소' 해 버렸다고 한다.

예리한 역사가이자 탁월한 교사인 로스는 "세상에 지루한 주제란 없다. 지루한 선생만 있을 뿐"이라는 격언이 왜 진리인지 우리에게 명확히 증명해 보인 셈이다. 불과 몇 분 만에, 교회사 고문서를 보존하는 이유와 목적에 대한 우리의 짧은 생각을 바꾸어 놓았던 것이다. 우리는 이 고문서들이 단순히 잘 보존된 옛 기록물인 줄로 알았지만, 로스의 강의를 통해 과거에 자기 백성을 위해 일하셨던 하나님의 신실하심을 오늘날 우리에게 다시 보여주는 풍성한 자료의 보고라는 사실을 알게 되었다.

고센에서 있었던 그날 이후, 나는 교사이자 저자이며, 역사가이자 강연자인 로스의 탁월한 능력을 줄곧 보아왔다. 당신이 손에 든 이 책은, 분명하고 세심하면서도 풍성한 문체로 깊이 있게 설득해 나가는 그의 탁월한 전달 능력의 또 다른 예 일뿐이다. 이 책에서, 로스는 메노나이트 총회 교육부Mennonite Education Agency에 속한 학교들의 역사를 풀어낸다. 하지만, 그냥 하는 것이 아니라 독자로서 여러분의 관심을 온통 사로잡는 방식으로 하게 될 것이다.

그는 초창기 많은 메노나이트 학교가 "사회학적·신학적 정체성을 지키기 위한 방어 수단"으로 세워졌는데, 그 이유는 아나뱁티스트가 지닌 분리주의적 성향 때문이었다고 설명한다. 그러면서 지금은 학교들이 점점 더 비非메노나이트 학생과 교사들을 포용하는 쪽으로 변화하고 있다고 말한다. 그러나 로스가 말한 바로는, 이러한 변화는 단지 "교육 시장에서 살아남기 위한 경쟁 전략"이 아니라, 오히려 "메노나이트 울타리 밖에 있는 사람들과 건강한 관계를 맺는 것은" 긍정적인 일이며, 아나뱁티스트–메노나이트 신앙을 드러내는 한 표현이라고 설명한다. 그는 교육이 선교의 중요한 방편이 될 수 있다는 생각을 인정하지만, 그 선교를 수행하는 방식이 타당한가에 대해서는 의문을 표한다. 반대 의견을 가진 사람들을 세심히 배려하면서, 로스는 여전히 세상과 다른 독특한 메노나이트 교육이 필요하다는 점을 입증한다.

메노나이트 총회 교육부의 요청으로, 로스는 이 책에 아나뱁티스트의 교육 철학이 무엇인지 제시했다. 추상적인 주제와 논증이 지루하게 이어질 것으로 예상하는 사람이 있다면, 곧 예기치 않은 기쁨을 맛보게 될 것이다. 이 책에는 메노나이트 교육 철학에 대한 로스의 확신이 분명하고 힘 있게 나타난다. 한마디로, 메노나이트 학교들이 "그리스도 중심으로 말씀을 읽고, 그리스도 중심으로 타인을 이해하고, 그리스도 중심으로 교회를 이 땅 가운데 사람들 눈앞에 부활하신 그리스도를 보여주는 곳으로 바라볼 때, 바로 그 가르침들을 통해 진정한 학교로 세워진다"는 것이 그의 생각이다. 로스는 이 점을 단지 잘 짜인 논리로만 전달하지 않고 현장의 생생한 사례를 들어가며 전해 준다.

이 책은 또한 페다고지pedagogy; 가르침의 기술과 실천를 아나뱁티스트 관점에서 살펴본다. 로스는 역시 실례를 통해, 제대로 된 기독교 교육은 학생들이 인간의 모든 감각을 활용해 창조 세계에 계신 하나님의 임재를 알 수 있게 가르치는 것, 즉 그 감지 능력을 키워주는 것이라는 사실을 논증한다. 기독교 학교가 해야 할 참된 교육은 커리큘럼을 따라 체계적으로 이루어지는 교실 수업에서가 아니라, 전혀 다른 부분에서 이루어지는 것이라고 주장한다. 바로 보이지 않는 학교 정신이 먼저 제대로 확립돼 있을 때, 다시 말해 학교의 교육 철학과 정체성, 그리고 이를 매일 실천하려는 노력이 전제돼야 학생과 교사 모두에게 진정한 교육이 이루어진다는 것이다. 특히, 학교가 밝힌 사명 선언문과 실제 실천 사이에 괴리가 생겼다면, 이는 학교가 학생들에게 더 많이 '가르쳐야 할' 문제가 아니라 학교 자신이 먼저 그 가치를 '지켜야 할' 문제라고 로스는 지적한다.

이 책에서 눈을 번뜩이게 하는 부분은 소위 "특수성의 딜레마embarrassment of particularity"를 피할 길이 없다고 한 로스의 주장이다. 로스의 말에 의하면, 앞으로 모든 학교는 교회가 그런 것처럼 항상 자신의 특수한 신학과 정체성을 표명해야 할 것이다. 그냥 일반 '기독교' 학교란 존재하지 않는다. 그러므로 메노나이트 학교들은 교육의 핵심에 자리한 자신의 독특한 정체성을 더 잘 가르치고, 드러내고, 전하는 일에 힘써야 한다.

존 로스의 가족과 마찬가지로, 우리 가족 다섯 명 모두 메노나이트 학교에서 교육적 혜택을 받았다. 아내와 나는 둘 다 이스턴 메노나이트 신학교Eastern Mennonite Seminary를 졸업했다. 우리 가족이 웨일즈에서 지내던 한 해를 빼면, 아이 셋 모두 펜실베이니아에 있는 크레이빌 메노나이트 학교에서 유치원부터 초·중 과정을 모두 거쳐 우리 부부처럼 이스턴 메노나이트 대학교Eastern Mennonite University를 졸업했다. 우리 가족의 삶을 빚어 온 이 학교들에 우리 가족은 마음속에 감사의 빚을 지고 있다.

최근에 아내와 나는 존 로스의 집에서 며칠 묵을 일이 있었다. 집 안에서 편안히 존과 그의 아내, 룻과 즐겁게 이야기 나누었다. 가족 문제, 지역 교회, 선교 기관의 중요한 사역들과 외국 그리스도인들과 나누었던 교제 등 광범위한 주제로 시간 가는 줄 모르고 얘기했다. 따뜻하게 맞아주는 로스를 보면서 나는 거의 20년 전 느꼈던 그의 첫인상이 전혀 틀리지 않았다는 사실을 문득 깨달았다. 메노나이트 교육에 헌신했기에 로스 자신의 삶이 넘치도록 풍요로웠음을, 또한 다른 이의 삶도 그렇게 해 주었음을 알 수 있었다. 당신이 이 책을 끝까지 꼼꼼히 읽어 나간다면, 틀림없이 당신의 삶도 풍성해질 것이다.

2010 10월

미국 메노나이트 교회 총회 사무총장

어윈 R. 스투츠만Ervin R. Stutzman

2002년 1월 8일, 조지 W. 부시 대통령은 미국 공교육 개혁 법안에 서명했다. 2001년에 만들어져 '낙제학생방지법'No Child Left Behind Act 이라 명명한 이 법안은 초등학교부터 고등학교에 이르는 학생들의 학업 성취도를 국가 차원에서 일정 수준까지 끌어 올리려는 것을 골자로 했다. 법안 자체는 목적으로 볼 때 그다지 큰 논란은 없을 것으로 보였다. 그러나 이후 수년 동안, 이 법안은 교육계에 상당한 파장과 논란을 몰고 왔다. 한쪽 사람들은 이 새로운 법안으로 말미암아 교사와 학교 당국이 교육의 질을 높이는 등 더욱 책임감 있게 학생들을 가르칠 것으로 보았다. 교사들은 더는 읽고 쓰지 못하는 고등학생이 생기게 내버려 두지 않을 것이며, 사회적 승급1)을 쉽게 허용하지 않게 될 터였다. 학업 수행능력이 낮게 평가된 학교가 이렇다 할 개혁을 이루어내지 못하면, 국가 권한으로 학교 조직을 강제 개편하거나 예산을 삭감할 수도 있게 된 것이다.

그러나 다른 편에서는 이 법안을 매섭게 비판했다. 이들이 보기에 이 법안이 겨냥하는 교육 개혁이라는 것은 교육적 성취의 기준을 오로지 성적이라는 한 가지 잣대로만 평가하는 것에 지나지 않았다. 또한, 교복 착용 의무화 규정은 학생들의 사회적·경제적·문화적 다양성을 근본적으로 무시하는 처사였다. 게다가, 이마저 주정부의 예산 부족으로 시행이 되지 않는 경우가 태반이었다. 결과적으로 미술, 음악, 외국어 같은 과목들은 사라지게 됐고, 교사들은 의욕을 잃은 채 오로지 성적 올리기에만 매달리게 됐다.

이 법안에 대한 사람들의 입장이 어떠하든, '낙제학생방지법'이 촉발한 뜨거운 사회적 논쟁이 한 가지 사실만은 분명하게 일깨웠다. 바로 '교육이 중요하다'는 사실이다!

과세 기준, 교사책임제, 결과 측정 방식 등 전국을 떠들썩하게 한 이 논란의 주된 관심은, 사실은 차갑게 계산된 경제 논리였다. 2010년 가을 기준으로 미국 내 공교육 기관에서 근무하는 초·중등교사의 규모는 대략 330만 명이며 이들이 거의 5천만 명의 학생을 가르치고 있다. 여기에 사설학교에 다니는 약 600만 명의 학생을 추가하면 전체 학생 수가 나온다. 2010-2011학년도에 미국 세수 중 교육비 지출은 초등, 중등 과정 교육에만 무려 5조 4천억 달러^{한화 약 6조 5백억 원}에 달했다. 학생 일인당 평균 1만 8백 달러^{한화 약 1천 2백만 원}인 셈이다. 여기에 중등교육 이상 과정까지 합산하면 전체 교육비 지출액은 거의 두 배 가까이 된다.[2] 분명한 점은, 우리 사회가 국가 재원의 상당한 부분을 교육 분야에 집중적으로 투자하고 있다는 사실이다. 그러므로 미국 학생들의 수학이나 읽기, 쓰기와 같은 기초학습 능력시험 점수가 다른 비슷한 선진국 학생들에 비해 상당히 뒤졌다는 연구 결과가 나오자, 사람들은 응당 다음과 같은 의문을 품게 되었다. 국가 차원의 교육 투자가 과연 성과가 있는가? 평균 미달의 이런 교육력이 국가의 미래와 경제에 어떤 영향을 미칠 것인가?

경제적 관점의 손익계산을 차치하더라도, 교육 개혁이라는 논쟁은 언제나 뜨겁다. 주지하는 바와 같이, 교육은 사회 구성원 각 개인의 행복과 밀접한 관련을 맺고 있기 때문이다. 사회에서 말하는 소위 개인적 성공이란, 이를테면 고소득, 높은 직업 만족도, 사회적 지위, 심지어 평균 수명에 이르기까지, 이런 것들은 거의 높은 수준의 교육과 불가분의 관계이다. 지금 행하는 교육은 실로 아이들의 미래 삶의 궤도를 설정하는 일과 같기 때문에 교육개혁에 관한 이런 논의가 중차대할 수밖에 없다. 수많은 아이들의 꿈과 희망, 소원이 바로 여기에 달려 있다.

그러나 더 깊은 차원으로 가면 이러한 논의에는 부정할 수 없는 정서적 측면이 존재한다. 유사 이래 교육은 공식적이든 비공식적 형태로든 사회의 근본적인 영성과 문화적·정치적 가치들을 한 세대에서 다음 세대로 전수할 때 사용했던 중요한 방식이었다. 다른 동물의 새끼와 달리, 인간은 혼자서 움직일 수조차 없는 완전히 연약한 상태로 세상에 태어난다. 이빨도 없고 몸을 보호할 털도 없이 세상에 나온다. 주로 자연 본능에 의존해 살아가는 대신, 인간은 축적된 문화와 지식에 의지하고 이를 전수함으로써 생존해 나간다. 더구나 인간은 청소년기라는 상당히 오랜 성장 과정을 거쳐야 하며, 성인이 되기 전까지는 가족과 더 큰 공동체에 의지해 살아가야 한다. 달리 말해, 이는 인간 공동체가 엄청난 사회적·경제적 자원을 젊은 세대를 위한 교육에 투자한다는 의미다. 물리적으로 생존이 가능하도록 필수 기술만을 전수하는 것이 아니라, 삶의 의미와 목적을 찾게 해 주는 더 깊은 차원의 지식과 지혜, 영적 사유들을 가르친다.

인간이 태어나 처음으로 접하는 교육은 언제나 비형식적이며, 가족이나 공동체의 맥락에서 이루어진다. 인간은 주변 사람들이 간단한 말로 천천히 또박또박 말을 걸어줄 때, 이들에 대한 신뢰 속에서 거의 즉각적으로 언어를 습득한다. 점차 놀이와 탐험, 그리고 반복을 통해 운동 능력을 키우고 사물의 인과 관계를 알아차린다. 그리고 미묘하지만 분명하게 사람들과의 상호작용을 통해 기본 감성과 관계의 기술을 발전시키기 시작한다. 성인이 되면, 자신이 선택한 일이 어떤 결과를 맺게 되는지, 사랑과 증오라는 신비로운 감정과 믿음과 신앙을 추구하는 이유, 그리고 인간 존엄의 근거이자 도덕적 결정의 배후에 존재하는 더 큰 영적 실체에 대해 알아가게 된다. 이런 것들은 대부분 인간이 어떤 의식적 지향이나 목적을 가지고 하지 않아도 저절로 생긴다.

하지만, 교육은 더 분명한 형식을 띠고 이루어지기도 한다. 인간은 부모에게서 어떻게 이 복잡한 사회에서 바르게 처신할 수 있는지, 이를테면 '도와주세요'와 '감사합니다'라는 말을 적절히 쓰고, 처음 만나는 낯선 이에게 악수를 건넬 때는 어떻게 하는지 지속적으로 반복해서 배운다. 또 애완동물을 돌보거나 야외에서 캠프를 해 보고, 부모가 자원을 재활용하는 모습이나 정원 가꾸는 모습을 지켜보면서, 자신 주변의 자연세계와 교감하는 법을 차츰 배워 나간다. 삶을 영위하기 위한 기본 기술은 이처럼 부엌과 헛간, 작업장 같은 곳에서, 오늘날에는 교실과 강의실, 실험실 등에서 한 세대에서 다음 세대로 전수된다.

이처럼 다양한 형태의 교육을 통해 인간은 기실 세상이 돌아가는 근본적인 이치를 배우는 것이다. 교육이란 절대 단순한 읽기 능력이나, 미래 직업을 위한 준비만을 의미하지 않는다. 교육의 본령은 인간이 서로 관계 맺고 살아가는 법, 자연과 더불어 교감하는 법, 선과 정의, 진리와 같은 심오한 질문들에 답을 구하도록 도와주는 데 있다.

이것이 바로 그토록 수많은 부모와 교육자들이 규격화된 시험과 점수로 교육성과를 판단하려는, 이른바 "낙제학생방지법" 등이 하려던 시도에 분개하는 주된 이유이다. 현재 국가 차원에서 교육 방법론과 우선순위 문제가 논의되고 있지만, 그 배후에 놓인 진짜 문제는 단지 수업이나 강의 기법과 같은 기술적인 문제가 아니라, 편협하게 고안한 교육성과 산출법 만으로는 다 담아낼 수 없는 더 큰 가치의 문제인 것이다. 예를 들어, 가정이나 교회 같은 다른 사회 기관에 비해 공교육이 지닌 상대적 기능은 무엇인가? 제한된 교육 예산을 어떻게 효율적으로 안배해야 하는가? 특별한 보호가 필요한 아이들, 영어를 모국어로 말하지 못하는 아이들, 굶주리는 아이들에게 우리가 기울이는 헌신의 본질은 무엇인가?

이런 질문에 답을 찾아가다 보면, 공적 논의에서는 자주 숨겨지는 중요한 사실 한 가지를 인식할 수 있다. 교육은 근본적으로 진리와 정의, 서로를 향한 헌신과 인생의 본질 같은 삶의 가치를 바라보는 사회의 전제에 달려있다는 사실이다. 그러므로 교육에 관한 사람들의 논의는 궁극적으로 종교적 성격을 지녔다 할 수 있다. 다음 세대에게 무엇을, 왜, 어떻게 전수할 것인가 하는 결정은, 세상을 바라보는 매우 기본적인 전제들을 드러내기 때문이다. 인간 본질에 대한 우리의 믿음, 정의로운 사회상像, 그 상을 실현할 최선의 방법에 대한 판단이 바로 그 전제에서 비롯된다.

현대 사회의 모든 정치 체제는, 그것이 다양한 방식의 참여 민주주의 형태든, 스탈린식 러시아 공산주의든, 히틀러 치하의 국가 사회주의든 혹은 이슬람 국가들이 따르는 샤리아 법체계든 간에, 아이들과 젊은 세대의 교육문제에 관해서는 무한한 관심을 기울여 왔다. 교육은 절대 어떤 가치중립적 산업이 아니며 읽기, 쓰기, 산수와 같은 특정 과목의 수학 능력으로 단순화할 문제도 아닌 것이다.

메노나이트 관점에서 본 교육

이 책은 메노나이트라고 하는 특정 기독교 전통에서 발전시켜 온 가르침과 배움, 그 이면에 놓인 종교적 토대에 주목함으로써, 교육을 둘러싼 광범위한 공적 논의에 합류한다. 다른 종교 집단과 마찬가지로, 메노나이트 역시 자신들의 독특한 신앙과 실천을 내부 공동체 일원에게만이 아니라, 외부 다른 사람들에게 가르치고 전하려는 열망이 강하다. 16세기 종교개혁 때 시작됐던 아나뱁티스트 운동 초기부터, 아나뱁티스트-메노나이트 전통에 속한 사람들은 자신들만의 신앙관을 이야기와 노래, 신앙고백과 신조 등을 통해 전수해 왔다. 역사를 살펴보면, 메노나이트는 주로 가정과 신앙 공동체를 성서 교육과 기도와 예배 같은 의식 규정, 일상 속 제자도 등을 전수하는 일차적인 교육 환경으로 생각했지만, 이와 더불어 공식적인 교육 기관 운영에도 관심을 기울여 온 것을 알 수 있다.

1683년 북미에 처음 이주해 온 이래, 메노나이트는 기초 교육문제에 신경을 많이 써 왔기 때문에 우선 펜실베이니아 동쪽에 자리한 프란코니아와 랑캐스터 지역에 학교부터 세웠다. 처음에는 주로 예배당이나 공동체에서 세운 교실 하나짜리 건물에서 학교가 시작되다가, 이후 1834년에 펜실베이니아 주에 자유공립학교법Free Public School이 만들어지면서 상당수가 일반 주민들도 입학이 허용되는 지역 공동체 학교로 바뀌었다. 이후 다음 백 년 동안 메노나이트는 공립학교를 사회의 공동선을 유지시키는 공적 기관으로 인정하고, 납세자와 학부모, 교사와 학교 직원 등으로 봉사하며 지역 학교를 지원했다.

20세기에 들어, 북미 메노나이트는 공교육의 대안으로 교회 주도의 사립학교 또한 많이 설립했다. 이 학교들은 세금이 아니라 개인들의 후원으로 운영하고 분명한 선교적 지향을 지녔지만, 기존 공립학교와 마찬가지로 학생들에게 기초 학문을 교육함으로써 건강한 시민으로 자라도록 하는 목적으로 세워졌다. 그러나 이런 기독교 학교의 후원자들은 또한 학생들이 특별히 아나뱁티스트 전통 속에 삶과 신앙을 깊이 뿌리내릴 수 있기를 원했으며, 이를 위해 헌신했다.

21세기 초가 되자, 유치원에서 대학원에 이르는 약 40여 개의 학교가 메노나이트 총회 교육부Mennonite Education Agency-MEA에 가입하였다. 메노나이트 총회 교육부는 메노나이트 미국 총회Mennonite Church USA 산하 기관으로 교회 관련 교육 프로그램을 총괄하는 책임을 맡고 있다.3) 전반적으로 이 학교들은 현재 상당히 잘 성장하고 있다. 탁월한 교직원과 잘 훈련된 교사, 인상적인 학교 시설과 오랜 학구적 전통, 잘 짜인 예체능 프로그램들이 성장의 원동력으로 꼽힌다. 그러나 동시에, 현재 메노나이트 교육은 장차 복잡한 도전과 위협으로 다가올지도 모르는 종교, 문화, 경제 변혁기의 한 중간에 자리하고 있다.

어떤 도전들이 발생하게 될지 간략하게 살펴보자.

1. 총회 교육부에 속한 학교들은 정도의 차이는 있겠지만, 모두 독특한 정체성을 띄는 아나뱁티스트-메노나이트 신앙 전통 위에 학교를 세우기로 헌신했기 때문에, 이 특별한 기독교 전통에 입각해 학교의 사명과 교육론, 교육 목표를 설정해야 한다.

2. 그러나 동시에 바로 이 지점에서 긴장이 조성된다. 북미 아나뱁티스트-메노나이트 전통은 이제 그 자체로 커다란 변혁의 한 가운데 존재하게 됐다. 지난 오랜 세월 동안 메노나이트는 주변에 비해 상대적으로 단일한 공동체 문화를 형성해 왔다. 이들 공동체는 강력한 공통의 정체성을 나누고 있었는데, 이를 테면 교회를 세상과 분리된 영역으로 이해한다거나, 주변 사람들과의 차이점으로 주로 언급되는 평화주의를 따른다거나, 세속 문화를 의심의 눈길로 본다거나 하는, 소위 '다름'의 정체성을 강조해 왔다. 이와 같은 정체성은 전문화된 직업과 고등 교육, 첨단 문화로 대변하는 현대 사회에 메노나이트가 완전히 발을 들여 놓은 이후에도 오랫동안 미묘하게나마 지속돼 왔다. 이런 정체성은 메노나이트만의 특유의 신학에서 나왔으

며, 메노나이트가 된다는 것은 16세기 급진 종교개혁에 뿌리를 두고
제자도, 공동체, 사랑의 윤리를 강조한 이 독특한 신학 전통을 받아
들인다는 것을 의미했다. 그러나 20세기 말이 되자, 메노나이트 정
체성의 사회학적·신학적 기반은 점점 약해지기 시작했다. 북미의
주류 개신교 교단들과 마찬가지로, 교단 전통을 지키려는 메노나이
트의 의지는 나날이 쇠락했다. 메노나이트 출판, 선교 및 봉사 기관
에 대한 지원과 관심도 차츰 시들해졌다. 적극적인 선교 활동이 있
었음에도, 메노나이트 공동체는 노쇠해졌다. 전체적으로 공동체 회
원 수는 정체되거나 서서히 줄어드는 형편이다. 더군다나, 현대의
많은 메노나이트는 평화주의나 지배 문화에 대한 비순응적 태도처
럼, 전통적으로 신학적 차별성을 두었던 부분에 점점 회의를 품게
되었다. 그리스도인의 삶을 공개적으로 드러내는 일을 꺼리게 된 것
이다. 그 결과, MEA에 속한 다양한 학교도 이들을 지원하는 공동체
처럼 신학적 정체성과 그것을 문화적으로 어느 범위까지 표명해야
하는지 고민하게 되었다. '메노나이트 학교'가 된다는 것, '아나뱁
티스트−메노나이트 교육 철학'을 구현하는 것이 무얼 의미하는지가
이제 완전히 불분명해졌다.

3. 내부에서 나오는 이런 다양한 문제의식이 현 상황에 대한 부정적 일
   면을 보여준다면, 더욱 긍정적인 관점은 많은 메노나이트 교육기관
   에서 활발히 진행하는 선교에 대한 새로운 관점과 헌신에서 찾을 수
   있다. 메노나이트 학교에 메노나이트 공동체 출신 학생과 교사, 교
   직원의 수가 압도적으로 많았던 것을 보아도 알 수 있듯이, 처음에
   메노나이트 학교는 메노나이트의 사회학적·신학적 정체성을 지켜
   내는 방어적 수단으로 설립됐다. 그러나 오늘날 이 학교들은 더 넓
   은 의미의 선교를 수행하고 있다. 아나뱁티스트−메노나이트 공동체

와 직접적 연관성이 없는 학생들의 수가 증가하는 것이다. 이 학생들은 메노나이트 학교들만이 갖는 질 높은 교육, 진지한 신앙 정신, 인자한 교직원, 활발한 봉사 활동, 국제 교류, 평화주의 같은 독특한 특성에 끌려 메노나이트 학교를 찾게 되었다. 대부분의 메노나이트 학교가 학생 구성원이 다양해지는 이런 현상을 새로운 선교의 기회로 보고 긍정적으로 생각한다. 이는 교육 시장의 경쟁에서 살아남으려고 단지 어떤 전략적 차원에서 선택한 것이 아니다. 전통적 메노나이트 울타리 바깥 사람들과 관계를 맺는 일은 아나뱁티스트-메노나이트 신앙을 건강하게 유지시켜주는 일이며, 아나뱁티스트 신앙을 꾸준히 표현하는 길이자, 오히려 이 전통을 더 활기 있고 새롭게 할 잠재력을 지니게 해 준다.

4. 그러나 동시에 이렇게 내부 구성원이 다양해지면, 답변하기 어렵고 가끔 파악조차 힘든 질문들이 제기된다. 예를 들면, '메노나이트' 라는 정체성과 학교 구성원의 다양성 사이에는 아무런 상관관계가 없는가? 과연 무엇이 아나뱁티스트-메노나이트 특성을 가진 학교로 만드는가? 어떻게 총회교육부와의 연관성이 학교가 더 큰 목표와 정체성, 아나뱁티스트 비전을 구현하도록 돕는가? 학교가 가진 독특한 장점들은 어떻게 전수되고 구현되는가? 만일 교실 문을 외부 학생들에게 더 넓게 열어 줌으로써 학교가 진정으로 선교의 사명을 감당하는 것이 맞는다면, 복음의 내용과 하나님의 통치를 어떤 형태로 학생들에게 가르쳐야 하는가? 그리고 이런 선교 활동이 성공을 거둔다면, 어떻게 이를 바르게 평가할 수 있는가? 가장 기본적으로는, 어떻게 메노나이트 학교는 한편으로 외부 학생들을 넓게 포용함으로써 참된 사랑을 실천하고, 다른 한편으로 학생 수 증가나 학교의 생존 문제 때문에 학교의 독특한 정체성을 희석하려는 유혹 사이

에서 균형을 잡을 수 있을까?

최근 몇 십 년 사이에 메노나이트 학교에 생긴 두드러진 특성이라고 할 수 있는 학교 구성원 다양성 문제에 대해서 총회교육부 지도자들은 다양한 해결 방법을 모색해 왔다. 사실 메노나이트 교회 차원에서는 아직도 아나뱁티스트 정체성 문제와 교육의 본질 및 평가 방식을 둘러싼 논의가 계속 진행 중이다. 여하튼, 지도부의 해결책 중 하나는 바로 이 책을 제작하고 지원하기로 결정한 것이다. 그러므로 이 책의 임무는 아나뱁티스트–메노나이트 교육 철학의 핵심 내용을 잘 가려내어 여러 사람이 이를 더 쉽게 이해하고, 나아가 교회 공동체와 학부모, 교사들 사이에서 이전보다 더 광범위하고 건설적인 대화가 이루어지도록 하는 데 있다.

교육철학이란 무엇인가?

어떤 사람에게는 "아나뱁티스트 관점에서 본 교육 철학"이라는 말이 지나치게 추상적이거나 이론적인 말로 들릴 것이다. 이 책은 수업 준비 지침서나 독서 지도법 혹은 최신 수학 교수법을 알려주는 책은 아니지만, 바라기는 이어지는 장들이 독자들에게 실질적이고 유용한 내용으로 다가왔으면 한다. 사실, 이 책의 주된 관심은 신앙과 실천을 연결하는 것, 그리스도인의 신앙 세계를 교실과 같은 일상 현실과 이어주는 것에 있다.

흔히 교육 이론 분야는 이른바 존 듀이, 마리아 몬테소리, 루돌프 스타이너, 파울루 프레이리 같은 걸출한 이론가들이 경합을 벌인 장대한 철학의 역사라고들 한다. 각 이론들에는 저마다 인간 본성, 교육학적 방법론, 교육이 인간에게서 도출해야 할 이상적 결과 등에 대한 독특한 견해가 반영돼 있다. 기독교 교육철학의 근간을 구성하는 독특한 관점의 철학 서적 역시 다양하다. 칼빈주의 혹은 개혁주의 전통에서 나온 책은 합리적 논증과 기독교 세계관을 강조했다. 보수적 복음주의 계열에서 선호하는 것은 기독교 교리를 강조하는데, 특히 정통 신학과 신조를 효과적으로 가르칠 수 있는 방법론에 초점을 맞추고 있다. 또 어떤 책은 홈스쿨링 운동의 대중적 성장에 영향을 준 것들도 있다. 교육을 통해 주류 문화와 국가의 통제 바깥에서 살아가는 독특한 삶의 양식을 지키려는 것이 목적이다. 이 책들은 모두 풍성하고 다양한 문헌들로 구성돼 있지만, 이 책에서는 관련하여 체계적인 요약이나 비평은 하지 않을 것이다.[4]

나는 이 책에서 '교육 철학'이라는 말을, 믿음과 실천 사이에 놓인 놀랍도록 복잡한 관계를 설명하고자 할 때, 혹은 어떻게 학교라는 환경에 이런 믿음과 실천을 가르치고 전수할 수 있을지 의식적으로 성찰하고자 할 때 사용했다. 다른 기독교 전통과는 대조적으로, 아나뱁티스트-메노나이트 교육자들은 자신들의 고유한 교육 방법론을 이끌어 낼 교육 철학이 무엇인지 체계적이거나 명시적으로 정리해 놓지 않았다. 그냥 다른 전통에서 의도적으로든 우연이든 개념을 빌려다 썼다. 메노나이트는 신학도 그렇지만, 교육 철학도 많은 경우 명시적으로 드러내기보다는 함축적으로 내포하려는 경향이 강하다. 의식적으로 '표현'하는 것보다는 그냥 그 속에서 '구현'하는 것을 선호하기 때문이다.[5]

이런 성향 이면에는 분명히 어떤 지혜가 감춰져 있을 것이다. 그러나 분명한 것은 아나뱁티스트-메노나이트 전통에는 그들만의 독특한 교육 철학을 밝혀낼 풍부한 자원이 넘쳐난다는 사실이다. 이 책의 목적은 그간 감춰져 온 메노나이트 교육 내용을 밖으로 드러내 보이려는 것이다. 어떻게 가르치고, 무엇을 교육하며, 수업의 목표는 무엇이며, 메노나이트가 가르치고 배우는 행위를 어떻게 이해하는지, 이제 밝히려는 것이다. 바라기는 본 연구가 더 활발한 논의를 불러와 교사와 학부형, 교직원과 교육위원회 그리고 목회자들 사이에서 메노나이트 교육의 가치에 대해 새롭게 인식하는 계기를 만들었으면 한다.

이제부터 제시할 아나뱁티스트–메노나이트 관점에서 본 교육 철학은 다음과 같은 서로 연관된 세 가지 주제로 이루어졌다.

1. 모든 메노나이트 교육기관에서 수용하는 공통된 신학적 강조점들

아나뱁티스트 교육철학을 독특하게 하는 측면을 살펴보려면, 우선 각 교육 주체들이 공유하는 아나뱁티스트 신학에 대한 이해를 알아보아야 한다. 이를 정의하는 것은 간단하거나 단순한 일이 아니다. 일반적으로 메노나이트는 자신의 신앙 정체성이 고도로 집중된 교회의 중앙 권력에 있다고 생각지 않으며, 정통 교리를 수호하는 것에 있다고도 보지 않는다. 신학적 강조점에 필연적으로 미묘한 차이가 존재하겠지만, 메노나이트 학교들은 복음을 성육신적, 그리스도 중심적으로 받아들이는 신학적 이해 위에 서 있다. 즉, 하나님의 계시가 예수 그리스도의 삶과 가르침, 죽음과 부활 속에서 이 세상 가운데 드러났다고 이해하는 것이다. 이것은 메노나이트 학교들이 그리스도 중심으로 말씀을 읽고, 그리스도 중심으로 타인을 이해하고, 그리스도 중심으로 교회를 오늘날 세상에서 부활하신 그리스도를 보여주는 곳으로 바라본다는 것을 말하며, 바로 이 가르침들을 위에서 참된 학교로 세워지는 것을 의미한다.

신학 정체성은 언제나 역동적인 문제이기 때문에, 성육신에 대한 강조를 논의의 마지막이 아니라 가장 처음에 언급하려고 한다. 성육신적 접근법의 중요한 특징은, 믿음이란 항상 어떤 구체적 상황 속에서 표현되는 것이며, 삶의 여러 자리에서 독특한 형태로 나타나는 것이라고 인식하는 데 있다. 그러나 오늘날 메노나이트 학교에서 이런 다양한 모습이 나타나려면, 학교마다 처한 상황과 그에 따른 국지적인 차이점들은 인정하면서도 여전히 붙들어야 하는 같은 강조점들도 반드시 정립해야 한다. 이 책의 한 가지 주요한 목적은 바로 이런 독특한 지점들을 설명해 내는 것이다. 그러나 주제들 사이에 경계선을 날카롭게 그으려 하지 않을 것이며, 다만 모든 메노나이트 관련 학교가 세운 교육 목표의 이면에 놓인 참 목적을 명확히 드러내는 방식으로 할 것이다.

2. 아나뱁티스트–메노나이트 신앙에 따른 교육학

어떤 신학적 확신이 온전한 것으로 인정받으려면 항상 일상 속에서 눈에 보이는 형태로 그에 따른 실천과 행동 양식이 나타나야 한다. 교육 분야에서 우리는 주로 배움의 과정 전반을 형성하는 다양한 관계 형성과 함께, 가르치는 행위 자체에 초점을 맞추어야 한다. 페다고지ped-agogy라고도 부르는 가르침의 기술은 교실 환경, 학습을 구성하는 전제, 학생과 교사의 관계, 전문적 교과 내용, 교육 목표와 목적에 대한 인식 등에 따라 다르게 나타난다.

아나뱁티스트–메노나이트 신학도 그렇지만, 메노나이트 학교에서 시행되는 페다고지도 다양한 형태로 나타날 수 있다. 그도 그럴 것이 교실 환경은 유치원부터 대학원까지 다양하므로 교사들이 성향과 스타일을 달리 가르쳐야 하기 때문이다. 이런 차별화는 당연히 존중되고 장려돼야 할 일이다. 그러나 학교가 아나뱁티스트–메노나이트 신앙 전통에서, 특히 성육신 신학을 통해 페다고지를 형성했다고 한다면, 반드시 외부 방문자들도 쉽게 알 수 있을 만한 독특한 학교의 정신과 특성, 교육 자세 등이 나타나야 한다. 예를 들어, 다른 많은 것이 있겠지만, 메노나이트 교육 기관에 몸담은 교사라고 한다면, 적어도 호기심과 기쁨,

인내심과 사랑을 보이는 기질 면에서는 먼저 모범이 돼야 할 것이다. 그리고 이런 기질과 특징들은 내가 "보이지 않은 커리큘럼"이라고 부르는 구체적 실천을 통해서 펼쳐질 수 있다. 그 속에서 우리는 아나뱁티스트-메노나이트 교육을 구현하는 실제 환경을 만들 수 있다.

3. 아나뱁티스트-메노나이트의 독특성이 반영된 교육 결과

끝으로, 아나뱁티스트-메노나이트의 교육 철학을 통해 학교들은 반드시 같은 정체성을 가지고 교육 목표와 결과를 상정할 수 있어야 한다. 신학적 확신과 교육학적 전제들을 서로 엮어낼 때 학교의 목표와 방향이 세워지며, 이것이 바로 학교의 사명이 된다. 여기에도 역시 다양성이 존재할 수 있다는 것을 예상할 수 있다. 다양한 메노나이트 학교의 사명선언문을 보면, 이들이 처한 지역적 환경과 상황에 따라 강조점의 범위가 다르게 나타난다는 것을 알 수 있다. 그러나 공통의 교육 결과를 상정하게 되면, 메노나이트 학교들은 자신의 고유한 신학과 교육학에 좀 더 몰입할 수 있으며, 기독교 교육이라는 공동의 사역에 좀 더 확신 있게 임할 수 있다. 이 책에서는 메노나이트 학교들에게 성육신 신학 위에서 이를 구체적으로 실천할 때 형성되는 몇 가지 이상적 교육 결과를 제시할 것이다.

정리하자면, 이 책은 메노나이트 교육의 이론적 근거 – 신학적으로 제기되는 왜 – 와 메노나이트 학교에서 나타나야 할 독특한 실천 – 교육학의 주제인 어떻게 – 을 서로 연결하려고 한다. 이론과 실천이 함께 할 때 메노나이트 교육의 내용 – 교육의 결과인 무엇 – 이 만들어진다.

이 책의 도전 과제와 한계

나는 이 책의 집필 의뢰를 기쁜 마음으로 수락했다. 알고 보면 아내와 나도 메노나이트 고등학교와 대학을 다닌 경험 덕분에 지금의 신앙과 삶을 살아갈 수 있기 때문이다. 게다가, 나는 메노나이트 대학에서 25년간 가르쳤으며, 네 명의 자녀 역시 메노나이트 학교에서 우리 부부가 누린 것들을 똑같이 경험했기 때문이다. 우리는 메노나이트 교육자들이 여러 면에서 우리 가족의 삶을 지금 모습으로 빚어 준 것에 진심으로 감사하고 있다. 그러나 무엇보다 내가 이 책 집필을 흔쾌히 받아들인 이유는 평소 건강하고 생명력 있는 메노나이트 교육이야말로 우리가 속한 공동체와 세상을 향한 아나뱁티스트의 증거를 새롭게 해 줄 핵심 요소라 믿어왔기 때문이다. 나는 아나뱁티스트–메노나이트 전통이 이 세상에 하나님의 넓은 뜻을 보여줄 독특한 능력을 지니고 있다고 확신한다. 나는 이 전통 속에서 자라나 삶의 여정을 이어 오면서 얻은 모든 통찰과 확신을 이 책을 통해 나누고 싶다.

그러나 나는 아나뱁티스트 교육 철학에 관한 책을 집필하는 이런 도전이 위험한 시도가 될 수 있다는 사실 또한 잘 알고 있다. 투명성의 정신에 따라, 책이 시작되는 바로 이 지점에서 책이 지닌 몇 가지 한계점을 밝혀두는 것이 좋을 것 같다.

1. 이 책은 유치원에서부터 초·중·고·대학과 대학원까지 이르는 다양한 교육 환경을 다루려는 의도로 집필되었다. 그러나 학교들은 각기 독특한 지리적 배경 위에 세워졌다. 필라델피아와 파사데나 같은 도심 환경도 있고, 오하이오, 인디애나, 아이오와, 펜실베이니아와 같은 부유한 농장 지역이 있는가 하면, 캔자스와 사우스 다코타 같은 평야지대와 더 나아가 미국을 넘어 캐나다와 푸에르토 리코 같은 지역까지 지리적으로 다양하다. 각 학교는 자신들만의 고유한 역사와 정체성이 있고, 그들만의 운영방식과 후원 조직이 있으며, 지역

사회에서 의미 있는 위상으로 자리 잡았다. 어떤 학교들은 아나뱁티스트-메노나이트 정체성을 유지하고 더 강화하려고 노력하고 있고, 다른 학교들은 메노나이트라는 타이틀을 부담스러워하거나 심지어 곤란해 하기도 한다. 이렇듯 학교가 처한 다양한 환경을 생각하면, 필연적으로 일부 독자들은 이 책 내용을 못마땅하게 생각하거나 잘못 적용할 수도 있으리라는 예상을 해 볼 수 있다.

2. 학교의 역사와 운영방식, 사명이 다양하게 나타난다는 것은, 그 이면에 메노나이트라는 큰 우산 아래 더 깊은 차원의 신학적 다양성이 존재한다는 것을 의미한다. 이런 다양성을 무시하고, 필자가 교회를 대변한다거나, 이 책에서 약술한 신학적 견해가 마치 메노나이트의 핵심 내용인 양 전하려 한다면, 이는 주제 넘는 짓임에 틀림없다. 내 의도는 그저 하나의 틀을 제시하려는 것이다. 성서에 뿌리내리고, 아나뱁티스트-메노나이트 전통의 독특한 신앙을 실천하고, 역동하는 믿음을 가지고 살아가는 그리스도인이 되게 하는 어떤 틀을 제시하려는 것이지, 신학적으로 완결되거나 최종적 주장을 하려는 것이 아니다. 모쪼록 나는 이 책을 통해 사람들이 아나뱁티스트 교육에 관해 열린 논의를 이어가기 바라며, 이것이 가치 있고 의미 있는 일이라는 사실을 동의해 주기를 바란다.

3. 나는 교육은 다양한 환경에서 이루어진다고 믿는다. 이를테면, 가정과 교회에서, 지역 주민들과 나누는 대화 속에서나 직장과 업무 속에서, 어쩌면 우리가 생각하는 것 이상으로 TV나 영화, 인터넷과 같은 미디어를 통해 많은 것을 배우는지도 모른다. 이 책이 기독교 교육에 초점을 맞추어 쓰였기 때문에, 자칫 교실이라는 정형화된 공간에서 이루어지는 공식 교육이 중요하고, 심지어 그것이 기독교 교육의 유일한 수단이라고 생각하는 사람이 있을지 모르겠다. 그러나 단

연코 그렇지 않다. 학생들이 깨어있는 낮 시간 동안 집보다는 학교에서 더 많은 시간을 보내는 것은 분명한 사실이다. 또한, 선생님이 청소년기에 매우 중요한 역할모델이 될 수 있으며, 아동심리학자들은 한결같이 사춘기 아이들의 가치형성에 또래 친구들의 역할이 매우 중요하다고 말한다. 그러나 여전히 학교가 기독교 가치관을 세우는 유일한 공간이 아닌 것도 분명하다. 많은 젊은 그리스도인은 기독교 학교를 다니지 않고도 성숙한 그리스도인으로 자라난다. 반대로, 메노나이트 학교에 다니는 모든 학생이 그리스도께 깊이 나아가고 헌신하며 사는 것도 아니다. 그러므로 비록 내가 기독교 교육을 주제로 이 책을 썼고 메노나이트 학교에 꼭 필요한 내용을 제안했다 하더라도, 내가 학교를 통한 교육만이 사람들을 성숙한 신앙인이자 힘 있는 공동체, 살아있는 증인으로 구비시키는 유일한 길이라고 생각하는 것은 아니라는 점을 밝혀둔다.

4. 끝으로, 이 책은 광범위한 독자를 대상으로 하기 때문에 사람마다 책의 내용을 공감하는 부분이 다를 수 있다. 메노나이트 교육에 몸담고 헌신해 온 사람들에게는 이 책이 이미 알고 있던 바를 재확인할 뿐 아니라 신선한 관점과 이론으로 새로운 영역을 찾게 해 주기를 바란다. 경험 많은 교사와 교직원, 교육위원들은 이 책에서 제시하는 철학과 교육학적 주제들을 충분히 인정할 수 있을 것으로 생각한다. 그러나 또한 새로 교육계에 발을 들여놓은 사람들에게도 이 주제가 앞으로 자신들이 해야 할 일을 전망하는 데 도움이 될 것으로 기대한다. 마찬가지로, 이 책에서 다룬 신학적 주제들이 오랜 세월 메노나이트 교회에서 굳건히 신앙생활을 해 온 사람들에게는 친숙한 내용으로, 동시에 이제 막 메노나이트 신앙에 입문한 사람들도 이해하고 받아들일 만한 내용이 될 것으로 기대한다.

무엇보다도, 나는 근 5세기 동안 유지된 아나뱁티스트-메노나이트 전통의 원동력인 이 신앙과 실천을 계속 유지하고 새롭게 하고자 골몰하는 모든 사람이 아나뱁티스트-메노나이트 관점에서 교육학을 정리한 이 책을 관심 있게 봐 주기를 바란다.

이어질 내용 개관

이 책의 개관은 꽤 단순하다. 1장은 서구 사회의 교육 역사를 되짚었다. 20세기를 지나면서 북미에서 메노나이트 학교들이 어떻게 형성되었는지 상세히 기술하고, 최근 메노나이트 학교에 생긴 주요한 변화, 즉 메노나이트 출신 위주 재학생 구성을 의도적으로 다양하게 하려는 변화에 대해 살펴보았다. 이어지는 장들은 이런 변화가 미래 메노나이트 교육에 어떤 영향을 주게 될지, 특히 신학 정체성과 교육학, 교육 결과 등에 미칠 영향에 대해 알아보았다.

2장은 메노나이트 교육의 근간을 이루는 신학적 토대를 성육신의 관점에서 알아보았다. 아나뱁티스트-메노나이트 전통은 그리스도인이 되는 것을 추상적 신념 체계와 교리를 준수하는 것이 아니라 예수 그리스도의 삶과 가르침, 죽음과 부활을 통해 하나님의 계시가 인간에게 완전하게 드러났다고 믿고, 그 믿음 안에서 하나님과 관계 맺는 것이라고 본다. 예수 안에서, 우리는 말씀이 곧 육신이 되신 하나님을 본다. 예수 따르는 제자가 된다는 것은 단지 그분을 내면에 모시는 것이 아니다. 그리스도의 나라가 "하늘에서 이루어진 것같이 땅에서도"마 6:10 이루어진다는 그 급진성에, 그 나라의 가능성에 다른 그리스도인들과 함께 동참하는 것을 의미한다. 책의 나머지 부분은 이 성육신의 신학이 교육 현장에 어떻게 적용될 수 있을지 성찰하는 데 할애했다.

3장에서는 아나뱁티스트-메노나이트 교육학의 개요를 설명했다.

먼저 "보이지 않는 커리큘럼"과 학교의 정신을 살펴보고, 이어서 실천 부분을 알아본다. 특별히 이런 실천은 창조 세계에서 하나님의 임재 안에 거하기로 결단하고, 오늘날에도 하나님의 계시가 이 세상에 지속되고 있다는 사실을 믿음으로 증거하기로 헌신한 교사들에게서 구체적으로 나타나야 한다는 점을 밝혔다. 아나뱁티스트-메노나이트 교육학은 이 실천을 통해 인류를 향한 하나님의 의도는 우리가 맺는 하나님과 자연과 다른 사람들과의 관계 속에 담겨 있다는 사실을 알려준다.

4장은 교육자들에게 익숙한 주제인 교육 목표와 결과에 대해 알아본다. 과연 아나뱁티스트-메노나이트 교육의 궁극적 목적과 목표는 무엇인가? 어떤 교육 결과를 설정해야 교육자들이 책임 있게 그것을 붙잡으려고 할까? 다시 말해, 학부모와 공동체가 교육의 한 부분으로 추가해야 한다고 생각하는 가치들은 무엇인가?

분명히 이 책에서 제시하는 방안을 모든 사람이 동의하지는 않을 것이다. 그러나 활기찬 논의가 학교를 건강하고 새롭고 활력 있게 만든다는 사실만은 잊지 말자.

5장은 메노나이트 교육에 관해 논의할 때 제기되는 몇 가지 어려운 질문들을 고민해 보고, 간략하지만 진실한 답변을 시도했다. 이 책에서 답변한 내용들이 완전하지 않기 때문에, 어쩌면 독자들은 답변이 너무 짧다거나 심지어 틀린 답변이라고 생각할 수도 있다. 그러나 5장의 의도는 투명하고 열린 사고를 고취하려는 데 있다. 다시 말해, 비록 여기서 답변한 내용이 최선이 아니라 할지라도, 메노나이트 교육에 대해서 질문이 끊임없이 제기돼야 한다는 점을 보이려는 것이다.

마지막 결론 장에서는 짧게나마 메노나이트 교육이 과거와 현재를 넘어 미래를 향할 수 있도록 그간 논의를 되짚어 본다. 교육계는 어떤 그럴싸한 모델이나 최신 패러다임, 전략 같은 것만 나오면 쉽게 휩쓸린다는 오명을 안고 있다. 동시에 교육기관들, 특별히 대학 같은 곳은 변화를 거부하기로 악명이 높다. 그래서 6장은 열린 마음으로 종말론적 사고를 해 볼 텐데, "만물을 새롭게"계21:5 하시는 성령의 능력에 민감히 귀 기울이면서, 그분이 다듬어 가시는 미래의 대안들을 상상해 본다. 과연 메노나이트 교육자들은 아직 하나님 나라가 오지 않았다고 강력히 증거하는 이 땅 가운데 살면서, 오실 하나님 나라를 여전히 갈망하면서도 이 땅의 현실을 바르게 인식하는 안목을 가질 수 있을 것인가?

맛보아 알지어다

어느 주일 아침, 내가 여러 해 가르친 어느 교회 청년부 시간이었다. 이제 막 대학 졸업을 앞둔 한 청년이 4, 5년 전 이맘때를 떠올리며 자기 인생의 중요했던 순간을 이야기해 주었다. 메노나이트 고등학교에서 마지막 학기를 보내던 어느 날, 평소 존경하던 선생님 한 분이 그날은 보통 때와 달리 특별 수업을 하겠다고 말씀하셨다. 선생님은 교실 밖으로 학생들을 데리고 나가 눈밭을 헤집고 인근 공동묘지로 갔다. 이어지는 몇 시간 동안 선생님은 그곳에서 여러 설명을 들려주셨다. 일종의 견학인 셈이었다. 묘비 사이를 거닐다 특정한 묘비 앞에 멈춰 그들의 이야기를 들려주셨다. 한때는 학교의 일원이었고 선생님의 삶을 빚어주었던, 허나 이제는 고인이 돼버린 사람들의 이야기, 그들의 생애와 삶과 사연을 찬찬히 기억을 더듬어가며 들려주셨다. 나이 지긋하셨던 그 선생님은 말씀하기를, "이분들은 내가 한 사람의 인간으로, 형과 아버지와 선생님으로, 그리고 그리스도인으로 살아갈 수 있게 나를 빚어주신 분들이란다. 이분들은 나와 우리 학교에 많은 유산을 남겨 주셨지. 이제는 너희들에게 이 유산을 넘겨줄 시간이로구나."

그리고는 겨울 정취 가득한 아름다운 그 묘지에서, 학생들을 돌아보며 한 가지 질문을 하셨다. 이제 인생이라는 책의 다음 장을 펼쳐보려는 열망이 가득했던 학생들은 조용히 선생님을 바라보며 질문을 기다렸다. "하나님은 너희를 어디로 부르셨을까? 하나님이 맡겨주신 재능으로 너희는 앞으로 어떤 일을 할 거니? 너희들은 어떤 유산을 남기게 될까?"

선생님과의 지난 추억을 들려주던 그 청년은 이제 막 대학 졸업을 앞두고 있었다. 어쩌면 다소 급작스럽게 인생의 새로운 페이지를 펼쳐야 하는지도 모른다. 청년은 그 선생님 이야기를 한참 동안 들려주다가 감정을 이기지 못하고 눈물을 흘렸다.

무엇으로 교육을 측량할 수 있는가? 정말 중요한 문제는 무엇인가? 하나님을 만나고, 그 만남으로 변화된다는 것은 무엇을 뜻하는가? 시인은 시편이라는 놀라운 책의 매 구절마다 이런 질문과 씨름했다. 실로 우리는 시편 전체를 통해, 인생의 교실에서 참된 의미를 찾아가는 한 학생의 내면세계를 들여다보게 된다. 시편 기자에게 하나님은 절대 추상적인 분이 아니었다. 그분은 신조의 목록 속에도, 정통 교리체계나 진리론을 묶은 전집 속에도 계시지 않는다. 하나님은 언제나 다양하게 역동하는 신비한 관계 속에서 만나주신다. 숨겨진 이런 관계들은 창조된 모든 피조물 속에서 찾을 수 있다. 바위와 들판과 산과 천둥과 빗속에서도 우리는 주님을 만난다. 시인의 하나님은 두려운 분임과 동시에 자애롭고, 강한 용사이면서 선한 목자이시고, 하늘과 땅을 창조하신 분이심과 동시에 우리가 태어나기 전부터 미리 아시고 어머니의 태에서 우리를 조성하신 분이시다.

내가 이 책을 쓰겠다고 한 바로 그날, 나는 말씀을 묵상하다가 시편 34편의 이 구절을 읽게 되었다.

너희는 여호와의 선하심을 맛보아 알지어다

그에게 피하는 자는 복이 있도다

너희 성도들아 여호와를 경외하라

그를 경외하는 자에게는 부족함이 없도다

젊은 사자는 궁핍하여 주릴지라도

여호와를 찾는 자는 모든 좋은 것에 부족함이 없으리로다

너희 자녀들아 와서 내 말을 들으라

내가 여호와를 경외하는 법을 너희에게 가르치리로다

생명을 사모하고 연수를 사랑하여

복 받기를 원하는 사람이 누구뇨

네 혀를 악에서 금하며 네 입술을

거짓말에서 금할지어다

악을 버리고 선을 행하며

화평을 찾아 따를지어다

– 시편34:8~14

시편 기자의 이 말은 짧은 구절 같지만 너무도 심오하여 이후 몇 달 간 나를 온전히 사로잡았다. 자기 학생을 데리고 겨울 묘지 견학을 나 갔던 그 선생님의 교육학에도 틀림없이 바로 이와 같은 말씀이 녹아있 으리라. 시편 기자가 말하듯, 기독교 교육의 핵심은 "하나님 경외"11절 에 있다. 이때의 두려움은 범죄의 피해자가 무서워서 벌벌 떠는 그런 것이 아니다. "하나님 경외"란 그분이 지으신 이 세상에서 피조물 된 자신의 위치가 어디인지 알고, 그분께 경배를 올리는 기쁨의 모습을 말 한다. 또한, 우리가 죽음을 맞게 될 존재라는 사실, 영혼에 잇대어 삶을 살아가는 존재임을 마음에 새기게 해 준다. 시편 기자를 따르면, "하나

님 경외”하는 법을 배운 사람은 자기 말을 주의해야 하며(“네 혀를 악에서 금하며 네 입술을 거짓말에서 금할지어다”), 다른 사람과 화해의 관계를 맺어야 한다(“악을 버리고 선을 행하며 화평을 찾아 따를지어다”). 여호와께 피하는 자는 “성도”라 불릴 것이며 “모든 좋은 것에 부족함이 없을” 것이다. 그러나 이 모든 것은 하나님과의 만남에서 시작된다. 그 만남은 우리 육체가 가진 모든 감각을 통해, 하나님이 만드신 이 피조 세계 자체의 모든 선함 속에서 이루어진다. “맛보아 알지어다.” 시편 기자는 이렇게 기록했다. “여호와의 선하심을 맛보아 알지어다.”

마지막으로, 이 책을 아나뱁티스트−메노나이트 교육 철학을 관철하려는 일방적 주장으로 생각지 않았으면 한다. 그보다는 “말씀이 육신이 되어”요1:14 우리에게 선물로 찾아오신 예수 그리스도를 통해 하나님을 만나는 자리로 부르신 초대장으로 생각해 주길 바란다. 함께 우리에게 맡겨주신 이 유산을 어떻게 사람들에게 선물로 전해줄 수 있을지 묵상해 보자.

여호와의 선하심을 맛보아 알지어다!

1장. 북미 메노나이트의 교육 환경

델라웨어주 그린우드에 있는 메노나이트 학교들이 우연히 생겨났다고 말하는 사람들도 있다. 한 세기가 넘게 걸려서 메노나이트 사람들은 비옥한 농장지대이자 시장 접근성이 좋은 서부 메릴랜드 지역의 비옥한 캐슬랜드 강가로 이주해 왔다. 1900년대 초에 일부 정착민들은 동쪽으로 이동해 델라웨어 주 경계선을 따라 인근 농장들을 매입했다. 이들은 1914년에 그린우드 메노나이트 교회를 공식적으로 세웠다. 비록 외지에서 이주해 온 이들 메노나이트의 복장과 언어, 예배 분위기는 지역민들의 문화와 사뭇 달랐지만, 그린우드의 메노나이트는 루터교나 개혁주의, 가톨릭 신자인 이웃들과 평화롭게 잘 지냈다. 이들 자녀들은 모두 지역 공립학교에서 함께 공부하고 뛰어 놀았고, 메노나이트와 이웃들은 농사짓는 일이나 사업 면에서 서로 교류하며 지냈다.

그러나 제1차 세계대전이 지나자 어려운 시기가 찾아왔다. 많은 사람이 세계정세 속에서 미국의 역할에 대한 새로운 기대를 표출하기 시작한 것이다. 증가하는 이민자 수를 우려하는 목소리와 국가의 역할과 국제 연맹의 위상을 높여야 한다는 주장뿐 아니라, 일각에서는 국가를 향한 충성 서약을 공적으로 강화해야 한다는 주장도 제기됐다. 심지어 일부 사람들은 시민 의식을 고취하고 국가에 대한 자부심을 높이도록 국공립학교에서 매일 국기에 대한 맹세를 의무적으로 시행해야 한다고 주장하기에 이르렀다. 1925년 4월 15일, 마침내 델라웨어 주 의회는 국기를 모든 교실에 게시하도록 법률을 공포하고, 모든 학생이 매일 아침 국기에 대해 경례하고 맹세할 것을 법제화했다.[6]

그린우드 메노나이트 공동체의 일부 사람들은 자녀들의 국기에 대해 경례하는 것을 대수롭지 않게 여겼으나, 다른 사람들은 이를 심각하게 받아들여 자녀들에게 못하게 했다. 이와 같은 맹세 행위는 공식적인 의식과 다름없었고, 우상 숭배에 가까운 매우 위험한 행동이었으며, 자녀들에게 국가주의 사상을 고취시키는 명백히 잘못된 일이었다. 세계 대전의 기억이 채 가시지도 않은 상황에서, 국가에 대한 맹세 행위는 국가 방어를 빌미로 사람들을 군대에 복무시키려는 사전 정당화 작업에 다름 아니었다. 이는 비폭력 무저항이라는 메노나이트의 정신에 명백히 위배되는 일이며, 그리스도를 향한 충성이 국가보다 선행해야 한다는 신앙고백에도 반하는 일이었다. 교단 지도자들과 정치인, 학교 대표들이 급히 모여 논의를 거친 끝에, 그린우드 메노나이트 공동체는 자녀들을 이런 국가 의식에 참여시키지 않기로 결정했다. 이후 몇 년 동안은 학교 선생님들도 국가에 대한 맹세 시간에 그냥 자리를 지키고 앉아 있던 메노나이트 학생들에게 특별한 제재를 가하지 않았다. 그러나 1928년 초, 학교 교육위원 한 명이 공교육을 책임지는 주 교육감에게 강력한 진정서를 써 보냈다. 그는 국가 의례에 불참하는 일은 명백한 위법 행위라고 주장했다. 이에 교육감은 교장에게 국기에 대한 경례 의식을 엄격히 시행하도록 요구하고, 메노나이트가 이를 어길 시 법적 조치가 가해진다는 점을 알리도록 지시했다.

80년 넘게 세월이 흘렀지만, 데이비드 요더는 그린우드 초등학교 4학년 시절에 겪은 일을 아직도 생생히 기억하고 있었다. "여자 분이었던 깁슨 교장 선생님은 메노나이트 학생들을 모두 지하실로 데리고 갔어요. 그리고는 우리에게 맹세를 하라고 했죠. 아마 우리는 그때부터 울기 시작했던 것 같아요. 그래도 끝까지 맹세를 하지 않고 버텼어요. 그러자 교장 선생님은 우리를 강제로 조퇴시켜 집으로 돌려보내고 국가인지 국기인지에 대한 맹세를 할 때까지 학교에 돌아올 수 없다고 했습니다."7)

이렇게 하여 그린우드 메노나이트 학교가 세워지게 되었다. 계획된 일이 아니었기에 대단한 설계도, 설립식도 없이 그린우드 메노나이트 대안학교는 그렇게 간단히 세워졌다. 초창기에는 건물이 없어서 아이들이 예배당에서 네빈 벤더 목사에게서 수업을 받았다. 그 다음 가을학기가 되자 서른 명 가까운 학생들이 등록했고, 학교는 학년별, 수준별 교과서를 구비하고, 칠판과 실제 학교 책상을 갖춤으로써, 이제 형태상으로도 학교다운 면모를 갖출 수 있었다. 1932년까지 많은 메노나이트 가정이 공동체를 위한 이런 대안학교를 세우고자 많은 재원을 공동 출자했다.

그린우드 학교가 북미 메노나이트 공동체에서 세운 최초의 기독교 학교는 아니다. 미국 독립 전 펜실베이니아에 정착한 다른 종교 집단들처럼, 메노나이트도 대개 공동체에서 세운 작은 건물이나 예배당에 작은 학교를 만들어 자녀들을 가르쳤다. 당대 최고의 석학이자 교육자로 널리 인정받았던 크리스토퍼 덕Christopher Dock, 대략 1698-1771 같은 메노나이트 교사들이 이런 학교에서 아이들을 가르쳤다.

그러다가 1834년에 자유학교법Free School Law이 제정되자, 펜실베이니아의 메노나이트들은 새롭게 도입된 의무교육법을 대체로 잘 존중해 자녀들을 신설된 지역 공립학교로 보냈다. 그리고 점차 교사와 학교 직원으로 근무하면서 새로운 교육 환경에 깊이 관여하기도 했다.8)

　　1868년에는 메노나이트 교회 총회가 오하이오 주 와즈워스에 신학교 하나를 세웠지만 오래 가진 않았다. 이후 몇 십 년 동안, 메노나이트는 미국 전역에 6개 정도의 대학교와 교육 기관을 세웠다. 그러나 1928년에 세워진 그린우드 메노나이트 학교가 기독교 교육에 대한 새로운 관심에 불을 지핀 것으로 평가 받는다. 이 학교가 설립된 시기부터 그 뒤 약 25년 동안, 교단 소식지에 메노나이트 기독교 교육에 관한 글들이 대거 등장하기 시작했던 것을 알 수 있다. 21세기 초까지 메노나이트는 약 40여 개의 학교를 세웠고, 이를 통해 유치원에서 신학교에 이르는 완전한 교육 체계를 구축할 수 있었다.

　　그러나 이와 동시에 메노나이트 사람들 사이에 공교육과 기독교 대안교육에 대한 생각이 완전히 일치를 이룬 것은 아니었다. 어떤 메노나이트 사람들은 대다수 미국인처럼, 국가가 세운 공교육 기관이 사회의 공익을 위해 존재한다고 여겼다. 이들은, 가정과 교회 공동체는 신앙교육에 적합한 장소이고, 다원화된 사회에서 시민들은 납세자로서 응당 공교육 체제를 지지해야 한다고 생각했다. 이런 생각은 유권자가 문맹에서 벗어나야만 현대 민주주의가 유지될 수 있고, 오직 교육이 사회, 경제, 인종, 종교적 지위와 상관없이 누구에게나 똑같이 제공될 때, 비로소 실현 가능하다는 논리로 발전했다. 많은 아나뱁티스트-메노나이트 공동체는 이와 같은 논리를 지당하게 받아들였다. 그러니 이런 틀 속에서는 굳이 공교육 체제를 대체할 기독교 대안학교를 만들어야 할 정당한 이유가 없었다.

　　그러나 서구 문명이 어떻게 발전해 왔는지 찬찬히 살펴보면, 국가 주도의 공교육 확립은 비교적 최근에 이루어진 일이라는 점을 알 수 있다. 서구 역사의 상당기간 동안, 사실 교육은 교회의 책임이자 특권으로 이해되었다. 국가가 교회에게서 그 권한을 가져오려고 효과적인 수단으로 공교육 책임론을 들고 나왔던 것이다. 이 공교육 책임론이 등장하게 된 배경 자체가 교회 주도의 기독교 교육으로 돌아가고자 하는 20세기 메노나이트의 노력에 이미 오랜 역사적 선례가 존재함을 보여준다. 이런 선례는 구약시대의 유대 율법 학교까지 거슬러 올라갈 수 있다. 이런 배경을 이해하면, 지금 진행하는 교회 주도의 기독교 교육에 관한 논의를 더 넓은 관점에서 바라볼 수 있을 것이다.

현대 서구 사회의 공교육 체계의 변화

서구 사회에 만들어진 공식적인 교육 체계는 여러 변화를 겪었다. 처음에 교육은 신학을 중심으로 이루어졌으며, 모든 참된 지식은 피조 세계에 깃든 하나님의 임재를 드러낸다는 확고한 신념을 전할 목적으로 교회 주도로 이루어졌다. 그러던 것이 오늘날 우리가 아는 세속적 교육 체계로 확립되었는데, 이런 변화 과정은 앞으로 설명할 내용보다 훨씬 더 복잡한 것이 사실이다. 그러나 이런 복잡한 역사였음에도, 다섯 가지로 대략 주된 변화의 줄기를 정리해 볼 수 있다. 이런 주요 변화들로 말미암아 20세기에 들어 북미에 메노나이트 학교들이 생겨날 수 있었고 번영할 수 있었다.

교회에서 국가로 넘어간 주도권: 교육의 세속화

근대 공교육 제도 확립을 위한 첫 단계는 교육 주도권의 변화에서부터 시작되었다. 교회가 관장하던 교육 기관 운영이 국가 주도로 바뀌게 된 것이다. 이는 동시에 교육의 초점이 신학에서 다른 학문으로 옮겨지는 것을 뜻했고, 이제 신학은 중심 학문이 아니라 커리큘럼상 다른 많은 학문 중 하나가 되는 것을 의미했다. 이런 변화는 서서히 드물게 이루어졌지만, 매우 극적인 결과를 가져왔다. 특히, 대학교의 변화 상황은 뚜렷했다.

오늘날 우리가 생각하는 근대 대학은 중세 가톨릭 수도원이나 성당 학교에 그 기원을 두고 있다. 4, 5세기에 로마 제국이 붕괴하자, 새로운 교육 중심지로 가톨릭교회가 부상하였고 지역 주교들이 설립한 학교를 중심으로 교육 기관이 재편되었다. 이 학교들에서는 미래의 사제 양성을 목적으로 기본적인 읽기와 쓰기 훈련이 이루어지는 것이 보통이었다. 그러다가 점차 소위 '자유 7학과' seven liberal art9) 중심으로 커리큘럼이 정형화되기 시작했다. 이를 통해 대학 교육의 여러 학문적 근간을 세울 수 있었으며, 오늘날까지도 일반적으로 받아들여진다. 시간이 지나면서, 이들 학교는 추가로 귀족 집안 자제들을 받아들이기 시작했다. 그러자 많은 학생이 법관이나 변호사, 시 의회 관료가 되고자 중세 대학에서 세속 학문을 연마하게 되었다. 그러나 중세 학교들의 교육 커리큘럼은 본질적으로 종교적 내용이 압도적이었다. 신학은 말할 것도 없이 '학문의 여왕' 이었으며, 수학, 음악, 수사학과 문법 같은 모든 학문은 하나님의 계시를 나타내는 증거로 이해되었다. 이런 상황에서는 세속 교육과 신앙 교육의 뚜렷한 구분은 찾을 수 없었다. 교육은 항상 하나님을 향한 예배의 표현이자 신앙을 위해 봉사하는 위치에 있어야 하는 것으로 이해되었다. "학문을 사랑하고 하나님을 갈망하라"는 경구는 이탈리아 신학자 토마스 아퀴나스가 남긴 유명한 말이다. 토마스 아퀴나스는 1274년에 죽는 그 순간까지, 『신학대전』 Summa theologica 집필에 몰두했다. 아퀴나스는 이 책에 지구상에 존재하는 모든 피조물의 관계를 정립했다. 즉, 작은 미생물부터 인간과 천사, 창조주에 이르기까지 각각의 상호 연결 관계를 추적해 방대한 지식의 보고를 집대성했다. 가톨릭 전통에서는 자연은 풀릴 수 없는 하나님의 계시가 녹아 있는 것으로 보았고, 적절히 사용하기만 한다면 이성은 신앙의 탐구자를 창조 세계에 감춰진 하나님의 임재를 더 깊이 이해하도록 이끌어 주는 것으로 이해했다. 그러나 르네상스와 개신교 종교개혁을 거치면서, 신앙과 학문의 혼용이 서서히 진행되기 시작했다. 르네상스 사상가들은 측량할 수 있고, 측정 가능한 용어들로 세상을 설명하기 시작했다. 자연 현상을 설명하고자 인과관계를 규명할 원리를 찾는 데 집중했다. 개혁주의 사상가 마틴 루터는 기독교적 삶의 내적 세계하나님의 은혜의 선물이 자유롭게 수여되는 곳와 의식, 실천, 행위로 구성되는 외부 세계"의롭게 행하는 것"과 관련 있는 사이에 절대적 구분이 존재한다고 주장했다. 르네상스 인문학자들이나 개신교 종교개혁자들 모두 성스러운 학문과 세속 학문을 날카롭게 갈라놓으려고 이런 구분을 말하지는 않았으나, 이들의 사상이 과학의 세계객관적·공적·이성적인 것으로 여기는에서 신앙의 세계주관적·사적·궁극적으로 이성의 범주 너머에 있는 것으로 여기는를 분리해 내려는 경향성을 촉진한 것은 사실이다.

근대 국가가 교회보다 더 많은 권력과 권위를 갖게 됨에 따라, 특정 교리와 종교적 신념에 열정적으로 헌신하는 일은, 특별히 17세기에 벌어졌던 소위 종교 전쟁의 예에서 볼 수 있듯이, 끝없는 폭력과 사회 불안을 초래하는 근본 원인으로 보이게 되었다. 그리하여 결국, 우리가 오늘날 '근대'라고 부르는 이 세계에서는 과학적 이성이야말로 종교와 미신과 무지를 뛰어 넘어 모든 영역을 설명하는 기준이 되었다. 이 새로운 세속 국가는 종교적 중립을 원칙으로 했다. 단 한 가지 조건만 지키면 모든 종교는 원칙적으로 다 허용되었다. 즉, 국가는 종교를 지극히 개인적이고 주관적인 것으로 이해했기 때문에, 신자들이 공공 영역에서 자신의 신앙을 주장하지 말아야 하고, 특정 종교 신념을 타인에게 강요하지 않는 조건을 지켜야 했다. 19세기에는 과학적 연구를 기반으로 한 독일식 대학 모델이 등장했다. 학자들은 측정 가능하고, 평가할 수 있고, 독립적으로 입증할 수 있는 진리인 '사실'과 실험이나 증거로 측정할 수 없고, 주관적이며, 문화적 제약을 받는 신앙적 진리인 '가치'를 엄격하게 구분해야 한다고 주장했다. 한때 중세 대학에서 모든 학문 분야의 근간을 이루던 신학의 자리가 이제는 새로운 학문 분야로 넘어가 버렸다. 소위 사회 과학이라 부르는 분야는 이성적 논리와 실증적 연구 방법론으로 인간 행동을 파악할 것을 약속했다. 이에 따라 심리학, 사회학, 인류학, 경제학, 정치학같은 새로운 학문 분야가 속속 생겨났다. 신학은 하나의 연구 분야로 축소되어 종교학이라는 새로운 학과에 편입되었다. 종교학에서는 더는 기독교를 중심에 두지 않았고, 세계 모든 종교를 중립적이고 객관적으로 연구하게 되었다.

이런 새로운 교육 체제 속에서, 종교적 확신은 더는 학문 연구의 대상이 아니라, 개인의 헌신이나 일요일 공 예배와 같은 지극히 사적인 문제로 이해되었다. 그 대신 각 교단은 주어진 교육 체제에 따라 신학교라는 사설 교육기관을 세우고, 이를 통해 사역자 양성과 자신들의 신학과 정통 교리를 원하는 방식으로 가르칠 수 있었다.

오늘날 미국인 대부분은 교회와 국가의 분리 원칙에 동의할 것이다. 따라서, 공교육에서 국가의 지배적인 역할을 쉽게 받아들이곤 한다. 그러나 그와 동시에 미국 문화에서는 공공 영역에서 종교의 적정한 위치가 어디인지 여전히 애매한 부분이 많다. 예를 들어, 예전에는 다양한 중세 성인들의 축일을 가톨릭교도뿐 아니라 공적으로도 이를 기념했지만 이제는 다 없어졌다. 그러나 미국인들은 크리스마스나 부활절 같은 다른 종교 기념일은 아직도 공적으로 지키는데공립학교 학사 일정에도 기재돼 있다, 이를 금지하는 것에 대해서는 입장이 모호하다. 국가종교 개념을 지지하는 사람은 아무도 없지만, 많은 미국인은 여전히 졸업식 행사에서 기도를 하는 것이 적절한지, 학교 과학시간에 창조론을 가르쳐야 할지, 음악시간에 크리스마스 캐롤을 불러도 될지, 교내 기독 동아리를 지원하는 것이 바람직한지를 놓고 계속 갈피를 못 잡고 있다.

일반적으로 미국 법원은 공립학교는 특정 종교적 색체를 띠어선 안 된다고 규정하고 있다. 왜냐하면, 자유로운 민주 사회에서는 만인이 법 앞에 평등하기 때문에 공립학교는 원칙적으로 기독교 신자만이 아니라, 불교 신자나 무슬림, 힌두교나 유대교 혹은 무신론자 학생들을 모두 호의적으로 차별 없이 학교에 받아야 한다. 그러나 많은 그리스도인이 이런 규정을 제한으로 생각해 못마땅해 하는 것이 사실이다. 속으로는 은근히 국가가 기독교 신앙을 더 드러내놓고 지지해 주기를 바라고, 특별히 공립학교에서 그렇게 해 주기를 바란다.

이런 문제들에 대한 각자의 견해가 어떻든지 간에, 분명한 점은 이 교육의 변화 과정이 지난했다는 사실이다. 한때 교육은 교회의 책임 영역이었고, 신학은 모든 '학문의 여왕' 이었으나, 이제 국가가 그 역할을 맡아 세속 학문의 전 영역을 관장하게 되었다.

민주화된 교육의 기회

교육의 세속화와 매우 밀접히, 병행하여 일어난 큰 변화는 바로 교육 접근성이다. 인간 역사의 대부분, 절대 다수의 인간은 깨어있는 낮 시간을 농경지에서 보내야 했다. 이듬해 경작을 위해 종자 씨를 남겨 놓고도 생존이 가능할 정도로 충분히 식량을 얻고자 매 계절 분투해야 했다. 그러니 집안의 젊은이들을 노동에서 제외시킨다는 발상은, 더군다나 가정 경제에 가장 크게 기여할 나이 때에 그렇게 한다는 것은 생각할 수조차 없는 사치스러운 일이었다. 그래서 서구 사회에서 상당히 최근까지도 정규 교실 수업은 정치나 종교 엘리트들만 받을 수 있는 제한적인 교육이었다. 소크라테스, 플라톤과 함께 토론 수업을 하려고 아테네에 모인 젊은이들은 대개 부유한 집안 자제들이었다. 이들은 철학을 논하고 토론을 즐길 만큼 시간적으로 여유가 충분했다. 수도원이나 성당 학교, 유럽의 초기 대학들도 마찬가지로 처음 학생들은 모두 특권층이었으며, 이들은 교육을 통해 교회나 정치 영역에서 지배적인 위치를 유지할 수 있었다.

그러나 대단히 극적인 변화가 찾아왔다. 18세기에 프랑스와 미국에서 정치 혁명이 일어난 후 모든 것이 변했다. 근대 민주주의의 탄생과 함께 대중 교육이라는 새로운 사회 현상이 출현한다. 민주적 지배 체제가 정말 '민중의' 방식으로 구현되는 것이 맞는다면, '자유학'liberal arts 교육이 국가의 모든 시민에게 제공돼야만 했다. 자유학이란 자유민 '자유'라는 뜻의 라틴어 liber에서 왔다이라면 자기 관리를 위해 마땅히 알아야 할 학문을 의미하는데, 책임 있는 자기 관리를 위해서는 글을 깨치고, 기본 산수 능력과 역사 인식, 비판적 사고를 할 수 있어야 하는 것을 뜻한다. 이렇게 해서 사회 · 경제적 지위와 상관없이 모든 사회 구성원이 접근할 수 있는, 공적 자금으로 교육 기관을 운영하는 전통이 만들어졌다.

이 새로운 교육 모델은 단지 모든 사람에게 접근성만 열어 둔 것이 아니었다. 이것은 의무였다. 이제 최초로, 입법자들은 모든 아이가 최소한 중학교 과정까지 의무적으로 학교에 다녀야 한다는 것을 법제화했다. 이어서 이 법률이 잘 지켜지도록 학생들이 무단결석하는 것을 감시하는 지도교사를 각 학교에 임명했다. 이 법으로 말미암아 아이들을 학교에 보내지 않는 부모는 법적 제재, 경우에 따라서는 벌금형이나 구속을 당할 수도 있게 됐다.

미국에서는 이런 교육 평등화에 대한 열망이 초등학교를 넘어 고등학교와 대학에까지 적용되었다. 20세기 들어와서 실용학을 가르치는 대학과 직업 전문대학, 주립 대학 등이 생겨나서 사실상 거의 모든 사회 구성원이 대학 이상의 고등교육을 받을 수 있게 되었다. 오늘날 고등학교 졸업생의 70% 정도가 다음 해 대학에 진학한다. 2010년 현재, 미국 내 공립 대학과 종합대학교에 재학 중인 학생은 모두 1910만 여명이며, 사립학교에 다니는 학생은 460만 명 정도 된다. 20세기가 되면서 고등교육을 받은 여성의 수도 눈에 띠게 증가해 오늘날 전체 대학의 거의 60%가 여성이다. 종합해 볼 때, 미국의 18세 이상 24세까지 성인 중 41%가 현재 대학에 다니고 있다.[10]

시민 정신과 시민의 자격: 국가 정체성을 담은 교육

혹자는 이렇게 질문할지도 모르겠다. 왜 국가는 모든 시민을 학교에 보내려고 하는 걸까? 앞서 살펴보았지만, 한 가지 이유는 시민들이 생존을 위한 필수 기술을 익혀 자기 관리를 할 수 있게 하기 위해서다. 더 근본적인 이유는 근대 민주주의 체제에서 국가는 모든 시민이 국가와 국가의 이상에 같은 수준으로 결의하고 따르도록 시민을 규합할 필요가 있기 때문이다. 보편의무교육은 바로 이 목적을 성취하기에 가장 적합한 방식이다. 국가가 공교육 전반에 더 많은 통제 권한을 갖게 됨에 따라, 교육 기관과 조직 구성은 물론이고 교육 내용과 커리큘럼에까지 너무도 자연스럽게 국가의 요구와 관심을 반영할 수 있게 되었다.

중세 대학에서 신학이 했던 역할과 매우 유사한 방식으로, 국가는 교육 커리큘럼의 가장 핵심 부분에 우리가 가히 근대 종교라고 부를 만한 시민 정신 교육을 집어넣었다. 이런 교육을 통해, 젊은이들이 국가의 핵심가치와 전제들을 배울 수 있도록 했고, 시민들을 하나로 통합해 나갔다. 신학은 더는 사회를 하나로 묶는 접착제가 못 된다. 대신, 오늘날에는 근대 민주국가가 시민들을 애국주의라는 이름으로 규합해 나가고 있다. 21세기를 살아가는 사람들 대부분은 17세기에 벌어졌던 종교 전쟁을 가리켜, 그것은 종교적 광기에 휩싸인 혐오스럽고 무지한 행동이었다고 비판한다. 그러나 이와 동시에 미국인 대부분은 국가가 사람들에게 정치적 확신이나 이념 문제를 들어 살상을 요구해도, 그것을 이상한 것으로 전혀 생각지 못하고 있다.

현대 사회에서 공립학교는 아이들에게 국가의 역사와 사상, 가치, 국가 영웅에 대해 가르칠 수 있는 최적의 교육기관이다. 교육을 통해 국가 정체성이 한 세대에서 다른 세대로 온전한 형태로 전수된다. 학교에서 학생들은 국기에 대한 맹세나 애국가 제창, 교실에 국기 달기 같은 의식이나 전쟁 영웅을 기리는 기념관이나 애국주의를 고취하는 기념일에 참여함으로써 시민 정신을 함양하게 된다. 학교에서 이루어지는 이런 모든 합법적인 행사들의 목적은 학생들에게 민주주의와 애국심, 시민 정신을 가르치기 위한 것이다.

어떤 독자들은 공교육을 이렇게 바라보는 것에 대해 불편함을 느낄지도 모르겠다. 학교의 일차 목적이 아이들에게 글을 깨우치도록 돕는 것이지 전사를 양성하는 것은 아니지 않느냐고 항변할 수도 있다. 일리 있는 말이다. 그러나 여기서 말하고자 하는 요점은, 공교육이 악하다거나 오로지 국가주의를 부추기려고만 존재한다고 주장하는 것이 아니다. 우리는 국가가 주도하는 교육이 가치중립적이지 않다는 사실 역시 반드시 기억해야 한다. 궁극적으로 근대 국민국가는 국가 방어를 위해 기꺼이 적을 살상하고 나라를 위해 목숨을 바치는 시민이 있어야만 유지될 수 있다. 그러므로 공립학교는 젊은이들이 이런 시민 정신을 배울 수 있는 가장 중요한 교육 기관이다.

교육의 전문화

20세기 초만 해도 미국 내 초등교육의 가장 일반적 형태는 지역에서 선출한 학교 교육위원회가 운영하는 교실 한 개나 두 개짜리 시골학교가 대부분이었다. 당시 이들 학교의 교사들은 최소 교육만 받은 채 가르쳤다. 박봉이었고 이직률이 잦았으며, 그러다 보니 학교마다 교육 수준이 균등하지 않고 들쭉날쭉 차이가 났다.

그러나 20세기 중반까지 이런 모습들은 대부분 다 바뀌었다. 교육세를 늘리고 관련 법안을 정비하자, 지방 정부와 자치 단체들은 교실 하나짜리 학교를 폐교하고 흩어졌던 학교들을 통합해 커다란 지역 학교를 세웠다. 새 건물을 짓고, 커리큘럼을 정비했으며, 체육 과목을 신설하는 등 과거보다는 미래 지향적인 교육을 계획했다.

이런 교육개혁은 또 다른 혁신도 수반했다. 교육 분야에도 고도로 과학적이며 엄격하고 전문화된 기준들이 적용된다. 예를 들어, 여러 주 의회에서는 교사의 자격과 연수에 대한 법 규정을 새롭게 마련했고, 공인된 기관에서 기준을 제시해 다양한 교육 프로그램을 일괄적으로 점검했다. 교육 분야가 새로운 산업으로 부상하여 활성화되자, 혁신적인 교육방법론이 제시되었으며 이들 교육 시스템과 연동해 수많은 교과서와 교육 자료가 쏟아져 나왔다. 대학들은 교육학과 학교 행정 분야에 새롭게 상위 학위 과정을 개설했고, 교사들 또한 노조를 결성해 정치적 역량을 키워, 전문인으로서 자신들의 처우 개선을 위해 단체 교섭에 나서기도 했다.

20세기 중반부까지 진행된 이런 많은 변화는 더 넓게는 사회를 과학적으로 관리하고자 하는 큰 흐름의 일부분으로 생각할 수 있다. 사실, 현재 논의 중인 시험제도 표준화, 최신 기술을 통한 교육 방법론 개혁, '낙오된 학교'를 위한 구제방안 공모 등도 알고 보면, 교육을 진정한 학문 분야의 하나로 자리매김하려는 노력의 한 형태일 뿐이다. 다른 사회과학 분야들과 마찬가지로 같은 연구 방법과 학문적 기준을 교육 분야도 갖추게 하려는 것이다.

확장된 학교의 사명

끝으로, 미국의 공교육 체계가 전문적이고 특화된 형태로 발전함에 따라, 학교의 사명도 지속적으로 그 범위를 확장해 나갔다. 읽기와 쓰기, 산수 능력과 같은 기초 지식을 배양한다는 지역 학교들의 기본 목적은 변함이 없지만, 오늘날 우리는 공립학교가 좁은 의미의 교육을 넘어 더 넓은 기능을 수행하는 것을 목격한다. 맞벌이 부부가 증가하다 보니 아이들이 집에서 TV 시청하는 시간이 함께 늘었고, 아이들은 예전보다 집에서 책을 더 적게 읽게 되었다. 학교는 가정에서 독서 흥미를 거의 잃은 아이들에게 기본적인 독서지도를 해 준다. 전통적으로 가정에서 하던 역할을 학교가 수행하는 다른 예로, 초등 1, 2학년 선생님을 따르면, 요즘 선생님들은 아이들에게 기초적인 소통이나 예절 교육을 시키느라 수업의 많은 시간을 보낸다고 한다. '부탁합니다' 와 '감사합니다' 같은 표현을 가르치고, 줄을 서거나 다른 사람의 아픔에 공감하는 능력을 가르친다는 것이다.

다른 편에서는 상담 지도교사들이 갈수록 아이들의 심리상태가 불안해지고 주의력 결핍과 과다행동장애ADHD가 증가하는 상황에 당혹감을 느끼고 있으며, 왕따나 학교 폭력 문제가 심각해지는 현실을 크게 우려하고 있다. 양호 선생님은 아이들이 먹는 수많은 약을 일일이 검사해야 하고, 동시에 학생들의 기본적인 건강 상태를 챙겨야 한다. 때문에 아이들의 육체적, 정신적, 감정적 문제들을 해결하고 치유하고자 전방위적으로 수많은 전문가 집단이 생겨났다. 요즘에는 학교에서 교육전문가, 독서 지도 전문 교사, 교육학 전문 교사, 영어교육 전문 교사

등을 쉽게 볼 수 있는데, 이들은 사실 초등학교에 있는 그냥 일반 교원일 뿐이다.

공교육의 이런 새로운 기능들은 공적 논의나 사회적 합의를 거치지 않은 채로 그냥 생겨났다. 지금은 이런 기능들을 공립학교를 구성하는 핵심 요소로 생각하지만, 이는 또한 우리에게 새로운 질문거리를 던져준다. 과연 우리가 현행 교육제도에 정확하게 기대하는 것은 무엇인가?

짧게 개관하다 보니 역사를 지나치게 단순화한 측면이 없지 않지만, 그래도 많은 사람이 당연한 것으로 받아들이는 근대 공교육 제도의 다양한 측면을 살펴볼 수 있었다. 근대 공교육은 이제 국가가 합법적으로 운영하는 일종의 세속적 사업이다. 모든 사람이 교육 서비스에 쉽게 접근할 수 있는 것만이 아니라 의무적으로 교육을 받아야 한다. 공교육은 사람들에게 읽기와 산수 능력 같은 기본 교육을 넘어서 애국주의를 심어 준다. 공교육은 다른 학문 분야들의 특징인 과학적 논리와 전문 조직을 그대로 보여준다. 매우 광범위한 활동 영역과 권한을 가졌기에, 예전에는 가정과 지역 공동체의 책임으로 생각했던 기본적인 사회 서비스도 상당 부분 이제 학교가 아우른다.

이런 모든 발전이 20세기를 거치는 동안 메노나이트가 교회 주도의 기독교 대안교육을 들고 나오게 된 배경을 이해하는 데 깊이 연관이 있다. 이제 그 이야기를 해보려고 한다.

공교육의 대안들

북미 메노나이트 교육의 기원

공교육이 미국 사회 전반에 영향을 미치고 현대인의 삶의 당연한 일면으로 각인되긴 했지만, 이런 지배적인 추세 속에서도 대안 교육의 흐름도 늘 존재해왔다. 예를 들면, 예전 유럽식 엘리트 교육을 본떠 부유한 집안 자제들에게 상류층끼리 어울리는 사교의 기회를 갖게 하고, 최고의 엘리트 대학에 진학하여 좋은 직업을 얻도록 준비시키는 사립 예비학교 같은 데가 생겨났다. 이와 비슷한 형태로 어떤 가문들은 자녀들에게 군사 관련 공부를 시키고 싶어 했다. 자녀들이 군대에서 경력을 쌓고 성공하기를 바라는 마음에 군사학교로 아이들을 보내는 부모의 선택은 이미 오래 지속돼 왔다.

그러나 공교육에 대한 강력한 대안교육 흐름은 항상 종교를 배경으로 한 공동체에서 추진해 왔다. 특별히 독특한 신학과 문화, 민족적 정체성이 강하고, 문화적 유산을 다음 세대에 전수하고자 하는 열망이 컸던 집단에서 이런 흐름이 주로 나타났다. 예를 들면, 미국에서는 유대교와 가톨릭교도들이 젊은이들의 신앙 교육을 위해 언어와 신학, 예배의식 등을 가르치는 사설학교를 오랫동안 운영해왔다. 20세기 동안 개혁주의 전통에서도 교회가 주도하는 대안교육을 대거 내 놓았다. 더 근래에는 보수 기독교 진영에서 수백 개의 사립학교와 홈스쿨 단체 등을 만들었다. 대개 공식적으로는 교단과 상관없이 지어졌으나 실제로는 가르치는 모든 내용에 이들의 신앙과 신학적 가르침이 구체적으로 녹아들어 있었다.

메노나이트는 이 교회 주도의 대안교육 논의에 비교적 최근 참여했다고 할 수 있다. 메노나이트가 일반적으로 정규 교육을 오랫동안 불신해 왔던 것을 생각해보면 쉽게 알 수 있는 부분이다. 종교개혁 초기에 많은 아나뱁티스트 지도자는 대학 교육을 받은 학자들이었으며 라틴어와 헬라어, 히브리어까지 능통했다. 이들은 가톨릭 신학자들과 개신교 개혁자들과 함께 토론을 벌이고 논의 석상에 참여할 일이 많았는데, 그럴 때마다 대학 교육과 그리스도인의 신실함 사이의 상관관계에 점차 의구심을 갖게 되었다. 특히, 신학적 이론과 행동 사이에 현격한 차이가 생기는 것을 목격하면서 이런 생각은 증폭됐다. 특별히 교육받은 교회의 박사들에게서 괴리 현상이 두드러지게 나타났다. 이들은 예수님의 단순하고 평범한 가르침을 현학적이며 불필요하게 복잡한 이론으로 만들어 버렸다.

1세대 아나뱁티스트 지도자들이 대부분 순교를 당하고 한 시대를 마감하자, 전보다는 더 낮은 계층의 사람들이 아나뱁티스트 신앙운동의 지도자가 되었다. 도시 지역에서 강제로 추방당한 아나뱁티스트는 스위스와 독일 남부지방의 외지에 자리를 잡고 평화주의를 따르는 그들의 신앙을 지켜나갔다. 공식적으로 교육받을 길이 차단돼 있었기 때문에, 아나뱁티스트 후세대들은 농사기술을 연마하는 데 집중했다. 이들은 자녀들이 성서를 읽고, 교리문답을 익히고, 찬송가를 부를 수 있을 정도의 기본 교육을 받는 것에 만족했다. 아나뱁티스트의 후예들인 메노나이트와 아미시도 공교육의 효용에 대해서 자기 선조들이 품은 회의주의를 그대로 따랐다. "많이 알수록 더 헷갈린다"는 뜻의 독일어 경구, "예 겔리흐트je gelehrte, 예 퍼키흐트je verkehrte를 사람들은 입에 달고 다녔다.

이와는 대조적으로, 네덜란드와 독일 북부 지방, 더 멀리는 러시아 남부 지방에 있던 아나뱁티스트는 공교육이 주는 유익을 긍정적으로 생각했다. 신학 교육은 공식적으로 제외했지만, 당시 네덜란드 아나뱁티스트는 대학에 다녔고 공학과 의학에 특히 집중하면서 다양한 학문 분야에서 학위를 취득했다. 18세기에 이르기까지 그 지역 메노나이트는 네덜란드 문화 전 영역에 깊이 관여했다. 이들이 부유해지자, 교육에 대한 열망은 더 높아져서, 젊은 세대를 위해 장학금 제도를 마련하고, 사설 도서관을 세우고, 여러 분야 광범위한 주제를 다룬 논문과 출판물을 공모해 상금을 주기도 했다. 네덜란드 메노나이트는 이미 1711

년에 암스테르담에 신학교를 세울 정도였다. 18세기와 19세기 동안 이들은 당대의 신학적 쟁점을 가지고 논쟁을 벌이고, 이와 관련하여 수백 권의 서적과 소책자를 출간하고, 가사 집과 찬송가, 신앙고백서 등을 열정적으로 만들었다.

폴란드 북부옛 프러시아 비수아 삼각주 지역에 있던 메노나이트의 조건은 더 까다로웠다. 이 지역은 17, 8세기에 메노나이트 공동체가 융성했지만 점차 여건이 악화되었고, 급기야 이곳 메노나이트는 19세기에 러시아 남부지방으로 이주하여 빠른 속도로 교육에 중점을 둔 자치구를 형성했다. 그 한 세기가 지날 때까지, 러시아 메노나이트는 마을 학교라는 정교한 교육 시스템을 구축했고, 교사들에게 대학 교육을 지원했으며, 추가로 직업학교를 세우고 농아들을 위한 특수학교까지 건립했다.[11]

스위스와 독일 남부지방에서 북미로 이주한 메노나이트 1세대는 1680년대에 펜실베이니아 동쪽에 자리를 잡았다. 초기 메노나이트 정착민이자 교사였던 크리스토퍼 덕Christopher Dock은 18세기 중반에 교육학과 학교 관리에 관련한 중요한 논문을 여러 편 남겼고, 이를 통해 북미에서 손꼽히는 교육 이론가로 알려졌다. 그러나 그의 업적은 지극히 예외적인 것으로 치부되었다. 18, 19세기에 대부분의 북미 메노나이트 가정은 자녀들을 시골 학교에서 중학교 수준 정도의 교육만 받게 했다. 성서를 읽고 농장 운영을 충분히 할 수 있으면 된다고 생각했기 때문이다.

그러다가 북미에서는 19세기 중반이 지나서야 공식적으로 첫 학교가 세워졌다. 1868년에 독일 북부 출신으로 대학 교육을 받은 카를 유스투스 반 데 스미슨 목사가, 펜실베이니아 메노나이트 지도자였던 존 H. 오버홀저의 강력한 후원 아래, 오하이오 북동부에 워즈워스 교육원을 설립했다. 이 학교는 성경 연구에 중점을 둔 기관이었는데, 10년 넘게 운영되다가 부채와 낮은 등록률 문제로 결국 폐교했다. 1887년에는 북미 메노나이트 교단 중 하나였던 GCMCGeneral Conference Mennonite Church12)가 벧엘 대학과 메노나이트 대학 교육원1898, 블러프턴 대학1898, 프리맨 대학1903 등을 설립했다. 이후 또 다른 교단이었던 MCMennonite Church에 속한 고센 대학1903, 헤스턴 학교1909, 이스턴 메노나이트 대학1917 등이 잇따라 문을 열었다.

교육과 관련된 진정한 변화는 20세기 중반 몇 십 년 동안, 특별히 미 동부 지역에 있던 메노나이트 교회들 사이에서 초등과 중등교육 수준에서 일어나기 시작했다. 1928년에 설립된 그린우드 메노나이트 학교의 탄생은 향후 메노나이트 안에서 급성장하게 될 교회 주도의 기독교 사립학교 설립의 신호탄이었다. 1940년에서 1960년 사이에만, 메노나이트는 미국에 25개나 되는 초 · 중 · 고등학교를 세웠다. 21세기 초반에 이르자, 신학교 3개와 5개의 대학교를 포함해서 총 45개 학교들이 설립되었으며, 새로 만들어진 통합교단 Mennonite Church USA 산하 메노나이트 총회 교육부Mennonite Education Agency에 속하게 되었다.

이 짧은 기간에 이루어진 급성장의 특징은 아래 네 가지 정도로 정리해 볼 수 있겠다.

지역을 중심으로 체계 없이 시작됨: 다양한 주체의 소유와 운영

우선, 북미에서 메노나이트 학교 설립이

메노나이트 학교: 10년 단위 설립 개수

연도	개수
1880–1889	1
1890–1899	1
1900–1909	3
1910–1919	2
1920–1929	1
1930–1939	1
1940–1949	14
1950–1959	11
1960–1969	4
1970–1979	2
1980–1989	3
1990–1999	2
2000–2010	2

활발히 진행될 수 있었던 것은 교단 차원에서 체계적으로 조직을 구성하여 신학적·교육학적으로 통합된 시스템을 구축하였기에 가능했던 것이 아니었다. 20세기 중반이 되자, 많은 메노나이트가 교육 문제에 적극적으로 관심을 보이기 시작했다. 탁월한 메노나이트 사회학자인 도널드 크레이빌이 말한 바로는, 1942에서 1950년 사이에만 메노나이트 교단 기관지인 「가스펠 헤럴드」지에 무려 백 여 편에 달하는 기독교 교육관련 기사가 실렸다고 한다.13) 메노나이트 학교들이 실제로 형성된 데에는 이렇듯 강력한 중앙의 통제가 아니라 다양한 지역 의견과 환경적 토대가 작용했다.

그렇다 보니 각 학교들의 운영구조, 커리큘럼상 강조점, 재정 안정성, 후원 구조 등이 모두 다양한 형태를 보이는 것은 너무도 당연했다. 그린우드 메노나이트 학교처럼, 몇 개의 학교는 하나의 교회가 주도적으로 학교 설립을 추진하고 운영했다. 더 일반적으로는, 특히 동부 지역에 설립된 많은 초등학교는 학부모와 후원자가 교육위원회를 구성해 학교를 세웠고, 지역 교회들에서 연간 후원이나 정기 후원 형태로 재정 지원을 받았다.

이와는 반대로 메노나이트 고등학교들은 원래 지역 노회들이 세웠지만, 노회의 재정 후원이나 학교 관리 감독의 성격은 학교마다 천차만별이었다. 시카고 메노나이트 교육원1981-2008, 필라델피아 메노나이트 고등학교1998, 호프대일 기독교 생명 학교2008, 캘리포니아의 정의와 평화 학교2009 등과 같이 최근에 도심에 세워진 학교들은 지역 노회와 교회, 헌신된 후원자들이 협력해 합작 형태로 학교를 세웠다.

신앙과 문화를 보존하고자 세워짐: 메노나이트 교육의 방어적 성격

20세기 중반에 세워진 많은 메노나이트 학교의 공통된 특징 한 가지는, 문화적 동화라는 강력한 압박을 받는 상황에서 메노나이트 신앙과 실천의 독특한 특성을 잘 지켜낼 목적으로 학교가 설립되었다는 것이다. 20세기 초에서 중반까지, 미국의 교육 개혁가들은 각 지역에 흩어져 있던 교실 하나짜리 시골학교들을 중소 도시지역의 초·중·고등학교나 좀 더 큰 형태의 종합 학교로 통합했다. 이런 학교 통합에는 시설 개선과 스포츠 팀 운영, 행정 효율성 향상 등 긍정적 측면이 따라오게 마련이었다. 그러나 학교 통합은 또한 지역 공동체가 친밀한 관계 속에서 자신들의 독특한 정체성을 전수하고 나누던 일을 방해하는 결과를 낳기도 했다. 아이들은 이제 멀어진 학교를 걸어갈 수 없어 버스를 타고 다녀야 했고, 학부모가 맡아 하던 교육위원회 운영도 이제 교육받은 전문가들에게로 옮겨갔다. 교육 공무원들은 표준화된 교육 커리큘럼을 열심히 내놓았다.

이와 동시에, 2차 세계대전의 발발은 지역 공동체와 메노나이트 사이의 긴장을 크게 고조시켰다. 전쟁으로 말미암아 미국 사람들은 강력한 애국심을 갖게 되었는데, 이것이 메노나이트의 비폭력─무저항 신념과 크게 대치했기 때문이다. 전쟁을 지지하고 후원하라는 압력은 사회 전반에 걸쳐 일어났고, 특히 이제 막 고등학교를 마친 징병 대상 청년들에게는 더했다. 전쟁이 끝난 뒤, 메노나이트 교회 지도자들은 GCMCGeneral Conference Mennonite Church 교단에 속한 청년의 58%와 MCMennonite Church 교단에 속한 청년 30%가 참전했었다는 사실을 알게 되었다. 비폭력─무저항이라는 메노나이트의 성서적·신학적 토대가 젊은 세대에게 제대로 전수되지 못했다는 사실 역시 깨닫게 되었다.14) 이들은 교회와 가정에서 이루어지던 신앙 훈련이, 더는 젊은이들이 미국 주류 문화의 도전과 압력에 맞서게 하는 데 효과적이지 못하다고 판단했다.

이런 새로운 현실에 대한 반응으로, 많은 메노나이트 공동체의 교회 지도자들은 신학적으로 중심을 잃고 주류 문화에 쉽게 순응하는 현실을 바로 잡고자, 교회와 신앙을 기반으로 하는 학교들을 설립하기 시작했다. 실제로 1940년대와 50년대에 세워진 많은 메노나이트 초·중·고등학교는, 전쟁 기간 공교육에서 이루어진 국가주의와 군사주의 교육에 맞서 메노나이트 신학 및 신앙교육을 증진할 목적으로 세워졌다. 시대는 변해서 각종 대중 매체의 영향력이 커지고 자동차 문화와 저렴한 대중교통이 발전해 여행과 이동이 용이해지기 시작하자, 전통적인 메노나이트의 문화적 특징은 이런 시대 분위기에 완전히 둘러싸인 듯 보였다. 이런 상황에서 메노나이트의 독특한 문화적 특징을 수호할 목적으로 많은 학교가 세워졌다. 메노나이트 학교들은 문화 순응이라는 위협을 피하는 피난처가 되었고, 혼란이 점증하는 사회에서 메노나이트 젊은이들에게 안전한 항구가 되어 주었다.

학교를 후원하는 부모들은 물론 자녀들이 이런 새로운 교육 기관에서 제대로 교육 받아 직업 세계에 잘 진입하거나 대학에 진학할 수 있기를 기대했지만, 최우선의 관심사는 자라나는 세대들이 메노나이트 신앙과 대대로 이어온 공동체의 삶을 잘 가꾸고 보존하도록 하는 것이었다.

20세기의 상당 기간 동안, 메노나이트 교육의 지배적인 모델은 바로 이런 모습이었다. 그러나 전통적으로 농업과 매우 밀접한 관계를 맺고 있던 메노나이트 공동체가 정치, 경제, 문화적 변화를 맞게 되면서, 이 새로운 학교들은 교회와 젊은이들이 세속 문화에 순응하는 일을 방지하면서도 평화를 만드는 사람으로 부르신 그리스도의 소명을 재발견할 수 있도록 도왔다. 1978년에 도널드 크레이빌은 자신의 책 『메노나이트 교육: 쟁점, 사실 그리고 변화들』*Mennonite Education: Issues, Facts,* *and Changes*에서 주장하기를, "전원 환경에서 다듬어진 메노나이트의 전통적 정체성이 점차 옅어져 가고 있으므로", 메노나이트 학교들은 반드시 "미래에 모두 잘 결집할 수 있도록, 일종의 상징적인 아교를 만들어 전파해야 할 것이다"라고 했다.15)

　일부 독자들은 기독교 교육에 대한 이런 메노나이트의 모델이 과도하게 방어적이고 분파적이라고 생각할 수도 있겠다. 그러나 순진하다거나 별스럽다면 몰라도, 메노나이트만 독특해서 교육에 관해 이런 입장을 취했다고 생각한다면 오해다. 세속 문화 순응에 맞서 고유한 신앙과 실천을 수호하려 했던 노력과 염려는 가톨릭과 유대교, 개혁주의와 루터교를 막론하고 20세기 내내 신앙을 배경으로 세워진 모든 학교에서 가시적으로 나타났다. 게다가, 종교적 신념은 특정 종교 의식과 문화 양식을 통하지 않고서는 표현할 수 없기 때문에 이런 신앙 중심 학교들에서 나타나는 민족적·문화적 특성들, 이를테면 독특한 언어나 습속, 집단 기억 등을 보존하고자 공동체 내부 결혼을 장려하는 풍습 등은 자신들의 신앙과 문화를 지키고 강화하기 위한 필수 요소로 이해해야 한다. 그러므로 도심 이탈리아 공동체에서 운영하는 가톨릭 학교에서는 이탈리아 문화를, 스웨덴 공동체의 루터교 학교들은 스웨덴 문화와 관습을 보존하고, 미시간의 개혁주의 학교는 네덜란드 계보를 유지하고, 뉴욕의 유대교 학교 역시 독특한 언어와 문화 전수에 심혈을 기울인다. 이것이 없이는 그들의 신앙을 상상할 수조차 없기 때문이다.

　그러므로 그린우드 메노나이트 교회와 다른 많은 메노나이트 공동체가 미국 문화 속으로 흡수하려는 힘에 맞서 자신의 학교를 세워 신앙과 문화를 지키고 유지하려 했던 노력은 절대로 유별난 행동이라 할 수 없다. 오늘날에도 기독교 교육의 이런 보존적 성격은 수많은 침례교, 근본주의 교단, 비교단소속 학교들에서 나타나고 있고, 아미시와 올드

오더 메노나이트, 기타 보수 메노나이트 사이에 그들만의 학교 유지를 위한 강한 동인으로 작용하고 있다.

전문화, 제도화를 향한 움직임

1940년대, 50년대에 시작한 대부분의 메노나이트 초 · 중 · 고등학교의 역사는 거의 비슷한 패턴을 따른다. 대부분 초라하고 보잘것없는 모습이지만 과감한 탄생으로 시작한다. 사실 모든 메노나이트 학교는 쥐꼬리만 한 예산과 미흡한 학교 시설로 시작했다. 거의 전적으로 자원봉사자들에 의지해 학교가 운영되었으며, 자원 봉사자들은 늘 자신의 능력 이상의 헌신을 요구받았다. 학교의 초기 역사에 몇몇 개인들이 비전을 품고 열정적으로 재정 지원을 했던 것도 사실이지만, 학교가 제대로 세워질 수 있었던 것은 전적으로 더 큰 지역 공동체의 지원이 있었기 때문이다. 지역 목사님들은 대부분 초대 교장으로 섬겼으며, 학부모들은 식사 당번과 차량 운전으로 봉사했다. 학교 운동부는 개인 목장이나 지역 체육관을 빌려 쓸 수 있었다. 이렇듯 초기 역사의 오랜 기억들은 사람들이 함께하는 헌신으로 채워졌다. 당시 학교 환경은 극단적으로 열악했지만, 모두 "이것이 우리 학교다"라는 생각으로 학교를 지역의 자부심으로 만들어갔다.

학교가 점차 제도 교육 기관의 면모를 갖춰가는 그 다음 역사는 우리에게 안정적인 성장 이야기를 들려준다. 변변찮고 불안정한 출발을 지나서, 학교는 이제 공인된 교육 기관으로 자리를 잡아간다. 이미 설립 초기부터 조건을 만족한 학교가 몇몇 있기는 하지만, 대부분 학교는 점진적으로 학교 인가를 받기 위한 준비를 해 나갔다. 이에 따라 교사와 교장은 적법한 자격을 갖춰야 했으며, 교육 커리큘럼은 국가 기준에 부합해야 했고, 학교 시설도 최소한 제대로 된 도서관 정도는 구비해야 했다. 시간이 좀 지나자 학부모들은 이번엔 아이들이 첨단 교육을 받았으면 했다. 그래서 학교는 미디어 센터를 짓고 컴퓨터실을 확충했다. 운동 경기가 갈수록 중요한 위상을 갖자, 학교들은 연합회를 조직해 운동장 사용, 유니폼, 심판 채용, 야간 경기 조명 문제, 관중석 좌석 수 확충 등에 관해 협의했다. 이 모든 것을 개선하고 확충하자니 돈이 많이 필요했다. 학교들은 점차 경영 부문 담당자를 채용해 뉴스레터를 발송하고 연간 후원을 조직하고, 후원 전략 세우는 한편, 동문 관리를 철저히 하고 새로운 후원자 발굴에 힘썼다.

이런 양상을 보인다는 것은 학교가 이제 제도적 면모를 완연히 갖추게 되었다는 것을 의미한다. 그러나 학교가 더 전문화되고 조직적으로 형태를 갖춰간다는 것은, 다른 편으로는 학교의 핵심 구성 요소와 가치 또한 재설정될 수 있다는 것을 의미했다. 예를 들면, 전에는 당연한 것으로 여기던 복장 규정이나 머리에 커버를 두르는 것, 영화 관람을 제한한다든지 하는 공동체가 세상 문화에 순응하지 않으려고 보이던 태도들이 20세기 말에 이르자 달라질 수밖에 없었다. 학교 구성원이 더는 메노나이트 공동체 출신 아이들로만 채워진 것이 아니라 외부에서 온 학생들이 많아진 영향도 있었다. 일부 학교 교육위원회에서는 재정적으로 한두 개 지역 교회에 전적으로 의존하던 것에서 독립해, 장기적으로 안정적인 재원을 마련하고자 새로운 후원 방식을 구상했다. 해당 교육위원들이 기부금 모금 세미나에 참석해 90대10 법칙(혹은 95대 5)을 배워 온 것이다. 이 법칙을 따르면, 재정의 90%가 10%의 후원자에게서 충당되도록 해야 한다. 이 말인즉, 학교와 교육위원회는 앞으로 학교의 모든 관심을 점차 부유한 사람들에게 맞춰야 한다는 것을 뜻했다. 등록 학생 수를 늘리려면, 번쩍번쩍 눈에 띄는 건물들을 많이 세워 기대심리를 높여야 했고, 그러다 보니 교실이나 실험실, 음악당, 예배실, 체육관 같은 시설은 지을 여력이 없었다. 가일층 부모들과 후원 교회 공동체의 확연히 다른 교육 기대 수준을 조율하느라 학교가 가운데서 애를 먹게 되었다. 학생들의 예절 문제나 성경 수업시간에 교리를 가르치는 문제에 대한 견해차가 가장 컸다.

앞의 설명을 다소 부정적으로 묘사한 측면도 있지만, 1970, 80년대에 메노나이트 학교들은 많은 성장을 이뤘다. 등록 학생 수가 늘자, 학교는 인상적인 기금 조성 사업을 시행했고, 봉사학습 제도를 조직했으며 커리큘럼 상에 해외 문화교류 프로그램을 마련하고, 운동부가 유명해지고, 학교의 학문적 수준과 음악 프로그램이 매우 좋은 평판을 얻게 되었다.

확장된 사명과 새로운 비전

20세기 후반부를 거치면서, 많은 메노나이트 학교가 예전에는 지역 교회 공동체와의 유대 속에서 공동체의 헌신과 주도로 운영되던 것에서 이제는 규모가 커져 이와는 별개로 그저 적법한 행정 절차를 따라 운영되는 공식적인 제도 기관으로 변모하였다. 이러한 변화는 학교의 공식적인 사명 역시 재설정해야 함을 뜻했다. 각 학교의 기본 운영 원리가 바뀌자, 학교들은 이제 그에 맞는 사명과 정체성에 대한 새로운 질문에 답해야 했다. 일부 학교의 교육위원회는 MC 교단이나 GCMC 교단 교육 분과와 협의해 가며 이를 매우 신중히 처리해 나갔다. 그러나 많은 학교가 바뀐 시장 환경에 적응하려고 학교 정책을 간단히 바꿔 버렸다. 그 결과, 이 학교들과 메노나이트 지역 교회 공동체와의 관계는 약화될 수밖에 없었다.

이제 메노나이트 학교의 주된 존재 이유가, 젊은이들을 세속 사회의 문화적 영향에서 보호하는 것이라 생각하던 견해는 설 자리를 잃었다.

현재 초등학교에서 대학교, 신학교에 이르는 거의 모든 메노나이트 학교는 처음 설립될 당시와는 확연히 다른 학생 구성을 보인다.[16] 1950년에는, 메노나이트 학생의 비율이 90~100%에 육박했으나, 한 세기를 마감하는 동안 지속적으로 감소해 대부분 학교에는 이제 50% 정도가 메노나이트 학생이고, 더한 곳은 20% 이하가 메노나이트 학생인 학교도 있다.

메노나이트 가정에서 진학하는 학생 수가 지속적으로 감소하자, 학교 당국은 입학 정책을 수정해 다양한 신앙 전통에 속한 학생들, 심지어 전혀 종교 배경이 없는 학생들까지 받아들이게 되었다. 극소수만이 전략을 세워 의도적으로 이런 정책을 추진했다. 대부분 학교는 그저 메노나이트 가정의 크기가 줄고 지역 교회 공동체의 지원이 감소하는, 느리지만 냉혹한 현실에 따라 조치했을 뿐이다.

재학생들의 신앙 배경이 달라지자 학교 당국도 서서히 메노나이트 교육의 방향과 사명을 더 넓은 차원에서 이해하기 시작했다. 점차 메노나이트 학교들은 자신의 의무가 다양한 배경을 지닌 학생들에게 신앙을 교육하면서도 다른 일반 학교들과 똑같이 높은 수준의 학문과 좋은 시설, 양질의 외부 활동을 제공해야 한다는 점을 자각했다. 오늘날 메노나이트 교육 기관의 후원자들이 학교의 사명을 거론할 때, 신앙에 바탕을 둔 학교 정신과 사회봉사에 대한 열린 자세, 그리고 탁월한 학문성을 꼽는다.

최근에 세워진 메노나이트 학교들은 예전 1950, 60년대에 세워진 학교들과 달리, 도심 지역에 설립되는 추세다. 아나뱁티스트−메노나이트 신학으로 철저히 훈련된 이 교육가들은 자신들이 세운 새로운 학교가 공교육과 기존 기독교 학교 모두에 대한 훌륭한 교육적 대안이 될 것으로 기대하고 있다. 이런 새로운 학교들은 일단 최소한 표면적으로

도 앞서 묘사한 전통적인 학교들과는 달라 보인다. 이들 학교의 대다수
는 도시에 위치해 있으며, 여러 지역과 문화를 대표하는 학생들이 모여
있다. 학교의 지역 후원자들은 아나뱁티스트-메노나이트 신학과 실천
에 깊은 관심을 보이지만, 그렇다고 반드시 정식 신자일 필요까지는 없
다고 생각한다.

이 새로운 학교들은 메노나이트 교육에 대한 미래 모델을 보여줄 것
으로 기대된다. 새로운 모델이 과연 어떤 모습일 것인가는 아직 완전히
드러나지 않았다. 사실, 여전히 많은 의문들이 풀리지 않은 상태로 남
아 있다. 그러나 이것만은 분명하다. 미래 메노나이트 교육의 모습은
문화적·종교적으로 더 다양한 형태로, 메노나이트 교육의 본래적 사
명에 더욱 충실한 형태로, 급변하는 경제 상황에 잘 대처하는 더 역동
적인 형태로 변모해 갈 것이라는 점이다.

결론

메노나이트 학교에서 현재에도 계속 진행되는 이 변화의 중요성을
생각할 때, 기독교 교육의 근간을 이루는 교육 철학에 대해 새롭게 논
의하는 일이 분명히 필요해 보인다. 오늘날 북미의 메노나이트는 전에
없이 그들이 사는 지역 공동체와 공공 생활에 깊이 관여하며 살아가고
있다. 세금으로 지역 학교를 후원하고, 공립학교에서 교장이나 교사,
또는 직원으로 일하고 있다. 지역 자원봉사 단체나 소상공인 협회에도
가입해 활동한다. 지역 공립학교를 후원하는 것을 시민의 의무이자 책
임감에 대한 표현으로 생각하며, 세상에 깊이 관여하는 메노나이트가
많아지면서, 이제는 자녀들을 꼭 메노나이트 학교에 보내는 것만이 최
선은 아니라고 여기게 되었다.

그러나 메노나이트 교회는 여전히 교회가 주도하는 기독교 교육에

지속적으로 투자하고 있다. 하지만, 현재 학교가 처한 상황 또한 녹록치 않다. 경제 현실이 불안하고, 교육 시장이 급변하며, 신학적 불확실성과 교단 정체성의 희석 등 어려운 상황을 맞고 있다. 메노나이트 각 가정과 교회 공동체는 이제 이러한 역동적인 변화의 한가운데에서 미래 메노나이트 교육을 둘러싼 다음과 같은 질문들에 답변해야 할 입장에 놓였다.

아이들을 위한다는 우리 교육의 근본 목표는 무엇인가? 어떻게 우리의 신앙과 교육 목표를 연결시킬 수 있을까? 문명화되고 민주적인 사회에서 과연 교회 주도의 기독교 교육은 필요한 것일까? 무엇이 아나뱁티스트-메노나이트 학교만이 갖는 독특한 사명인가? 아나뱁티스트-메노나이트 신학과 신앙으로 형성된 교육은 어떤 모습이어야 하는가? 모든 메노나이트 학교들이 공동으로 추구해야 할 가치가 있는가?

이어지는 장들을 통해, 나는 아나뱁티스트-메노나이트 관점에서 기독교 교육 철학에 대한 기본 얼개를 제시하면서 위 질문들에 답변해 갈 것이다. 그렇다고 어떤 학문적인 정의를 내리거나 통합 프로그램을 제시하지는 않을 것이다. 그보다는 아나뱁티스트-메노나이트 신학을 조망하면서, 그 신학에서 도출한 교육학적 요소들을 설명하게 될 것이다. 이어서 아나뱁티스트-메노나이트 학교들이 학생들에게서 성취되기를 기대하는 교육 결과를 제안하는 것으로 결론을 맺고자 한다.

앞으로 다룰 내용이 현재 메노나이트 교육이 마주한 모든 문제를 해결하지는 못하겠지만, 향후 방향을 잡는 데 있어 관련 논의와 우리의 논점을 더 건설적인 방향으로 인도할 것이라고 확신한다.

2장. 신학적 출발점:
아나뱁티스트 교육의 토대, 성육신

2001년 9월에 뉴욕의 쌍둥이 빌딩을 무너뜨린 끔직한 테러 공격이 자행되자, 나라 전체가 요동쳤다. 당연한 일이었다. 국가적 만행에 대한 사람들의 반응은 단결하여 애국심을 표출하는 것으로 나타났다. 집집마다 국기가 달리고 거리마다 깃발이 펄럭였다. 학생들과 시민들은 새로운 열정으로 다시 한 번 국가에 대한 충성을 다짐했다. 스포츠 경기 전에 울려 퍼지는 애국가 제창 시간에도 전보다 더 자주 무장한 군인들을 볼 수 있었다. 이런 모습들은 나라 전체가 테러를 자행한 배후 국가에 맞서 전쟁을 수행할 준비를 마쳤음을 상징적으로 보여주는 것이었다.

이렇게 나라 전체가 애국주의 분위기에 휩싸여 있던 시기에, 몇몇 메노나이트 학교가 국가 제창과 국기 게양, 국기에 대한 맹세를 거부하는 일이 발생했다. 이 사건은 주변 지역공동체가 메노나이트를 또 다시 비판하게 만드는 빌미가 되었다. 공공의 관심은 당혹스러워하는 사람부터 격분하여 모욕을 주기까지 다양하게 나타났다. 이런 질문들이 날아왔다. 왜 당신들은 국가적 위기 상황에 그런 태도를 취합니까? 당신들은 지금 사는 이 나라를 싫어하는 겁니까? 당신들은 군대의 노고에 감사할 줄도 모릅니까? 당신들은 테러리스트들에게 동조하는 거 아닌가요?

학교가 공개적으로 애국심 표출하기를 주저하는 모습은 지역 공동체의 많은 사람에게는, 비록 이것이 학교의 오랜 정책이었음에도 매우 무정하고 오만하며 끔찍한 폭력의 실재를 목격하고도 무감각하게 있는 것으로 비쳤다.

911 이후, 나라 전체에 감돌던 애국적 기운은 메노나이트 학교의 입장을 매우 난처하게 했다. 공공의 비난이 이어지고 일부 학부모가 자녀들을 자퇴시키기까지 하자, 메노나이트 학교 관계자는 여론을 잠재우고자 지역 신문에 학교의 입장을 게재하기도 했으나 역부족이었다. 사실, 그 시점에 학교에서도 심각한 논쟁이 오가고, 그간 고수해 온 전통을 새롭게 해석하려는 시도가 생기는 등 내홍을 겪었다. 쟁점들은 다음과 같았다. 예수께 대한 충성과 국가에 대한 충성은 어떤 관계가 있는가? 어떻게 하면 더 효과적으로 우리의 신앙과 신념을 외부의 더 넓은 공동체에 알릴 수 있겠는가? 학교의 공적 관계를 희생하면서까지 이런 정책을 유지할 만한 가치가 있는가? 우리 자신도 진정으로 이 가치가 옳다고 믿는가?

논의라는 것이 늘 즐겁기가 만무하고 여전히 많은 미해결 과제를 남겨 두었지만, 이로 말미암아 메노나이트 교육의 정체성과 사명, 신학적 토대에 대해 의미 있는 대화를 많이 나눌 수 있었다. 다음과 같은 주제들을 생각해 볼 수 있었다. 아나뱁티스트-메노나이트 전통에 입각한 학교를 세운다는 것은 무슨 의미인가? 메노나이트 학교의 정체성과 성격의 중심에는 어떤 기독교 신념이 자리하는가? 이런 신념들을 어떻게 잘 전달할 수 있을까? 메노나이트는 어떤 지점에서 다른 일반 기독교 공동체와 연합하고, 어떤 지점에서 메노나이트의 독특성을 공공연하게 선언하고, 옹호하고, 고취해야 하는가?

이제 논점은 국가주의에 대한 태도나 애국심의 공적 표출에 대한 질문을 넘어서게 되었다. 그러나 현재 논의되는 국기와 맹세, 국가 등을 둘러싼 문제들은 메노나이트가 교육을 접근하는 더 큰 신학적 틀에 시선을 고정하도록 도와준다.

메노나이트 신학과 특수성의 딜레마

많은 사람이 '신학'이라는 말을 들을 때, 지금은 죽고 없는 신학자들이 하나님의 본성에 관해 지루한 논증을 늘어놓으며 끝없이 길게 이어지는 성서 참고구절이 빼곡한 두껍고 무거운 책 더미를 언뜻 떠올릴 것이다. 혹자는 그리스도인이라면 절대로 믿어야 한다고 교회 지도자들이 주장하고, 오래도록 전통으로 받들어왔던 특정한 교리 체계를 가리킨다고 생각할지 모른다. 또 다른 사람들은 사랑의 본질이나 영적 실체, 진리 같은 개념을 철학적으로 논하는 매우 추상적이고 지적인 학문을 신학이라고 생각한다.

신학에 대한 이런 선입견 중 어느 하나라도 가진 사람들은 신학을 접근하는 아나뱁티스트-메노나이트의 방식을 대할 때, 적잖이 혼동을 느끼고 심지어 당혹해할지도 모르겠다. 다른 많은 기독교 전통과는 달리, 메노나이트는 일반적으로 최종 권위로 인정받는 신앙고백문을 작성하거나 교회의 위계 구조를 체계적으로 만든다든지 하는 식으로 신앙을 규정하지 않았다. 예를 들면, 루터교처럼 16세기에 채택한 이후 지금까지도 변치 않는 것으로 확고히 받아들이는 기념비적 신앙고백문 같은 것이 메노나이트에겐 없다. 또 가톨릭처럼 교회의 중심에 서서 신학 문제에 대해 절대 권위로 결정권을 행사할 교황 같은 존재도 메노나이트에겐 없다. 개혁주의 전통과 달리, 신앙의 핵심주제들을 체계적으로 논증해 내거나, 장 깔뱅이 『기독교 강요』에서 한 것처럼 정교하고 엄격한 논리 체계를 구축하지도 않았다. 그렇다 보니, 사실 메노나이트가 말씀을 회중과 함께 해석하고, 각 지역에서 함께 분별하는 것에 가치를 두는 이런 성향 때문에, 때로는 신학적으로 논란이 될 만한 문제들을 정리할 때, 메노나이트 내부에서 합치된 입장을 찾지 못해 애를 먹는 때도 많았다. 이런 문제는 심지어 MC USA 같은 교단 조직 내에서도 일어났으며, 각 차이를 인정하는 이런 전통은 메노나이트 각 학교들 역시 신학적 강조점을 다양하게 보이도록 허용했다.

이런 특성에 더해 최근 메노나이트 학교에 메노나이트 공동체 밖의 학생들을 대거 유입되면서, 문제의 양상은 훨씬 더 복잡해졌다. 앞서 설명한 대로, 많은 메노나이트 학교는 메노나이트의 독특한 전통과 정체성이 변색되는 듯 보이면 그들 공동체 역사의 한 지점으로 거슬러 올라가 학교의 기원과 존재 이유를 찾아 나간다. 이때 메노나이트 학교의 주된 임무는 주변 세상 문화와 메노나이트를 분리시켰던 신학적 확신과 문화적 관습, 민속적 풍습을 찾아서 이를 지켜내는 것이었다. 그러나 오늘날 이런 방어적 고립 모델은 거의 설 곳을 잃었다. 대다수 메노나이트 교육기관은 이제 다양한 학생을 가르치고, 이 학생들은 메노나이트라는 공동 정체성을 지켜내는 데는 크게 관심이 없다. 게다가, 학교도 운영 측면에서 점점 더 이런 다양한 배경의 학생들이 내는 수업료에 크게 의존하고 있다.

이런 중요한 변화는 메노나이트 학교들이 선교에 대해 새롭게 눈을 뜨게 하는 계기를 마련하기도 했지만, 덕분에 신학적 정체성에 관한 논의 또한 복잡하고 어렵게 만들었다. 학교 구성원이 점점 더 다양해지자, 메노나이트 학교는 이른바 '특수성의 딜레마' 문제로 씨름하고 있다. 학교의 독특성을 지킬 수도 없고, 그렇다고 버릴 수도 없다. 학교는 메노나이트라는 독특한 신학 정체성을 명시적으로 밝히면, 다른 사람들이 불편해하고 오만하다고 할까봐 두려워한다. 더 심하게는 독특한 신학 정체성을 강조하게 되면, 과거 방어적 분리주의 모델로 회귀하는 것으로 비치고, 전통 메노나이트 공동체 출신이 아닌 일반 학생과 교직원들에게 모종의 소외감을 느끼게 하는 일이 될까봐 우려한다.

이 문제를 잘 대처한 학교도 있다. 일단, 학교 구성원이 다양해졌기 때문에, 교사와 교장 같은 학교 관계자나 후원자들이 더 의식적으로 메노나이트 신학의 기본 핵심 사항을 점검하게 되었고, 어떻게 이를 매일의 학교생활에서 더 분명하게 드러낼지 고민할 수 있었다. 고민 끝에 다른 신학 전통에서 온 학생, 학부형과 더불어 정기적인 모임을 가졌고, 이런 모임은 학교가 핵심 가치를 명확히 드러내는 일과 학생들 입장에서 편안하고 친절히 받아들일 만한 전달 방식을 찾아 가도록 도왔다.

반대로, 대처를 못한 최악의 예는, 메노나이트 학교의 달라진 새로운 선교관이 오히려 학교의 신학적 혼란을 초래했다. 일부 학교는 특수성의 딜레마를 피한답시고, 학교를 다른 개신교나 복음주의 전통과 구별 짓게 했던 모든 신학적 차이를 최소화하려는 유혹에 빠지기도 했다.

특수성의 딜레마를 피하려는 이런 반응들은 점점 더 자주, 예기치 않게 나타난다. 이는 학교가 의도적으로 어떤 전략 하에 추진하는 것이 아니라 미처 신경 쓰기도 전에, 혹은 부주의해서 벌어지는 수가 많다. 예를 들면, 메노나이트 교회의 후원으로 운영되던 학교들은 어느 순간 점차 교회들의 관심이 사그라드는 모습을 보게 된다. 분명히 어떤 교회들은 후원을 끊었을 테고, 학교가 다양한 복음주의 신앙과 예배 형식을 받아들인 것은 적절치 못하다고 질타하는 곳도 있었을 것이다. 또 어떤 장기 후원자들은 수업료가 비싸졌다며 다시 공교육으로 눈길을 돌리기도 했을 것이다.

수업료 인상은 불가피한데, 이렇듯 등록률은 뻔히 감소할 상황을 맞게 되면, 교육위원회는 지역에 있는 다른 모든 기독교 전통에 속한 학생들 혹은 기독교 신앙이 전혀 없지만 공교육 말고 더 나은 교육적 대안을 찾는 학생들에게 맞는, 다시 말해 더 큰 교육시장에 부합한 형태로 학교를 바꿔야 한다는 압박을 느끼기 시작한다.

가끔 일부 교육위원들이나 교장이 메노나이트가 아닌 타 교단 기독교 라디오나 TV 프로그램에 깊이 감동하고 은혜 받는 수도 생긴다. 이들은 또 초교파적 신앙 세미나나 특정 교단의 신학적 입장에서 미래 기독교 교육을 진단하는 워크숍에 참석하기도 한다. 이런 곳에 참석하던 교장이 메노나이트 공동체 출신이 아닌 학부모에게 학교 입학 설명회를 하다 보면, 메노나이트의 독특한 신학적 특징을 설명하기보다는 더 넓은 기독교 신앙의 공통점을 강조하게 되는 것은 지극히 자연스러운 일이다. 결국, 교육위원회나 교장, 직원과 교사들은 이제 점점 더 학교의 일반적인 측면을 찾아 설명하게 된다. "메노나이트도 사실 다른 개신교와 거의 똑같다고 보시면 됩니다. 물론, 메노나이트는 실천 부분을 조금 더 강조하기는 합니다만, 우리 학교에서는 굳이 그런 걸 강조하지는 않습니다. 그러니 학교를 선택하실 때, 이런 부분은 고민하지 않으셔도 됩니다."

시간이 흐르면, 학교 문화 전반에 이와 같은 생각이 스며든다. 신규 교사를 일반적인 기독교 신앙을 바탕으로 임용할 것이며, 채플 시간에 설교자는 신학적 · 교단적으로 다양한 학생들의 성향에 설교를 맞춰야 할 것이다. 새롭게 강조되는 정체성은, 이를테면 이런 것이 될 것이다. "우리는 모두 같은 그리스도인입니다", "우리는 모두 같은 미국인입니다", 혹은 "우리 모두는 민주주의 수호자입니다." 이처럼, 학교 밖 더 넓은 공동체에서도 무리 없이 받아들여질 만한 정체성들이 학교의 주된 강조점이 될 것이다.

이런 모습의 장점은 전에 메노나이트와 다른 교단을 구분 짓던 독특한 신앙과 실천은 좀 덜 강조하는 대신, 일반 기독교와의 공통점을 더 강조함으로써 다른 복음주의 그리스도인들을 따뜻하고 열린 마음으로 품어 내는 포용력을 보일 수 있다는 점이다. 사실 아나뱁티스트-메노나이트도 다른 일반 기독교에서 발견할 수 있는 같은 정통 교리를 믿고 있다. 이를테면, 성서의 절대권위, 삼위 일체, 죄의 실재, 하나님의 은혜로 말미암아 선물로 주어지는 구원, 하나님이 역사를 주관하시고 언젠가 본래의 목적대로 피조물을 회복하시리라는 확신 같은 교리들 말이다. 이런 면으로 보면, 메노나이트는 특이한 분파도 아니거니와 정도를 벗어난 어떤 개인의 비밀 계시를 따른다거나 하는 분리주의자들도 아니다. 과거 메노나이트는 다른 단체들과 거리를 두느라 너무 많은 힘을 낭비했었다. 그러나 이제는 교회사의 더 넓은 영역에 분포하는 다른 그리스도인들과 공통점을 찾고 교제를 늘려가야 한다고 인식하게 된 것 자체는 메노나이트에 매우 건강한 일이다. 다양한 배경에서 온 교사와 학생, 후원자들을 포용해야 한다는 메노나이트 교육의 새로운 입장은, 학교의 갱신과 하나님의 은혜의 선물을 상징적으로 보여주는 일이자, 복음을 자유롭게 나누고 성령으로 변화될 새로운 기회를 얻게 된 것임에 분명하다.

그러나 메노나이트 학교의 교육위원들과 교장, 교사들이 이런 현실을 올바로 인식했다 할지라도, 이를 잘 수행하려면 다음의 몇 가지 기본 원리를 반드시 명심해야 한다.

1. 모든 학교는 정체성을 지닌다: "특수성의 딜레마"를 피할 길은 없다

첫 번째 원리는 아주 간단하다. 독특한 정체성을 갖는 것은 선택의 문제가 아니다. 본질이다. 어떤 학교가 자기들은 아무런 교단에 속하지 않았으니 그냥 기독교 학교일 뿐이라고 주장할지라도, 그 학교는 이미 '특정' 신학과 문화적 정체성을 드러낼 수밖에 없다. 예를 들어, 모든 학교는 홍보를 위해 브로슈어를 찍고 광고물을 그럴듯하게 만드는데, 거기에는 모두 그 학교만의 차별화된 특징을 싣기 마련이다. 학교라면 모두 그 학교의 주된 교육 목표와 정책을 정리해 놓은 사명선언문도 마련해 놓는다. 또한, 교직원 채용에 대한 내부 규정과 근태 정책 등도 각 학교의 특성에 맞게 별도로 있다. 예산 처리 또한 학교의 핵심 정책에 맞춰 우선순위에 차등을 두며 집행하는 것이 일반적이다. 게다가, 모든 기독교 학교는 학교의 공식 신앙고백문 같은 것을 만들어 학교가 수용할 수 있는 신학적 입장과 그에 따른 윤리적 지침이 어느 선까지인지 규정해 놓기도 한다.

이에 더해, 각 학교는 저마다 비공식적인 학교 분위기와 문화가 있다. 학교가 지닌 이런 명성이나 평판은 학생들이 그 학교가 자신에게 맞는 곳인지 아닌지 판단하는 좋은 근거로 작용한다.

이렇게 겉으로 드러난 부분만 보아도, 저마다 분명히 독특한 정체성을 지니고 있음을 알 수 있다. 그러나 가끔 메노나이트 학교에 대해 말할 때는 상황이 달라진다. 사람들은 특수성 자체가 문제라고 주장하면서 과거로부터 물려받은 메노나이트의 독특한 정체성을 폐기하라고 한다. 이들이 주장하는 논리는 이렇다. "그동안 메노나이트 정체성은 너무 배타적이었습니다. 이제는 다른 데처럼 그냥 일반 기독교 학교를 만듭시다." 그러나 사실상, "일반 기독교"는 존재하지 않는다. 메노나이트 학교가 아니라면, 전혀 다른 종류의 학교가 되는 것을 의미한다. 학교란 항상 포용성뿐 아니라 학교의 독특한 배타성을 표현함으로써 자신의 정체성을 드러내기 마련이다.

이런 면에서, 비非교단 배경이라거나 일반 기독교학교라는 곳도 알고 보면 처음부터 독특한 정체성을 밝히고 시작한 학교들과 원칙상 다를 바가 전혀 없다. 어차피 고유한 신앙의 특수성을 벗어날 수 없을 바에야 비非교단 배경이네 하는 것보다는 차라리 스스로 분명한 자각을 가지고 명확하되 사려 깊게 자기 학교의 독특성을 인정하는 편이 낫다. 그리고 나서 무엇이 그토록 독특한 차이를 나타내는지 친절하게 설명하면 된다.

그러므로 교육위원회와 학교장은 어떻게 해야 이 특수성의 딜레마를 벗어날 수 있을까 골몰할 게 아니라, 학교의 가장 고유한 특징은 무엇이고, 이를 알리기에 가장 좋은 방식이 무엇일지 고민해야 한다.

2. 정체성이란 특수성을 의미하는 법, 기독교학교는 반드시 자신의 전통을 알아야 한다

모든 정체성은 "특수하다"라는 말은 자칫 반대로 모든 게 거기서 거기다고 말하는 것처럼 들릴 수도 있다. 그러나 참된 정체성은 저마다 고유한 역사와 사연을 간직하고 있다. 어떤 신앙과 실천도 그것이 만들어지기까지는 더 깊은 전통에 뿌리를 두고 자라기 마련이다. 전통은 우리가 살면서 어떤 선택을 할 때, 이를 일관되게 하고 그 속에서 의미를 발견할 수 있도록 일종의 선택의 틀을 제공해 준다. 자신의 전통을 안다는 의미는, 이 복잡하고 바삐 돌아가는 세상 한가운데서 중심을 잡고 서 있는 것을 말한다. 그러므로 교회 주도의 기독교학교들이 자신의 정체성, 즉 독특한 신앙과 실천을 보존하고, 새롭게 하고, 다듬어 가고, 외부에 알리려 한다면, 학교는 먼저 자신을 지탱하는 고유한 전통에 대해 의식적으로 더 명확히 알고 있어야 한다.

예를 들어, 유대교 학교에서 수업시간에 히브리어를 가르치고 히브리 성서 본문을 강조한다거나, 유대교 명절을 따로 지킨다거나, 안식일에는 스포츠 행사를 잡지 않는다고 해서 놀랄 사람이 누가 있겠는가? 북미 가톨릭교도들이 매사 교황의 말에 동의하지는 않을지라도, 노트르담 대학에 다니는 사람이, 기숙사에서 매일 미사를 드린다는 사실을 알거나, 마리아 동정녀 설을 뒷받침하는 자료를 보거나, 신학 수업이 가톨릭 가르침에 집중된다는 사실을 알게 됐다고 해서 놀라지는 않을 것이다. 개혁주의 전통에 속한 모든 단체가 교리의 모든 부분에 대해 일치하지는 않겠지만, 깔뱅의 저작들이나 하나님의 주권, 인간의 자유 의지에 관한 교리들이 개혁주의 학교에서 진행되는 모든 가르침의 근간을 이루는 것은 두말할 필요도 없다. 모든 루터교 학교 역시, 명시적으로든 아니든 간에 옥스버그 신앙고백문을 근거로 성서를 읽고 해석하고 있다. 학교의 정체성을 구성하는 고유한 실천과 강조점, 특유의 성격과 독특한 신학적 특징이 없다고 한다면, 왜 구태여 기독교 교육에 이렇게까지 많은 힘과 재원을 쏟아붓는지 생각해 볼 일이다.

그러므로 모든 기독교 학교는 저마다 독특한 정체성을 소유할 뿐 아니라 이를 담아내고 배경이 되는 고유한 전통이 있음을 기억해야 한다. 이를 통해 학교는 신학적 확신과 민족적 특징 그리고 이 모든 것을 일관되게 통합해 주는 예배 형식 등을 만들어 갈 수 있다.

3. 전통을 알아가는 것은 선교를 구현하는 열쇠이지, 장애물이 아니다

지금까지 나는 특정한 교단적 배경이 없다는 학교조차 사실은 고유한 신학 전통을 바탕으로 독특한 정체성을 가지며, 이는 피할 수 없는 일이라는 점을 지적했다. 물론, 특수성과 전통을 강조하는 것이, 특별히 메노나이트에게는 과거의 방어적 모델을 강화하고 궁극적으로 선교를 가로막는 것으로 비칠 수 있다. 그러나 의식적으로 아나뱁티스트–

메노나이트 신학의 독특성을 붙잡는 것은 장애물이라기보다는 사실상 선교로 향하는 길이 될 수도 있다.

일부 메노나이트 진영에서 보이는 지나치게 다른 기독교 사회와 차이점을 드러내고 분리하려는 경향은 실제로 문제가 되기도 한다. 반대편을 상정하고, 우리는 그들과 무엇이 다르다는 부정의 방식으로 정체성을 설정하게 되면, 오만하게 비치거나 율법주의에 빠질 위험이 있고, 신학적·민족적 순수성을 지킨다는 핑계로 끝없이 분열을 일으킬 공산이 크다. 그러나 오늘날 대다수 메노나이트가 직면한 더 큰 문제는 정확히 이와 반대 양상을 띤다. 많은 학교가 유연하지 못하고, 분리주의적이며, 시대에 뒤떨어졌다는 소리를 들을까 무서워 의도적으로 독특한 신학 정체성을 피한 결과, 학교들은 선교적 특성이 강하게 나타나기는커녕 오히려 신학적으로 혼란에만 휩싸였다.

이런 딜레마는 선교의 본질은 무엇인가 하는 아주 기본적인 질문으로 돌아가게 한다. 18세기 계몽 운동 이후, 교육받은 그리스도인들은 진리에 대한 인식 문제로 고민해왔다. 계몽 운동으로 말미암아 어떤 개인이 무엇이 진리라고 주장한다면, 특히 종교적 진리라면 더더욱, 그것은 누구에게나 해당하는 보편적인 것이 아니라 개인이 특수한 문화적 맥락에서 도출한 결론이라고 생각했다. 이를테면, 그 사람이 우연히 특정 배경을 가진 가정에서 태어나 남들과 다른 환경에서 자라났기 때문에 그런 인식을 지녔다는 것이다. 내가 보편적 진리라고 믿는 것은, 실은 매우 제한되고 국지적인 내 개인적 생각의 결과일 뿐이다.

이런 인식에 깊이 공감했던 그리스도인들에게 선교 행위는 심각한 문제로 다가왔다. 내가 지구 반대편에 있는 낯선 사람이나 하다못해 옆집에 있는 이웃, 심지어 내 자녀들을 포함한 타인을 설득한다는 것이 과연 가능한 일인가? 내가 전하려는 복음과 하나님 인식이 실은 내가 속한 특정한 문화가 산출한 결과일 뿐이라면? 이에 대한 응답으로 가톨릭과 개혁주의 그리고 일부 복음주의 전통은 이성에 호소하려고 했다. 신앙을 보편적 이성universal reason의 영역에서 입증함으로써 특수성의 딜레마를 피하려 한 것이다. 신학을 올바른 믿음과 하나님께 나아가는 법에 관해 논증하는, 인간의 지성에서 일어나는 문제라고 상정하면, 이제 기독교 교육자들이 할 일은 모든 논리와 학문적 엄밀성을 동원하고 이성적 증거들을 최대한 끌어 모아 기독교 신앙을 하나의 일관된 지적 체계로 만드는 일만 남는다. 그러면 이제 무신론과 불가지론의 함정에 빠지지 않도록 조심하면서, 우리의 대화 상대자를 기독교 복음의 진리를 받아들이도록 설득하면 된다.

그러나 불행히도, 모든 사람이 이런 방식으로 설득되지는 않는 것 같다. 사실, 우리가 신학이라고 부르는 것은 우리가 생각하는 것만큼 그렇게 이성적이고 지적인 것만이 아니다. 신학이라는 말의 학문적 의미는 "하나님에 관한 담론"이라는 뜻이지만, 더 깊은 차원에서 볼 때, 사실 신학은 세상의 본질을 바라보는 우리의 근본적인 태도와 전제들에 관한 것이다. 물론, 우리는 우리가 믿는 바를 몇 마디 문장으로 정리해 신학적으로 공식화할 수도 있다. 그러나 신학은 마치 무슨 법률 문서나 계약서에 나올 법한 길게 늘어선 딱딱한 교리문 목록("나는 가, 나, 다를 믿습니다"하는 식으로)을 넘어서는 것이다.

신학은 우리가 어떤 완결된 이성적 논리를 갖추기 전에, 그런 것 없이 맨몸으로 이 세상을 대할 때 나타나는 우리의 태도를 보여준다. 다시 말해, 신학은 우리의 가장 깊은 곳에 있는 두려움과 희망, 욕망을 드러낸다. 그러므로 성서는 "완전하며, 성령으로 영감 받은 정확무오한 하나님의 말씀이다"라거나 "예수께서 우리의 죄를 위해 돌아가셨다"라고 말하는 것은 오히려 간단한 문제다. 이러한 추상적 선언과 고루한 교리 목록보다는 실제로 인간이 매일의 일상 속에서 중요한 삶의 결정을 내릴 때 영향을 주는 희망과 두려움, 삶의 태도와 욕망이야말로 진정으로 신학이 담는 것들이다. 우리는 우리의 신학이라는 이 창문을 통해 세상을 들여다본다. 우리가 진정으로 무엇을 믿는지 보려면, 평소 우리의 습관이나 행동, 삶을 대하는 태도와 경향성을 보면 알 수 있다. 뜻하지 않는 어려움을 겪거나 삶이 위기를 맞을 때, 우리가 보이는 반응은 평소 우리가 말하고 행동하던 것을 반영하며, 이런 우리의 일상은 우리의 삶의 태도를 반영한다.

결국, 우리가 무엇을 믿는가는 우리가 어떻게 사는가를 통해서만 입증될 수 있다. 궁극적으로, 그리스도인의 회심은 이성적 사고와 논리적 설득, 혹은 내면의 변화의 문제가 아니라 자신을 경배하려던 욕망과 습관, 행실을 하나님 경배하는 것으로 돌이키는 데 있다.

기독교 신학이 지적 논의나 교리 체계를 넘어서 삶의 더 깊은 부분을 다룬다는 이러한 인식은, 우리가 흔히 '선교'라고 지칭하는, 이 신앙의 전달 방식 문제에 또한 중요한 함의를 갖는다. 더불어 교육학을 접근하는 방식에도 중요한 의미를 지닌다.

공동체의 신학적 전통 속에서 의식적으로 다듬어진 이 독특한 정체성이야말로 바로 선교의 가장 결정적 요소이다. 진정한 선교는 복음을 단순히 말로 소개하는 것이 아니다. 믿음의 확신을 친절하고 분명하게 전하되, 삶의 모든 요소에서 이 확신을 붙잡고 살아가는, 구체적으로 삶의 모습을 통해서 전해야 한다. 그렇다면 아나뱁티스트–메노나이트 신앙 전통에서는 이런 모습이 어떻게 나타날까?

말씀이 육신이 되어: 아나뱁티스트-메노나이트 신학의 핵심, 성육신

　모든 신학적 고찰의 중심에는 태초부터 인류가 품어 왔던 한 가지 질문이 놓여있다. 하늘과 땅은 어떻게 만나는가? 무한하고 초월적인 영의 세계와 시공간으로 제한된 평범한 물질세계가 어떻게 서로 교차하는가? 다시 말해, 인간은 어떻게 하나님과 화해할 수 있는가? 하는 질문이다.

　수 세기를 거쳐 오면서, 다양한 기독교 전통에서 각기 다른 방식으로 이 문제에 답을 내 놓았다. 개신교의 대부분은 구속 교리를 가지고 구원을 설명했다. 이 교리는 특별히 예수의 십자가 죽음에 초점을 맞추고 예수의 피와 희생, 죄 사함과 은혜 같은 주제를 강조했다. 간략히 살펴보면 이렇다. 예수가 우리의 죄를 위해 돌아가셨다. 죄 없으신 그분의 피 흘리심으로 말미암아 그 피로 우리의 죗값이 지불되었다. 이제 우리가 할 일은 우리 마음에 개인적으로 그분을 주와 구원자로 영접하고 이 구원의 선물을 받아들이는 것뿐이다. 대다수 그리스도인에게 이런 설명은 두 번 생각할 것도 없이 지당한 내용이다. 이것이 바로 구원 교리이며, 신앙과 실천 같은 부분은 구원 이후 뒤따라오는 이차적인 내용이다.

　이 지점에서 아나뱁티스트-메노나이트 전통은 구원을 약간 다르게 이해한다. 예수가 그리스도인의 회심에서 중요하지 않다는 말이 아니다. 이와는 정반대로 메노나이트는 예수 그리스도를 통해 하늘과 땅이 만나고, 인간과 하나님 그리고 인간과 인간이 서로 화해한다고 굳게 믿는다. 실제로 모든 메노나이트 학교는 학교의 사명이나 비전선언문에 학교가 "그리스도 중심성"에 입각해 있다고 밝힌다. 그러나 아나뱁티스트-메노나이트 전통은 예수를 중심에 두되, 예수의 죽으심과 희생의 피보다는 그분의 삶과 가르침, 죽음과 부활을 훨씬 더 강조한다. 무엇보다 아나뱁티스트는 예수의 성육신에 늘 집중해 왔다. 예수는 육화된 하나님이시다. 이 말은 곧 예수께서 "육신을 입으셨다"는 뜻이다. 예수는 육신을 입은 말씀이시다. 예수는 피조물과 창조주를 하나로 연결해주는 다리이시다. 예수 안에서, 우리는 세상을 향한 하나님의 목적과 창조의 의도를 이해할 수 있는 완전한 계시를 받았다. 예수 안에서, 우리는 이 땅에서 살아가는 법을 알려줄 권위 있는 모델을 찾았다. 예수 안에서, 우리는 구원을 얻었다.

성육신은 특별히 예수의 신적 권위를 강조한다. 예수 안에서, 하나님은 인류에게 자신을 보이신다. 요한복음 초두에서 사도 요한은, "태초에 말씀이 계시니라 이 말씀이 하나님과 함께 계셨으니 이 말씀은 곧 하나님이시니라 … 말씀이 곧 육신이 되어"요1:1, 14라고 기록하고 있다. 예수께서 다음과 같이 말씀하시자 사람들은 무척 놀랐다. "나를 본 자는 (나를 보내신) 아버지를 보았거늘…"요1:9, 24 그리고는 여전히 의심하는 사람들을 향해 예수는 거침없이 직설적으로 이렇게 말씀했다. "나와 아버지는 하나이니라"요10:30

실로 엄청난 주장이 아닌가! 예수는 신화에 등장하는 그런 여러 신들 중 하나가 아니며, 하나님을 비유하는 상징적 인물이라거나 하나님과 매우 유사한 어떤 존재가 아니라, 예수가 바로 인간의 형태로 오신 하나님 자신이시다. 피와 살을 가진 예수의 육체 속에서 하나님은 인류와 하나가 되셨다. 이렇듯 성육신에 초점을 두고 생각해보면, 기독교 구원의 결과와 이어지는 그리스도인 삶의 본질은 심오하다.

예를 들어, 말씀이 육신이 되셨다는 성육신 이야기가 복음서에서 처음 언급되는 것이 아니라 창세기부터 등장한다는 사실은 상당히 중요하다. 하나님의 속성과 성품은 항상 물질세계를 통해 드러났다. 그러므로 우리는 성서의 첫 구절에서 하나님이 태초에 세상을 창조하실 때부터 이미 피조물 속에 역동적으로 살아 존재하고 계심을 발견할 수 있다. 하나님이 어둠에서 빛을 나누실 때, 바다에서 뭍을 나누실 때, 동물과 식물을 지으실 때, 하나님은 피조물 하나하나에 자신의 영을 불어 넣으셨다. 여섯째 날이 창조의 정점을 이루었다. 하나님은 흙에서 사람을 취하시고, 자신의 형상을 따라 빚으신 후, 그 코에 생기를 불어 넣으셨다. 처음부터 하나님은 인간을 육화된 존재, 즉 영혼이 담긴 육체이자 육체를 가진 영혼으로 지으셨다. 그것은 정확하게 하나님이 "좋았더라"라고 하신 물질세계와 하나님의 영으로 결합된 것이다.

게다가, 창세기 첫 장은 하나님이 애초에 인간을 서로 분리되지 않고 살아가도록 정하셨다는 점을 분명히 보여준다. 아담과 하와를 에덴동산에서 함께 살아가게 하신 하나님의 본래 의도는 이들이 조화를 이루고 서로 신뢰하며 투명한 관계 속에서 살아가도록 하셨다. 때문에 아담과 하와는 동산에서 아무런 두려움 없이 하나님과 함께 거닐었으며, 서로 벌거벗었으나 부끄러워하지 않았다. 아담과 하와는 자연과 더불어 화목을 이루며 살았다.

그러나 불행히도 죄의 실재가 이 행복한 모습을 산산이 부쉈다. 창세기 3장은 죄의 결과가 어떤 것인지 또렷이 보여준다. 하나님이 본래 의도하신 연합된 삶은 이제 완전히 단절돼 버렸다. 죄로 말미암아, 인간은 하나님과 분리되었다(아담과 하와는 하나님이 부르실 때 숨었다). 죄로 말미암아, 인간은 이제 서로 낯선 존재가 되었다(아담과 하와는 옷을 입어 서로 가렸으며, 가인은 아벨을 죽였다). 죄로 말미암아, 인간은 피조 세계와도 멀어졌다(인간은 이제 식량을 얻으려면 땀을 흘려야 하며, 가시와 뱀을 상대로 힘겹게 싸워야 한다).

하나님이 피조물을 지으실 때 의도하신 영과 육의 연합이 분리되자, 인간은 이제 피조물을 그저 사물이나 물체로 인식하기 시작했다. 인간은 우상을 만들고자 하는 충동을 갖게 되었다. 창조주를 경배하는 것이 아니라 인간이 만든 물건을 섬기고 싶어 하는 경향성이 나타났다. 인간은 또한 서로 단순한 사물처럼 대하는 모습도 보였다. 사람을 그저 정욕의 대상, 자기 성공의 수단으로, 그래서 자기 앞길을 가로막으면 무참히 살해해도 괜찮은 육체 덩어리로 인식하기 시작했다. 이와 똑같은 유혹이 자연을 대하는 인간의 태도에서도 드러났다. 인간은 자연과 피조물을 그저 쓰면 그만인 물건으로 생각하기 시작했다. 이런 모든 인간의 경향성이 바로 죄의 결과이며 타락의 증거이다.

그러나 이 타락은 앞으로 이어질 더 큰 이야기의 서두에 불과하다. 하나님의 창조 사역은 이렇게 끝난 것이 아니다! 죄는 우리를 하나님과, 인간과, 자연에서 갈라놓았지만, 성서의 이어지는 나머지 이야기는 우리를 본래 의도하신 대로 온전하고 조화로운 삶으로 회복하시려는, 하나님의 오래 참고 기다리시는 길고 긴 이야기로 가득하다. 하나님은 절대 피조물과 멀리 떨어져 계시거나 냉담하지 않으신다. 실제로 구약성서 전체를 보면, 하나님은 항상 눈에 보이고 만질 수 있을 만큼 물리적인 방식으로 자신을 보이셨음을 알 수 있다. 불타는 떨기나무와 꼭 필요한 순간에 솟는 샘물, 하늘에서 기적처럼 내리는 만나, 돌 판에 물리적으로 새긴 계명, 신비한 능력이 담긴 언약궤, 하나님이 직접 거하시겠다고 하신 성전이 바로 그런 하나님의 모습을 보여준다.

하나님은 또한 작은 유목민을 택하셔서, 그들의 삶을 통해 하나님의 성품과 인간을 향한 본래 의도를 열방에 나타내도록 하셨고, 실제로 이들의 삶의 증거를 통해 인간 역사에 하나님 자신을 드러내 보이셨다. 아브라함과 사라, 미리암과 모세, 다윗과 다니엘, 에스더를 통해 나타난 인간 역사 속에서 일하신 하나님의 전능하신 사역은 우리에게 하나님의 정의와 자비, 능력과 긍휼, 의로움과 사랑을 보여준다. 그러나 이스라엘의 선지자들은 역사 안에서 하나님의 계시가 아직 완결되지는 않았다고 믿었다. 이들은 "만국이 치유"되기를 갈망했으며, 사자와 어린양이 조화를 이루며 살아가고, 아무도 두려워하지 않는 날이 오기를 고대했다.계22:2, 사11:6-9, 65:25 "물이 바다를 덮음 같이 여호와의 영광이 온 세상에 가득"한 날이 오기를,합2:14 "모든 육체"가 하나님의 영광을 보게 될 때사40:5가 오기를 날마다 기도했다. 무엇보다, 이들은 기름부음 받은 자, 복된 자, 곧 메시아를 통해 하나님의 계시가 완전히 드러나기를 사모했다. 예수 안에서, 하늘과 땅은 문자 그대로 서로 연결되었다. 이 세상은 예수 안에서 모든 인류를 위한 하나님의 본래 뜻에 따라 회복되고 있다.

복음서는 예수가 육체를 가진 물리적 인간이셨음을 분명하게 밝혀준다. 그분은 퀴리니우스가 시리아를 다스리던 때 베들레헴이라는 한 촌락에서 나셨으며, 다윗까지 거슬러 올라가는 긴 계보를 지닌 한 가정에서 친부모 밑에서 태어나셨다. 복음서는 예수가 실제 피와 살을 지닌 인간으로, 인간의 평범한 삶을 살다 가셨음을 보여준다. 그분은 이 땅을 사는 동안 먹고, 울고, 마셨다. 나사로가 죽었다는 소식에 우셨고, 성전에서 장사치를 향해 분노했고, 겟세마네 동산에서 죽음의 공포를 이기려 분투했고, 결국 외로움과 버림받는 고통을 겪어야 했다. 엄청난 육체적 고통을 당하셨고 비참한 가운데 고통스럽게 생을 마감해야 했다.

그러나 이와 동시에, 예수는 그냥 또 한 명의 인간이 아니셨다. 그분은 동정녀에게 태어났고, 자연 세계도 별을 움직여가며 그분의 나심을 기뻐했다. 지고한 천사들의 합창에 놀라 목자들도 경배를 올렸다. 그분은 사역을 통해 지속적으로 물질세계와 영적 세계의 경계를 허무셨다. 그분은 기적으로 육체의 질병을 치료했으며, 풍랑을 말씀으로 잠재웠고, 작은 물고기와 빵 몇 조각으로 수많은 사람을 먹이셨고, 죽은 뒤에 다시 살아나셨다. 죽음조차 그분에겐 최종선고가 되지 못했다. 무덤에서 사흘을 지내신 후, 그리스도는 죽음에서 부활하시고, 40일을 더 머무시며 제자들에게 나타나셨고, 하늘로 승천하셨다.

인간은 특성상 항상 이런 성육신의 신비를 믿지 못하고 거부해 왔다. 사람들은 자주 예수를 실제로는 육신을 지니지 않은 우주 저편의 초월자로 여기거나 아니면 반대로, 참된 인간의 전형이나 박애주의적 영웅으로 낮추어 생각했지, 하나님과 같은 분으로 여기지 않는다. 그러나 성서와 기독교 신앙은 우리에게 다른 것은 없다고 말한다. 우리는 오직 성육신을 통해서만, 육체라는 명백한 물리적 한계 속에 전능한 자신을 계시하신 하나님의 이 놀라운 역설을 부여잡고 살아갈 수 있다.

성육신에 대한 이런 논의는 교장이 보기엔 학교 행정과 상관없고, 교사에겐 일상 수업과 동떨어진 얘기처럼 들릴 수 있다. 그러나 교육자들에게 이 성육신 신학은 매우 중요하다. 다음 장들에서 더 상세하게 성육신이 왜 교육학과 교육 결과에 그리 중요한지 밝힐 것이다. 그러나 여기에서 먼저 성육신 신학이 아나뱁티스트-메노나이트 신학 전통에서 얼마나 중요한 부분을 차지하는지 다섯 가지 특징으로 살펴보겠다.

1. 성육신으로 말미암아, 창조 세계는 중요하다

성육신 신학에 기초한 기독교 교육학은, 자연 세계는 하나님께 속한 창조 세계이지 우리의 것이 아니라는 점에 늘 유의한다. 이러한 이해 속에서 우리는 자연과 온전히 연결되고, 섬기는 종의 신분으로 경이와 축복, 감사와 세심함으로 이 세계에 참여한다.

태초부터 하나님의 뜻과 목적은 물질세계 안에, 즉 피조물이라는 이 물리적 실체 안에 고스란히 드러나 있었다. 메시아도 추상적인 영적 존재로 오시지 않고 실제 만질 수 있는 인간의 몸을 입고 오셨다. 이 말은 인간의 육체가 한계에 놓여있고 연약하다 할지라도, 본래 그 자체로 악하지는 않다는 사실을 의미한다. 육체는 악을 행할 잠재력을 지니고 있지만, 동시에 하나님의 성품을 반영할 잠재력도 있다. 그러므로 자신의 몸을 대하는 방식, 타인의 몸을 대하는 태도는 세상에서 증인으로 사는 그리스도인의 삶의 핵심 요소라 할 수 있다.

마찬가지로, 구원은 자연 세계와 인간의 관계에 영향을 준다. 어떤 그리스도인은 세상을 "다스리라"창1:26고 하신 하나님의 말씀을 이해할 때, 자연은 인간과 근본적으로 다른 사물과 물건이므로, 그저 자원으로 다루라고 명령하셨다고 해석한다. 그들은, 인간은 하나님께 지음 받은 존재이고(진화된 것이 아니라), "이 세상을 다스리라"는 명령을 받았으므로(그러므로 인간은 자연에서 필요한 것을 취할 권리가 있다), 또한 우리의 본향은 하늘에 있기 때문에(이 세상이라는 제한된 곳이 아니라), 이 자연 세계는 단지 인간의 번영을 위해 취해도 되는 자원일 뿐이며, 그리스도인은 엄격한 실용주의적 관점에서 자연을 이해할 수 있다는 논리를 편다.

자연 세계를 하나님의 창조물로 인식하고 피조물과 인간과의 관계를 진지하게 받아들인다고 해서 그것이 곧 자연 숭배를 의미하는 것은 아니다. 또한, 인간이 자연 자원을 전혀 이용해서는 안 된다고 주장하는 것도 아니다. 그러나 하나님이 타락의 결과로부터 인류를 구해내고자 하시는 것처럼, 하나님은 피조물과 인간의 관계 또한 처음에 하나님이 보시기에 "좋았더라"라고 말씀하셨던 그 본래의 온전함으로 회복하기를 바라신다. 그러므로 그리스도인은 적극적으로 하나님의 창조 세계를 돌보는 사역에 참여해야 하며, 미력이나마 하나님의 피조물과 인간 사이의 소외된 관계를 치유하는 일에 동참해야 한다.

기독교 교육자들은 이 일을 생물학, 지리학, 물리학, 천문학과 화학이라는 세계에서 이룰 수 있다. 복잡한 인간의 몸을 연구하면서도, 인간의 삶을 유지시키는 여러 층위로 얽힌 생태계의 균형을 탐구하면서도, 경이롭고 신비로운 자연 세계를 찾아 떠나는 불가사의한 인간 심리를 연구하면서도 할 수 있다. 이 모든 탐구가 바로 자연 세계에 깃든 하나님의 계시를 발견하는 숨겨진 만남인 셈이다.

2. 성육신으로 말미암아, 역사는 중요하다

성육신은 하나님이 창조 세계라는 '공간'에 자신을 나타내셨다는 사실을 알려주는데, 이와 마찬가지로 하나님이 인간 역사라는 '시간' 속에도 자신을 계시하셨다는 점을 보여준다. 타락이라는 인간의 현실은 사실상 기독교 이야기의 중심 요소이다. 완강한 죄의 존재는 인간 역사의 모든 페이지에서 찾아 볼 수 있다. 참으로 과거의 기록은 그것을 인간 역사의 원동력이라 부를 수 있을 만큼, 탐욕과 이기심, 폭력과 피로 얼룩졌다. 인간은 항상 하나님을 외면해 왔고, 서로 죽이려 전쟁을 벌여 왔으며, 창조 세계를 파괴해 왔다.

그러나 그리스도인은 이런 오만한 인간 역사에 맞서는 또 다른 강력한 이야기의 계승자들이다. 인간 역사의 더 깊은 차원을 보면, 우리가 하나님의 사랑받는 존재이며 하나님과 사람과 피조물과 함께 조화를 이루고 신뢰의 관계 속에서 살아가도록 창조되었다는 사실도 알 수 있다. 사실, 성서 이야기 전체는 하나님이 계속해서 창조의 본래 목적대로 신뢰와 조화와 친밀함 속에서 살아가라고 인류를 부르시는 내용으로 가득하다. 우리는 절대 에덴의 완전함을 회복할 수는 없다. 단지 이 역사의 완성을 고대할 뿐이다. 그러나 성서는 지금도 하나님이 적극적으로 인류 역사에 개입하고 계심을 기록하고 있으며, 인간에게 이런 더 깊은 차원의 이야기, 이 세상 역사와 대조를 이루는 새로운 역사이자 성령의 임재로 이어지는 기쁜 복음의 이야기를 살아가라고 초청하고 있다.

그 이야기의 중심 주제는 창조주 하나님이시다. 그러나 이 중심 주제는 늘 특정하고 구체적인 사건들을 통해 세부 내용이 펼쳐진다. 이를테면, 아브라함과 사라가 하나님의 부르심에 믿음으로 마침내 응답하는 이야기, 출애굽 사건과 "열방의 빛"이 되라고 부르신 유대 민족의 생성 이야기, 십계명을 비롯해 언약과 율법을 선물로 받는 이야기, 메시아의 출현을 예언하는 선지자들의 이야기를 통해, 무엇보다 메시아이신 예수 그리스도의 인성 속에서, 그의 생애와 가르침, 죽음과 부활 이야기를 통해 하나님의 본질과 참뜻이라는 중심 주제를 보여준다.

하나님이 인간 역사에 적극적으로 개입하시는 이 이야기는 계속 이어져 오순절 예루살렘에 새로운 공동체가 만들어지는 이야기로, 초대 교회와 그 후손들의 복잡하게 얽힌 긴 이야기로 이어진다. 아나뱁티스트–메노나이트 이야기는 단지 이 세상에 나타난 교회라는 더 큰 이야기의 작은 에피소드일 뿐이다. 그러나 소유와 재산을 기꺼이 나누고, 원수조차 사랑하기로 굳게 헌신하고, 순교를 당해도 기뻐하며, 복음을 위해 미련 없이 삶의 터전을 떠났던 이 신앙 전통의 이야기는 성육신이라는 전체 드라마를 이어나가는 데 큰 역할을 했다.

우리는 누구나 자기가 들은 이야기대로 살아가기 마련이다. 이야기라 함은 우리가 세상을 바라보고 이해하는 방식을 의미한다. 그 이야기가 우리와 이 세상이 어떻게 존재할 수 있었는지 말 해준다. 그 이야기가 인간으로 산다는 것이 무얼 말하며, 선악의 기준은 무엇인지 정의해 준다. 학대와 공포감, 분노로 가득한 가정에서 태어나 갈등과 실패, 깨어진 신뢰의 경험 속에서 자라난 아이가 있다고 생각해 보자. 그 아이가 사랑과 신뢰가 충만한 환경에서 자란 아이에 비해 대인 관계를 훨씬 어려워하고 사귐이 오래 걸리는 것은 너무도 당연한 일이다. 광고와 영화, 대중문화가 퍼트리는 교묘한 이야기들이 우리 삶을 심각하게 규정한다는 사실은 더는 빈말이 아니다.

우리는 이렇게 주변의 이야기에 깊이 영향 받고, 그에 따라 삶을 규정하는 존재이기 때문에, 기독교 교육자들은 반드시 학생들이 어떤 이야기를 전수받는지 주의를 기울여야 한다. 메노나이트 교육자들은 꾸준히 학생들이 자신을 하나님의 이야기의 일부분으로 이해하도록 도와야 한다. 하나님의 이야기에서 우리는 사랑받는 존재이며, 자기 자신과 이웃과 자연과 더불어 친밀한 관계를 맺으며 살아가도록 지음 받았다는 사실, 이제 죄악의 사슬을 끊고 거기서 벗어나 깨어진 이 세상을 치유하는 그리스도의 사역에 동참하는 삶을 살아가도록 부름 받았다는 사실을 알려 주어야 한다.

메노나이트 학교에서 학생들은 자기의 작은 이야기를 더 큰 공동체의 역사와 이어가고, 교회사의 긴 궤적과 연결 짓고, 이를 넘어 인류 역사의 중요한 순간마다 적극적으로 함께 하신 하나님의 더 크고 근본적인 이야기와 함께 하는 법을 배우게 될 것이다.

3. 성육신으로 말미암아, 공동체는 중요하다

아나뱁티스트−메노나이트 전통에서 성육신을 설명하는 또 다른 방식은 어떻게 현대 사회에 예수를 보여줄 수 있는가를 묻는 것이다. 대부분의 그리스도인은 예수께서 우리의 죄를 사하시려 대신 돌아가시려고 오셨다고 주로 믿는다. 그러므로 먼저 "예수님을 마음에 영접하는 것"이 가장 중요하며, 그렇게 하면 구원을 얻기 때문에, 나머지 문제들은 그리스도와의 "개인적 관계 형성"에 비하면 이차적인 것으로 생각한다. 교회가 함께 모여 예배드리는 시간도 현대 그리스도인들은 그저 "개인적 신앙생활"을 위한 것으로만 이해한다. 세상에서 하시는 하나님의 주된 사역은 개인 구원에 맞춰져 있고, 이는 '마음'에서 이루어진다고 생각한다.

16세기 아나뱁티스트는 그리스도의 역할과 구원의 본질을 약간 다른 관점에서 이해했다. 그리스도는 그분의 삶과 가르침, 죽음과 부활을 통해, 사망 권세와 인간을 분열시키는 악의 힘을 이기셨다고 보았다. 어디를 가시든지 예수는 병들고 무너지고 분열된 것들을 치유하는 일에 집중하셨고, 사람들을 불러 모아 "그들의 내면에" 자신을 받아들이라고 하시기보다는, 사람들의 육체적·정신적 질병을 치료해 주시는데 전념하셨다. 또한, 누구를 막론하고 사람들을 파격적으로 환영하셨으며, 하나님의 사랑을 나누시되, 위험과 상처를 고스란히 안고 그 일을 하셨다고 믿었다.

그러므로 초기 아나뱁티스트에게 '구원' 받는다는 의미는 우리도 예수처럼 몸과 마음과 생각이 변화를 받아 다른 사람들과 전혀 새로운 관계를 맺으며 살아가는 것을 뜻했다. 이를 통해 예수가 하신 것처럼, 우리도 일상 속에서 "말씀이 육신"이 되는 성육신을 이루어야 한다고 믿었다. 예수는 제자들에게 "나는 포도나무요 너희는 가지라 그가 내 안에, 내가 그 안에 거하면 사람이 열매를 많이 맺나니"요15:5라고 말씀하셨다. 여기서 우리는 원줄기에서 나와 서로 긴밀히 연결된 살아 숨 쉬는 유기체의 이미지를 볼 수 있다. 각 사람이 진정으로 살아계신 그리스도와 관계 맺는지 여부는 눈에 보이는 열매를 증거로 알 수 있다.

그리스도께서 더는 물리적으로 이 땅에 계시지 않지만, 그분은 오늘날도 분명히 이 땅 가운데 생생히 살아계신다. 그의 이름으로 모여, 살아계신 그분과 관계를 맺고 사는 사람들 중에 그리스도는 늘 함께 계신다.마18:20 16세기 아나뱁티스트 필그램 마펙Pilgram Marpeck은 일찍이 교회를 가리켜, '성육신의 확장'이라고 했다. 성육신은 단회적으로 일어난 과거의 사건이 아니라는 의미다. 예수는 그의 신실한 신자들이 서로서로 그리고 이웃과 함께 진실한 관계를 맺으며, 그분의 가르침을 구현하며 살아가는 곳에서 지금도 살아계신다. 초기 아나뱁티스트는 신자의 공동체가 그런 삶을 살아갈 때, 이 땅에서 인간을 향한 하나님의 창조의 목적을 선포할 수 있다고 가르쳤다. 초기 그리스도인의 교회는 가감 없이 서로의 삶과 자원을 나눴고, 열린 마음으로 서로 죄를 고백하고 용서했다. 이곳에서는 권세 가진 자가 약한 자를 억압하지 않았고, 이방인과 유대인, 노예와 자유인, 남자와 여자의 경계가 허물어졌으며, 모든 사람이 존엄을 인정받았고 서로 존경으로 대했다.고후5:17

복음을 이처럼 이해한다면, 기독교 교육자들은 반드시 공동체적 삶에 관심을 기울여야 한다. 우리가 서로 대하는 방식은 교리를 충실히 가르치고, 예배 의식에 경건히 참여하도록 하는 것만큼이나 기독교 교육의 중요한 부분이다.

4. 성육신으로 말미암아, 개인은 중요하다

성육신 신학은 우리가 공동체적으로 관계 맺으며 살아가야 할 존재로 지음 받았다는 점을 상기시킨다. 그러나 이 말이 각자의 개성을 버려야 한다거나 정체성을 잃게 된다는 의미는 아니다. 이와 반대로, 성육신으로 이루어진 그리스도인의 삶은 오히려 개인에게 참된 정체성을 갖게 해 준다. 온전한 인간으로 산다는 것이 무얼 뜻하는지 혼란스러워진 현대 문화에서, 아나뱁티스트-메노나이트 학교는 학생들이 몸과 생각과 영혼이 완전히 통합된 건강한 개인으로 성장하도록, 정체성 확립에 도움을 줄 수 있다.

살펴본 대로, 성서에서 말하는 죄의 분명한 결과 중 하나는, 하나님이 본래 합쳐 두신 것을 인간이 분리해 내려는 경향성으로 나타난다. 이런 경향은 이기심과 폭력의 형태로 사회에서만 나타나는 것이 아니라 각 개인에게서 더 심각하고 해롭게 나타난다. 서구 사회에서는 특히 인간을 육체와 영혼 혹은 육체와 정신과 영혼으로 구분하여 이런 분리 경향을 고정했다. 표면상으로 이런 분리는 일리 있게 보인다. 인간은 누구나 생물학적 필요에 기반을 둔 육체적 현실을 조건으로 살아간다. 사람은 먹고 자고 활동해야 하며, 육체적 친밀함을 갈구하고, 피로를 느끼고 병들고 나이 들다가, 언젠가는 죽게 되는 명확한 육체적 한계 속에서 살아간다. 동시에 인간은 생물학적 본능에 지배받거나 육체적 열망만 의존해 살아가지 않는다. 우리는 이성적으로 사고하는 능력을 지녔으며, 세계를 분석하고, 신비한 중력의 법칙과 자연의 변화작용을 알아내고, 질병에 맞서 백신을 개발하고, 미래를 설계한다. 그뿐 아니라, 인간은 또한 영적 존재다. 우리는 사랑의 신비와 기쁨, 행복, 희망을 품고 살아가며, 도덕과 사회 정의를 추구하고, 때론 합리적으로 설명할 수 없는 세상의 현실도 이해하며 살아간다. 그리고 인간은 하나님과 관계 맺고 살아가기를 갈구한다.

아나뱁티스트-메노나이트가 이해하는 성육신 신학에서는 인간이 지닌 이러한 다양한 측면을 분리하려는 경향성을 거부한다. 하나님은 모든 피조물 가운데 존재하시고, 예수 안에서 하나님과 인류가 하나가 되었기 때문에, 이제 인간이 지닌 생물학적·이성적·영적 정체성은 같은 기반을 갖게 되었다. 모든 인간은 하나님의 형상으로 지음 받은 존엄한 존재이므로, 우리의 육신은 절대 한낱 사물처럼 취급될 수 없다. 성육신은 각자를 특별한 하나님의 자녀로 바라보는 더 깊은 삶으로

우리를 초청한다. 하나님의 관점에서 인간은 경이로울 만큼 복잡하게
이루어진 육체와 예리한 지성과 민감한 영혼을 소유했으며, 하나님과
주변 사람들에게 헤아릴 수 없을 만큼 사랑받는 존재이다.

아나뱁티스트의 이러한 인간 이해는 그리스도인은 절대 타인의 생
명을 취할 수 없다는 믿음, 심지어 국가나 자연 본능이 이를 정당화하
더라도 절대로 같은 인간을 해할 수 없다는 믿음으로 이어진다. 교육적
맥락에서 볼 때, 이 말은, 학생들을 단순히 교실에 앉아 있는 몸뚱이나
학교 예산을 채우는 등록금, 학교의 명성을 드높이면 그만인 운동선수
로 생각해서는 절대로 안 된다는 의미이다. 또한, 학생들을 단지 지식
을 채워주기만 하면 되는 머리나, 다음 단계 시험만 통과하면 되는 수
험생으로만 바라봐서도 안 되며, 마찬가지로 단지 올바른 교리 교육만
받으면 되는 영적 존재나, 구원만 받으면 되는 영혼, 속된 의미에서 심
령으로 생각해서도 안 된다.

메노나이트 교육자들은 분명한 의식을 가지고 학생들 한 사람 한 사
람을 통합된 인간, 전全인으로 대해야 한다. 교육자는 육체를 칭송하나
숭배하지 않고, 지성에 찬사를 보내지만 그것이 전부라 여기지 않고,
영혼을 높일지언정 하나님 자신이 육체를 입고 세상에 오셨음을 잊지
말아야 한다. 이처럼 육체와 정신과 영혼을 통합하는 일이야말로 각 사
람 속에 있는 하나님의 형상을 반영하는 일이다.

5. 성육신으로 말미암아, 세상은 중요하다

성육신을 강조하는 아나뱁티스트–메노나이트 신학의 마지막 한 가
지 특징은 세상과 우리의 관계이다. 그리스도로 말미암아 변화되고 성
령의 임재로 말미암아 새로운 삶을 살게 된 그리스도인은 누구나 다른
사람과 이 기쁜 소식을 나누려 할 것이다. 인간 역사 안에서 창조의 본

래 목적대로 만물을 돌이키고 계신 이 하나님의 이야기에 따라 살아가는 사람은 누구나 세상을 치유하는 그분의 사역에 동참하고자 할 것이다.

아나뱁티스트-메노나이트 전통이 항상 이 세상을 분명하고 온전히 이해했던 것은 아니다. 예수 따르는 삶은 한편으로, 그리스도 안에서 "새로운 피조물"고후5:17이 되고자 자기 자신을 이기심과 폭력이라는 헛된 것에서 적극적이고 의식적으로 구별하는 것을 말한다. 신약 성서에는 그리스도인과 교회가 이 '세상 밖으로' 부름 받았으니, 이 "세상을 본받지 말아야"롬12:2하고, 심지어 땅의 것을 미워해야 한다골3는 말씀으로 가득하다. 초기 아나뱁티스트는 박해 받아 감옥에 투옥되고, 고문 당하고, 심지어 죽임을 당하던 시절에 세상을 악한 곳으로 보는 이런 견해를 받아들였다.

그러나 다른 편으로, 성서에는 하나님의 백성을 위한 이와 다른 주제가 분명히 언급돼 있다. 하나님은 자기 백성을 세상에서out 부르셔서 하나님의 치유와 소망의 사역을 행하는 대리자로 삼으셨고, 다시 세상으로into 보내셨다. 성서 전체를 통해, 우리는 깨어진 세상에 찾아오셔서 이를 다시 온전한 모습으로 회복하시려 고통 받으시는 하나님의 모습을 보게 된다. 이스라엘 자손은 "열방의 빛이 되라"사49:6, 행26:23는 특별한 소명을 받았다. 하나님은 이 세상을 사랑하셔서 아들 예수를 기꺼이 보내, 기쁜 소식을 전하게 하셨다. 비록 이것이 예수가 고통 받게 될 것이고, 급기야 죽임을 당할 것을 의미했음에도 말이다.요3:16 그러므로 화해와 치유가 예수의 전체 사역의 중심 주제였음은 놀랄 일이 아니다. 가시는 곳마다, 만나는 사람마다, 그분은 분절되고 깨어진, 상처 받은 사람들을 하나로 묶어내셨다. 가장 분명한 예는 물론 기적적으로 행한 물리적 치유 사역에서 찾을 수 있겠지만, 예수의 사역에는 깨진 마음과 영혼을 어루만지고, 영적으로 죽은 자에게 새 생명을 주고, 서로 어긋난 관계로 살아가는 이들을 하나로 묶고, 사회의 주변부로 밀려 비참하게 사는 이들을 존귀하게 회복하셨던 수많은 다른 예가 존재한다. 이는 우리에게 성육신하신 하나님의 증인으로 살아가기로 작정한 그리스도인이라면 절대로 신앙의 순결을 추구하겠다고 세상에서 물러나 뒤로 나앉으면 안 된다는 것을 말해준다. 오히려 그리스도인은 자신의 일상의 삶을 통해, 이 세상에 하나님의 임재를 눈에 보이게 나타내야 한다.

개신교 전통은 복음을 전할 때, 말로 전하는 선교 방식을 강조해 왔다. 복음을 말로 증거하고 전하는 사역은 언어적으로 은사를 지닌 사람들의 특별한 소명이다. 이는 작은 일이 아니다. 그러나 더 강력한 증거는 그리스도인이 일상의 삶에서 그리스도로 말미암아 화해와 치유의 통합된 삶을 보여줄 때, 더 크게 드러난다. 신자는 이런 삶을 통해 세상에 그리스도의 몸을 드러내 보일 수 있다.

화해의 사역은 그리스도의 죽음과 부활을 통해 극적으로 드러난다. 성서는 예수가 이 사역을 위해 육체적 고통과 배신으로 인한 정서적 상처, 하나님과 분리되는 영적 고통을 얼마나 심하게 겪으셨는지 적나라하게 보여준다. 그러나 복음서가 말하는 진정으로 놀라운 부분, 다시 말해 복음의 핵심은 십자가 사건이 아니라 부활이다. 그리스도의 물리적 몸을 때리고, 못 박고, 창으로 찌르고, 죽일 수 있을지언정 무덤에 가둬둘 수 없었다. 부활은 생명을 창조하신 하나님이 죄와 사망의 권세보다 크고 강하심을 증거하는 강력한 사건이었다.

메노나이트 학교는 학생들이 이 세상에서 이와 같은 생명의 사역을 감당할 수 있도록 준비시켜야 한다. 병자를 치료하고, 압제당하는 자의 상처를 동여매고, 가난하고 헐벗은 자와 함께 하며, 예수가 하신 것처럼 압제자와 가해자, 원수를 향해 평화의 복된 소식과 화해와 사랑으로 맞설 수 있게 가르쳐야 한다.

아나뱁티스트 전통을 따르는 사람들은 뒤로 물러서지 않고 이 세상에 깊이 관여해야 한다. 세상에 도전하고, 새로운 길로 초대하고, 모범을 보이고, 분투하며, 세상을 위해 자신을 쏟아 붓는 모습으로 참여해야 할 것이다. 우리가 먼저 이렇게 할 때, 이 세상 역시 모든 피조물이 화해하여 기쁘게 살아가는 하나님의 의도에 동참하게 될 것이다.

결론

이 세상은 깨어지고, 나뉘고, 외롭고, 소외된 사람들로 가득하다. 예수 안에서, 하나님은 인간의 모습을 취하고 이 땅에 오셨다. 말씀이 육신이 되신 것이다. 복음의 기쁜 소식은 바로 예수가 "서로 원수가 되어 갈리게 했던 담"엡2:14을 무너뜨리러 오셨다는 사실이다. 그리스도인은 성육신을 증거하도록 부르심 받았다. 그렇게 할 때, 우리는 깨어지고, 나뉘고, 외롭고, 소외된 사람들을 불러 기쁘고 즐거운 새 생명의 삶, 포도나무이신 그리스도께 접붙여서 화해와 온전함을 열매 맺는 새로운 삶을 살라고 초대할 수 있다.

성육신 신학의 이런 특징들은 삶의 모든 영역에서 나타날 수 있다. 그러나 아나뱁티스트–메노나이트 학교에서는 이런 모습들이 학교의 정신과 수업 방식, 학생들에게 나타날 교육 결과를 통해 드러나게 될 것이다.

이제 이 주제들을 살펴볼 차례다.

3장. 배움의 공동체 만들기:
아나뱁티스트 교육론의 정신과 실천

"고등학교 때 저는 상당히 불안한 학생이었답니다. 지금 돌아보면, 그때가 제 인생에서 가장 힘든 시기였어요." 질문은 받은 여대생은 나에게 이렇게 대답했다.

내 질문은 해석에 따라 다양한 답변이 나올 수 있지만 내용은 간단했다. 메노나이트 학교를 다니는 동안 가장 인상 깊던 순간이 언제였느냐는 물음이었다. 중학교 때는 괜찮았다고 한다. 친구도 많았고 학업도 잘 따라갔다. 그러나 그 학생에겐 불안 증세가 있었다. "제가 하는 행동이나 말하는 게 늘 바보 같다고 생각했어요. 저는 모든 게 너무 신경 쓰였거든요."

고등학교에 진학하자 불안 증세는 더 심해졌다. 1학년 어느 가을, 드디어 문제가 터지고 말았다. 별거 아닌 일에 눈물을 쏟고는 부끄러운 마음에 교실을 뛰쳐나가 버렸다. 숨을 만한 곳을 찾아 학교 건물 뒤로 돌아나가 넓게 벌어진 관목 뒤에 웅크리고 앉았다. 거기서 계속 숨죽여 울고 있었다. 그렇게 몇 분이 지났는데 앉아있던 나무 밑으로 커다란 발이 불쑥 나타났다. 올려다보니 거기에는 자신을 내려다보는 트로이어 '할아버지'가 계셨다. 트로이어 할아버지는 농부였는데, 은퇴 후 몇 년 전부터 학교 관리와 시설 보수 일을 하고 계셨다. 할아버지는 몸집이 크고 인자한 분이셨다. 학생들이 등교할 때면 언제나 이름을 불러주며 따뜻하게 맞아주곤 하셨다. 트로이어 할아버지는 그렇게 서서 지켜보다가 아무 말 없이 어린 학생 옆에 앉았다. 그러고는 나지막이 말을 건넸다. "가끔은 그냥 이렇게 우는 것도 좋단다." 한참 지나자 여학생의 흐느낌이 잦아들었다. "어떠니? 이제 다시 들어갈 수 있겠니?" 학생은 고개를 끄덕였다. 트로이어 할아버지는 여학생을 일으켜 교실까지 바래다주었다. 교실에 도착해서, 할아버지는 선생님에게 간단히 자초지종을 설명했고, 여학생은 자리로 돌아가 다시 수업을 받았다.

"그때 할아버지는 제게 울 수 있는 공간과 침묵이 필요하다는 걸 이미 알고 계셨어요. 정말로 그 순간엔 그런 게 꼭 필요했어요. 그런데 할아버지는 제가 그런 시간을 가질 수 있도록 도와주셨죠. 다시 추스르고 공동체의 일부로 돌아가도록 말이에요." 이제 대학생이 된 그녀는 예전 일을 그렇게 회상했다.

아나뱁티스트-메노나이트 교육학을 설명하는 장을 열면서 갑자기 웬 고등학교 관리 아저씨 이야기를 꺼내는지 이상히 보일지 모르겠다. 트로이어 할아버지는 신학 교육을 받은 사람도, 교육학 이론을 배운 사람도 아니었다. 그렇다고 학교 선생님은 더더욱 아니었다. 그러나 어느 가을날 학교 밖에서 일어난 그 장면은, 성육신 신학에 근거한 메노나이트 학교가 교육론을 어떻게 이해해야 하는지에 대해 귀중한 통찰을 보여준다.

페다고지, 교육학이란 말은 그리스어로 '아이들을 이끈다'는 뜻이다. 교육학은 간단히 말해서, 가르침의 본질에 대해 의식적으로 깊이 성찰하는 것을 말한다. 교육학은, 가르침이란 일종의 기술로 연마할 수 있고, 평가할 수 있고, 향상될 수 있다는 가정으로 시작한다. 교실 관리, 커리큘럼 개발, 과제 부여, 학생 관리 기법, 평가 방식 등 이 모든 것이 성공적인 교육학의 구성 요소를 이룬다. 그러나 아나뱁티스트-메노나이트 관점의 교육학은 단순히 기술적 차원을 넘어선다. 교육학은 교육이 일어나는 더 넓은 상황과 맥락도 포함해야 한다. 학교나 교실 분위기를 좌우하는 것에는 명확히 드러나지 않는 태도나 요소들이 있다. 교실 교육학은 정형화된 교육 방법만큼이나 선생님의 몸짓이나 습관, 성격을 통해서도 많이 이루어진다.

핵심부터 말하자면, 아나뱁티스트-메노나이트 교육학은 관계에 관한 것이다.

고대 그리스 시대 이후부터 교사들은 교육의 기술적 측면을 알아내고자 각고의 노력을 해 왔다. 즉, 발견하고 배우는 창조적 과정 속에 있는 수많은 복잡한 단계를 분류하려 했다. 교육 이론가들 사이에는 이런 작업을 교사를 중심으로 해야 할지, 학생을 중심으로 해야 할지 극심한 논쟁이 오갔다. 또한, 교육학이 교육내용과 전달기법 중 어디에 초점을 두어야 할지, 교육의 목적이 사회 관습을 따르게 하려는 것인지 독립적 사고를 기르게 하려는 것인지, 교육이 가치중립적인지 의도적인 도덕 활동인지에 관한 논의들도 계속됐다. 이런 주제들을 여기서 다 다루기는 불가능하다. 교육학에 관한 방대한 문헌을 읽어본 사람이라면, 이 짧은 장에 그 모든 흥미롭고 복잡한 질문들을 다 담아내고 풀어낼 수 없다는 것을 알 것이다. 특히, 메노나이트 학교 맥락에서 이런 문제를 논하기는 더욱 어렵다.

그러므로 이번 장의 목적은 교육학 관련 주요 문헌들을 개괄하거나 교육학의 핵심 논점을 이해하기 쉽게 정리하려는 것이 아니다. 그보다 여기에서는 간단히 성육신 신학에 기초한 몇몇 핵심 교육학 주제들을 살펴보고, 내가 보기에 메노나이트 학교 교사들에게서 나타나야 할 것으로 여겨지는 몇 가지 특징들을 제시하고자 한다.

교육은 절대로 진공상태에서 이루어지지 않는다. 그러므로 보이지 않는 커리큘럼, 즉 메노나이트 학교의 정신에 관한 논의부터 시작해야겠다. 우리 교육을 구성하는 가장 강력한 힘은 명시적으로 잘 드러나지는 않지만, 학교의 제도와 문화 속에 깊이 스며있는 어떤 정신, 암묵적으로 합의한 전제들이라 할 수 있다. 이런 전제들은 수면 밑에서 작용하는 것이 맞지만, 그렇다고 해서 교장이나 교사들이 이를 저절로 생기는 것으로 생각해서는 안 된다. 보이지 않는 커리큘럼은 교실 교육학이라는 씨앗이 뿌리를 내리는 토양과 같기 때문에 잘 가꾸고 돌봐야 한다.

이번 장의 후반부에서는 아나뱁티스트–메노나이트 관점으로 만들어진 교실교육학에 관련된 구체적 제안들을 제시할 것이다. 부모와 학생들은 메노나이트 학교의 교사들이 교육을 위해 어떤 행동과 성향, 자질을 갖추기를 기대하겠는가? 이 장에서 진행할 논의들이 현실적이기보다는 다분히 이상적인 이야기로 들릴지 모르고, 혹자는 여기서 제시하는 모든 견해에 동의하지 않을 수도 있다. 그러나 나는 여기서 제시하는 좋은 교육의 특징을 살펴봄으로 말미암아, 앞으로 학교의 각 이해당사자들, 즉 교육위원회나 교장, 교사와 학부모, 교회 공동체들이 아나뱁티스트–메노나이트 교육학에 대해 논의할 때 이를 조금 더 깊은 차원에서 들여다보는 데 도움이 되기를 기대한다.

학교의 정신: 보이지 않는 커리큘럼

한 사람의 교사는 교실을 자신이 통치하는 왕국으로 생각하기 쉽다.

사실상, 교사 한 사람이 커리큘럼을 짜고, 많은 시간을 학생들과 보내며, 토론을 이끌고, 과제를 정해주고, 시험 문제를 내고, 최종적으로 학생에 대한 평가를 내리는 것이 사실이다. 이런 모습은 교육학을 둘러싼 많은 질문이 교실이라는 공간과 수업에 국한된 것으로 생각하게 한다.

그러나 개별 교사 한 사람의 역할이 중요할지라도(실제로 교사는 매우 중요하다), 교실 안에서 이루어지는 일들은 항상 더 넓은 맥락과 차원에서 펼쳐진다는 사실을 기억해야 한다. 개별 교사들이 교안을 작성하거나 처음으로 학생들을 대면하기 훨씬 이전부터, 내가 여기서 '보이지 않는 커리큘럼'이라고 부르는 또 다른 커리큘럼이 이미 교실의 분위기와 특성을 만들면서 진행된다.

보이지 않는 커리큘럼은 특성상 쉽게 정의하거나 평가할 성질은 못된다. 오랜 시행착오를 겪어 오면서 형성된 의사결정 방식이나 학교의 교육적 우선순위, 관계형성 패턴, 학풍이나 학교의 정신은 서로 긴밀하게 연관돼 있고, 복잡하고 다양한 층위로 구성돼 있다. 그러므로 그저 학교 홍보 브로슈어나 사명선언문에 다 담아낼 수 없는 없다. 학생들을 평가하는 사람은 교사들이고, 학교의 주요 학사일정이나 예산을 세우는 이들은 교장이지만, 학교의 보이지 않는 커리큘럼을 만들고 책임지는 사람이 누군지는 딱 꼬집어 말하기 어렵다. 그러나 어느 조직이나 단체든 그곳의 문화 전반을 아우르는 일종의 집단정신이라는 것이 존재한다. 바로 이런 것들이 공통의 기반과 환경을 만들고, 교실 안에서 이루어지는 모든 작용과 현상의 성격을 규정한다.

어떤 측면들은 파악하기 쉽게 나타나기도 한다. 예를 들면, 학교에 교복 규정이 따로 있는가? 학생 생활태도를 다루는 별도의 정책이 있는가? 학생들이 반드시 이수해야 할 필수 과정은 어떤 것인가? 학생회의와 채플의 성격은 어떠한가? 학생 생활지도 과정은 어떻게 이루어지는가? 교장과 교사, 학교와 학부모 간의 소통은 어떤 식으로 이루어지는가? 이런 질문들은 그 학교의 정신이 어떤 모습인지 들여다보는 중요한 창이 될 수 있다.

그러나 학교의 보이지 않는 커리큘럼이란 이보다 훨씬 더 미묘하고 파악하기 어렵다. 학교의 사회적 평판은 어떤가? 학생 문화는 호의적인가, 배타적인가? 개방적인가, 폐쇄적인가? 학업에 대한 교수와 학생들의 태도는 어떠한가? 열정적으로 학업에 임하는가, 아니면 단순히 시간만 보내는가? 학생들의 기대 수준은 높은가, 낮은가? 교사들 사이에 협력은 잘 이루어지는가? 학교가 후원자들과 어떻게 관계 맺는가? 학교에 운동부가 갖는 위상은 어느 정도인가? 운동부를 응원하는 팬들의 활동 범위는 어디까지인가? 언급한 이런 모든 요소가 가르침과 배움이 이루어지는 교육 환경을 만들어 낸다.

아마 메노나이트 학교에서 이루어지는 보이지 않는 커리큘럼의 모든 측면에 동의하기는 어려울 것이다. 그러나 논의를 시작하는 시점에서, 나는 배움의 공동체라는 면에서 아나뱁티스트–메노나이트 공동체에서 반드시 나타나야 한다고 생각하는 세 가지 특성을 제시하려 한다. 각각의 특성은 모두 성육신의 신학에서 도출했음을 밝혀둔다. 자기 학교의 보이지 않는 커리큘럼이 어떠한지 평가하고 싶은 교장들은 신입 교사나 학생들에게 이런 특성들을 학교의 내재된 문화로 받아들이는지 물어보면 알 수 있을 것이다.

예배 문화

우선, 아나뱁티스트–메노나이트 학교의 보이지 않는 커리큘럼은 예배 환경에서 형성돼야 한다. 교육학을 논하는 자리에서, 게다가 신학교도 아닌 일반 학교 환경을 말하면서 갑자기 예배를 언급하는 것이 이상하게 보일지 모르겠다. 그렇다. 메노나이트 학교는 교회가 아니다. 게다가, 학생들 중에는 기독교 신앙을 갖지 않거나, 아나뱁티스트–메노나이트 신앙의 가치들에 동의하지 않는 학생들도 대거 포함돼 있다. 또한, 학부모들은 자녀들이 학교에서 읽기, 쓰기, 수학, 생물학, 사회학, 역사 같은 학과목을 배우길 원하지 하루 종일 예배하면서 시간 보내기를 바라지 않는다. 30분 정도 채플을 하는 것은 괜찮을지 모른다. 일주일에 한두 번쯤 성서 수업을 하거나 가끔 교실에서 기도하는 것도 봐줄 만하다. 그러나 대체로 학교기관을 주로 예배처로 생각하지는 않는다.

이런 회의적인 반응은 충분히 이해할 만하다. 우리가 다른 그리스도인들처럼, 예배를 일요일 아침 교회당에서 한두 시간 드리는 것으로, 기도와 묵상을 하듯 의식적으로 구별된 종교 행위로 이해한다면 말이다. 그러나 아나뱁티스트–메노나이트 신학이 진정으로 성육신 신학을 표방한다면, 메노나이트 학교 역시 예배를 일상적 삶과 동떨어진 정형화된 형태로 이해하려는 유혹을 물리쳐야 한다. 하나님은 모든 만물의 근원이시고 우리 각자는 하나님의 형상으로 지음 받았으며, 성령의 생기를 받아 창조되었기에, 우리의 전 존재와 우리가 하는 모든 행위를 예배의 표현으로 생각하는 것은 너무도 당연한 인식이다.

예배란 어떤 특정 행위를 말하는 것이 아니라 전체 공동체의 관습과 인식에 깊이 엮여있는 일종의 존재 양식을 의미한다. 이를 통해 우리는 지속적으로 이 세상에 깃든 하나님의 살아있는 임재를 경험하게 된다. 보이지 않는 커리큘럼인 예배는 기도, 찬양, 설교와 수련회 같은 형식적 측면만이 아니라, 침묵하는 습관, 말씀 암송, 주기도문 반복, 벽에 붙은 표어나 그림, 요절 등과 같은 일상 속의 아주 작고 사소한 모습 속에서도 찾을 수 있다.

일상에서 모든 것을 통해 예배할 수 있다는 생각을 갖게 되면, 교육을 일차적으로 지식을 전달하는 작업으로 인식하는 우리 문화의 지배적인 관점을 교정할 수 있다. 공립학교에서 이루어지는 교육은 주로 인지 능력cognitive skills, 말하자면 더 똑똑해지고, 더 많은 정보를 익히고, 비판력과 전문적 분석 기술을 계발하는 것에 맞추어졌다. 기독교 교육가들조차 이런 인지적 결과물을 도출하는 형태로 기독교 교육의 틀을 짜기도 한다. 말하자면, 성서에 대한 지식을 더 많이 배우고, 교리를 더 많이 익히거나 주류 문화를 잠식한 무신론에 필적할 기독교 논증을 개발하는 식이다. 그러나 4, 5세기 아우구스티누스 당시부터 많은 그리스도인은 더 깊은 수준에서 볼 때, 사람은 머리만이 아니라 마음을 통해 온전한 모습으로 다듬어진다는 사실 역시 알고 있었다. 궁극적으로 사람의 열정을 움직이는 것은 인지적 사고가 아니라, 욕망이다. 욕망이 사람의 마음을 격동한다. 사람이 욕망하고 사랑할 때는 항상 그 대상을 상정하기 마련이다. 그러므로 교육에서 우리는 우선 무얼 '배울' 것인가를 물을 것이 아니라, 무엇을 '사랑' 할 것인가를 물어야 한다. 무엇이 우리의 관심, 사랑의 대상이 될 것인가?

아우구스티누스는 또한 사람들이 사랑의 대상을 쉽게 혼동할 수 있다는 점을 알았다. 인간은 죄에 경도되어 '뒤틀린 욕망' 을 갖게 되었다. 성서는 거짓 신들과 우상과 같은 잘못된 대상을 섬기느라 이리저리 방황하는 하나님 백성의 이야기로 가득하다. 이런 모습은 정확히 오늘날에도 벌어진다. 우리는 그릇된 것들을 인간 욕망의 최상층에 두라는 유혹에 매일 직면한다. 그러므로 부모들은 실제로 그럴 의도는 없었다 하더라도, 자녀들을 자신이 섬기는 대상으로 만들어 버린다. 학생들은 첨단 기술이나 사회적 지위, 직업 경력 등을 주로 욕망한다. 학교는 재정적 안정, 신규 건축 계획, 음악적 명성이나 스포츠 행사를 우상으로 삼기도 한다.

우리가 집단적으로 욕망하는 것들이 교실교육학의 성격을 규정하는 보이지 않는 커리큘럼을 만든다. 아나뱁티스트-메노나이트 학교들이 하나님을 향한 갈망을 주된 욕망의 대상으로 삼는다면, 어떤 결과가 나타나겠는가? 존엄과 신뢰를 바탕으로 한 관계 형성을 갈구한다면 어떻겠는가? 하나님이 창조하신 자연 만물을 귀중히 다루려 노력한다면 어떻겠는가? 우리가 이런 식으로 우선순위를 만들어간다면, 우리의 모든 행동을 잠재적인 예배의 표현으로 이해하는 환경을 만들 수 있다.

학교의 정신을 만들어가는 일은 거의 언제나 교육위원회나 교장단 같이 학교 당국에서 의식적으로 헌신할 때 이루어지기 시작한다. 이들은 공식적이고 가시적인 형태로 의지를 보일 수 있다. 사명선언문에 명시한다든지, 교육위원회나 직원 수련회의 주제로 삼는다든지, 신규 교직원 채용 시 관련 내용을 우선 정책으로 삼는다든지, 또는 복도에서 나누는 가벼운 대화나 정기적으로 발송하는 학교 소식지를 통해서도 학교의 정신을 담아낼 수 있다. 또한, 노동을 예배로 보는 의식적인 고찰이 채플시간에 들려지는 메시지나 교사 회의, 교직원 연수의 주제가 될 수도 있다. 그러나 아무 때나 '하나님의 뜻' 운운하는 진부한 모습을 보이거나, 기도로 수업 시작하는 것을 강제로 의무화한다거나, 하나님에 대해 언급하는 것과 예배의 태도를 혼동하라는 것이 아니다. 강제가 아니라 날마다 조금씩 찬양과 기도와 묵상 중에 이를 실천할 때, 일상을 예배로 바라보는 학교의 정신이 만들어진다.

이렇게 함으로써, 우리는 '옳은 것을 욕망하는' 교육학에 참여한다. 그리고 이 올바른 욕망이 우리가 스포츠나 음악, 연극이나 학문적 성취와 같은 다른 선한 것들에도 충실하게 하며, 나아가 공동체 모두와 함께 "쉬지 말고 기도하라"^{살전5:17}라는 기독교 신앙의 비밀도 나누게 한다.

전통 이해하기

학교의 정신과 교육학을 만드는, 보이지 않는 커리큘럼의 또 다른 중요한 요소는 학교 공동체를 규정하는 이야기들이다. 학교는 여느 가정이나 국가처럼 집단 정체성을 지닌다. 이런 정체성은 현란한 브로슈어나 번쩍이는 새 건물, 학교장의 위엄 있는 연설만으로는 다 담아낼 수 없다. 정체성이란 이야기라는 형태를 통해 새로운 학생들에게, 그리고 다음 세대에게 전수된다.

아무 학교 건물이나 들어가 둘러보다 눈에 띄는 것들을 적어 보라. 사람들 눈에 띄게 공개해 놓은 것들은 그 학교가 중요하다고 생각하는 이야기들을 보여준다. 이를테면, 학교의 표어나, 학생들의 졸업 작품, 역사 속 사진들, 운동경기 우승 트로피나 헌신적인 기부자 명단 같은 것들 속에 그 학교의 중요한 이야기가 담겨 있다.

이렇게 눈에 보이는 형태로 구현된 이야기들은 교육학에 큰 영향을 준다. 학생들은 무언가를 배울 때, 거의 대부분 교실 안에서 즉각적으로 이루어지는 수업을 통해서보다는, 더 깊고 넓은 전통을 통해 배우기 때문이다. 메노나이트 학교가 가진 전통의 가장 기본적인 부분은 성서 이야기에서 나왔다. 그 이야기 속에는 고대 사회에서 보여주신 하나님의 전능한 능력도, 예수의 삶과 가르침, 죽음, 부활을 통해 마침내 절정을 이룬 역사 속에 개입하신 하나님의 모습도 담겨있다. 그리고 그 이야기는 오늘날에도 일상을 살아가는 그리스도인의 삶 속에서 계속되고 있다. 이런 고대 이야기가 기독교 가정에서 자라난 사람에게는 새로울 게 없겠지만, 사실 인간은 아주 잘 잊어버린다. 그래서 구약성서에는 하나님 이야기를 전통으로 삼고 길이 기억하라고 이를 상기시켜주는 물리적 장치를 마련하라는 명령이 많이 등장한다. 돌무더기를 쌓고, 대문간에 새겨 넣고, 심지어 할례를 통해 이스라엘의 아이들에게 하나님이 그들의 삶 가운데 어떻게 일하셨는지 생생히 보여주는 장치를 만들어 기억하게 하셨다. 이런 장치들을 통해, 이들은 단순히 현재를 사는 것이 아니라 더 깊은 차원의 이야기 속에 자신들이 발 딛고 있음을, 자신들이 아직 펼치지 않은, 이제 전개될 이야기의 계속되는 한 부분임을 기억했다.

오늘날 그리스도인들도 그때와 다를 바 없다. 우리도 역시 바쁘게 변화하는 세상 한가운데 닻을 내리고 중심을 잡을 수 있도록, 더 깊은 이야기와 전통을 늘 상기하는 일이 필요하다. 성서 이야기를 반복해서 되새기는 일을 통해 우리는 하나님의 더 큰 이야기에 편입된다.

이와 동시에, 우리의 학교들 또한 하나님의 더 큰 이야기라는 이 구체적인 전통의 일부분임을 기억해야 한다. 이 세상에 나타난 하나님의 '성육신'으로 역사 속에 등장했던 수많은 남녀 아나뱁티스트들의 신실한 삶의 이야기를 듣고 기억할 때, 메노나이트 학교의 정신이 빚어진다. 메노나이트 학교들은 반드시 더 넓은 기독교 역사에 뿌리내리면서도, 아나뱁티스트-메노나이트라는 독특한 이야기의 기억을 길러주어야 한다. 박해와 고난 속에서도 신실한 믿음을 지켰던 아나뱁티스트의 이야기를 학생들에게 들려주어야 한다. '나그네와 행인'으로 살았던 수많은 이주민의 역사를 기억해야 한다. 신앙의 자유를 찾아, 또한 국가가 안보를 빌미로 비폭력 신념에 위협을 가할 때, 평화주의의 삶을 실천하려 언제라도 떠날 준비가 돼있던 선조들에게 감사해야 한다. 이기심과 탐욕을 고백하는 이야기와 더불어, 하나님의 은혜에 감사하는 이야기들이 들려져야 한다. 문화적·민족적으로 갇혔던 아나뱁티스트-메노나이트가 어떻게 세계 도처의 다른 그리스도인들을 품을 수 있었는지, 그래서 유럽에서 시작했던 아나뱁티스트 운동이 이제 북미를 거쳐 아프리카와 아시아, 호주와 남미에서 이처럼 빠른 성장을 이룰 수 있었는지 전해야 한다. 하나님의 은혜의 이야기와 심판의 이야기, 신실함과 불충, 공동체와 갈등의 모든 이야기가 들려져야 한다. 이 모든 이야기가 날실과 씨실이 되어 보이지 않는 커리큘럼이라는 커다란 천을 서로 엮어 짜내기 때문이다.

전통의 이해에 기반을 둔, 보이지 않는 커리큘럼은 또한 자기 학교들만의 이야기도 포함해야 할 것이다. 학교는 어떻게 설립되었나? 설립 초기 헌신했던 신실한 믿음의 사람들은 누구였나? 그들의 비전이 어떻게 다듬어져 오늘까지 전수되었나? 학교의 가장 심각했던 갈등과 불확실했던 시기는 언제였으며, 또한 기쁨과 번영의 시기는 언제였는가? 우리 모두는 과거라는 선물을 받았다. 그러므로 우리는 이렇게 자문해야 한다. 이 이야기에 무엇을 보탤 것인가? 다음 세대에 어떤 선물을 전해 줄 것인가?

자기 학교의 이야기를 말하는 것은, 단순히 학교에 대한 자부심 차원의 문제가 아니다. 그것은 더 깊은 차원에서 공동의 기억을 구체적으로 표현하는 과정이다. 하나님의 이야기와 아나뱁티스트−메노나이트 전통에 뿌리내려 수 세대를 거쳐 전해 온 이 이야기들은 또 누군가에 들려줄 때에 비로소 전수되고 새로워진다.

주지하다시피, 특정한 신앙 전통의 이야기를 전하는 이런 행동은 특수한 것보다는 보편적인 것을 선호하는 현대 문화에 역행하는 것으로 보인다. 게다가, 전통 이야기를 강조하는 모습이 자칫 메노나이트 공동체에 속하지 않은 사람들을 배제하는 것처럼 비칠 수도 있다. 그러나 앞서 지적한 대로, 특수한 정체성을 갖는 것은 선택 사항이 아니다. 모든 학교는, 교회와 마찬가지로 항상 자신의 신학적 정체성과 신념 체계와 이야기들을 갖기 마련이다. 그러나 누구나 특수한 정체성을 갖는다는 말은 우리가 우리 자신을 설명할 이야기를 선택할 수 있다는 말이다. 학교가 신입생들에게 보여줄 수 있는 최고의 환대는, 학교의 전통과 핵심 가치를 풍부하고 지혜롭게 전달해 주는 것이다. 메노나이트 학교들은 말 그대로 아나뱁티스트–메노나이트 전통에 속한 학교들이다. 이런 학교의 정신에는 반드시 아나뱁티스트–메노나이트 전통에 기초한 기독교 신앙의 신실한 증거가 담겨 있어야 한다. 그러나 강제로 해서는 안 되며 자유롭고 확신 있게, 분명한 자세와 열정을 가지고 보여주어야 한다.

예배를 설명할 때 살펴본 것처럼, 전통을 빚어내는 이야기들을 상기시키려면 주의 깊고 사려 깊은 계획이 필요하다. 성서 수업과 채플은 이 이야기들을 전수해 주는 당연한 두 가지 통로다. 더불어 신입생 환영 행사나 시강식, 학교의 각종 기념일, 과거를 기리는 특별 행사, 동문을 초대해 그들의 이야기를 듣는 이벤트 등이 함께 어우러질 수 있다. 그러나 전통의 전수는 교실 환경과도 잘 통합돼야 한다. 게시판에 관련 포스터를 만들어 붙이고, 전통을 상기할 만한 책을 선정해 읽고, 교실에서 이루어지는 자연스런 주제 토론이 학교의 전반적인 분위기 형성에 기여한다는 사실을 잊지 말아야 한다.

당신이 속한 학교의 정신은 어떤 전통으로 짜여 있는가? 당신이 말하는 이야기에 세심한 주의를 기울이라. 그 이야기가 당신의 교육학을 형성한다. 설사, 당신이 인식하지 못할지라도.

협의하는 공동체: 다양성, 갈등 그리고 화해

아나뱁티스트–메노나이트 학교의 교실교육학 환경을 만드는 보이지 않는 커리큘럼의 마지막 요소는, 배움의 공동체를 이루는 주체들 간의 복잡한 연결망이다. 즉, 개별 학생과 교사, 직원, 교장의 성격과 행동, 기억과 관계가 어우러져 더 큰 배움의 공동체를 만들게 된다. 모든 학교는 법인체로서 조직을 규정하는 법적 문서가 있다. 대개 학교들은 학교의 사명과 비전, 목표 그리고 교직원 임용 기준 등을 적시한 핸드북도 마련해 두고 있다. 학교라면 건물과 운동장 같은 물리적 공간과 함께 교육위원회와 교장단, 교직원 같은 인적 자원으로 구성돼 있다. 이 모든 요소가 학교의 정체성을 형성하는 주요한 요인들이다. 그러나 학교를 살아있는 공동체로 만드는 것은 이런 개별 부분들의 총합이 아니다. 그 이상이다.

'공동체'라는 말은, 모든 학교가 마케팅을 위해 학교 홍보물과 신입생 안내 포스터에 싣는 표현이다. 학교들은 모두 자신을 공동체로 그리길 좋아한다. 그러나 사실 함께 생활한다는 것은, 공동체라는 그 말이 주는 느낌처럼 그리 산뜻한 일이 아니다. 공동체를 강하고 건강하며 힘차게 만드는 특징들은 간단히 규정할 수도 없거니와 단순히 조율한다고 되는 것도 아니다. 공동체는 살아내고 경험하는 것이지 절대 어떤 공식으로 축소할 수 없기 때문이다.

기독교 학교의 맥락에서 공동체를 이룬다는 것은, 복잡하게 뒤섞인 관계 속에 들어오는 것에서 시작한다. 때론 공식적인 형태로(예를 들면, 교사 임용 계약서, 강의 계획서, 성적표), 때론 비공식적 형태(예를 들면, 복도에서 함께 담소를 나누는 동료들, 신규 건축 계획을 위해 기금을 모으는 교육위원들, 과제 수행에 어려움을 겪고 찾아오는 학생들, 컴퓨터를 고치러 온 전산실 직원)의 관계가 뒤섞여 있다. 이런 관계들은 시간을 오래 두고 천천히 생성된다. 이 관계는 과거의 경험과 함께 나눈 기억들로 채워져 있지만, 동시에 늘 역동적으로 변화한다. 학교 내에서 맺는 이런 관계의 깊이가 바로 보이지 않는 커리큘럼의 중요한 요소이다. 관계의 깊이는 이런 질문들로 가늠할 수 있다. 서로 어떻게 대하는가? 갈등은 어떻게 해결하는가? 어떻게 서로 협력하는가?

모두 같은 역사를 지니고, 같은 기호와 가치를 나누며, 동등한 재능과 소질을 타고났기에 변할 게 하나도 없는 공동체가 있다면, 그 속에서 공동체로 사는 일은 어렵지 않을 것이다. 그러나 누가 이런 공동체에서 살려고 하겠는가? 현실에서 우리는 모두 서로 다른 성향을 지닌 사람들과 관계 맺으며 살아간다. 실제로 대부분의 학교는 인종적·문화적·경제적·종교적 다양성을 매우 긍정적인 특성으로 여기고 적극적으로 받아들인다. 더군다나 요즘은 직장 환경도 계속 변화하고 있어 공동체에게 적절히 적응하고 이런 변화에 응하기를 요구하고 있다. 이 말은 건강한 공동체는 늘 구성원들의 개인차와 다양성, 그리고 큰 틀에서 공동체를 향한 헌신과 통일성 사이에서 균형을 이루어야 한다는 것을 의미한다. 무엇이 모두를 결속하는가? 무엇이 계속해서 공동체를 공동의 사명과 목적으로 연합하게 하는가?

북미의 정치적 맥락에서는, 모든 개인에게 인권이 있으며, 인간은 법아래 평등하다는 원리가 이에 대한 가장 올바른 답이다. 이 말을 학교 현장으로 옮겨보면, 학교 구성원 모두는 학교가 세운 정책에 따라 동등하게 대우받아야 한다는 것을 의미한다. 그러나 명확하고 투명한 정책을 세우는 것이 건강한 관계 형성에 중요한 요소일지라도, 그리스도인이 이해하는 공동체는 인권과 정의의 차원을 넘어선다. 예수께서는 산상수훈마5-7에서 유대교 전통에서 내려오던 율법적 정의의 원칙에를 들면, "눈에는 눈, 이에는 이"과 새로운 예수 공동체의 특징들을 대조해 보여주시면서 이 점을 언급하셨다. 산상수훈에서 들려주신 사랑과 자비, 환대와 용서의 관계는 각자에게 권리로 주어진 불변의 원칙들을 이기고도 남는다.

신약성서에 나타난 공동체의 주요 이미지는 몸이다. 즉, 몸 전체에 연결된 다양한 지체들이 살아 숨 쉬는 유기체로 함께 작용하는 모습을 보여준다.고전12, 엡4:11-16 바울은 고린도전서 12장에서, 우리 몸에는 더 연약하기 때문에 특별히 보살펴 주어야 하는 부분이 있다고 했다.고전 12:23 그러므로 공동체의 다양성을 건강히 유지시키는 일은 법정에서 선언한 평등의 원리를 잘 지킨다고 해서, 혹은 정치적으로 이 원칙을 정확히 시행한다고 해서 되는 것이 아니다. 오히려 기독교 공동체가 모두 그리스도께 공통으로 헌신할 때, 비로소 하나로 연결될 수 있다. 바로 이런 모습을 통해 "유대인이나 헬라인이나, 종이나 자유인이나, 남자나 여자나"갈3:28 다 그리스도 안에서 하나가 되고, 성령의 띠로 연결된다.

메노나이트 학교가 교회와 같을 수는 없다. 그리스도께 대한 학생들의 헌신의 정도도 다양할 수밖에 없다. 이는 불가피하다. 또한, 반드시 세례 받은 교인만 교직원이 돼야 하는 것도 아니다. 그러나 메노나이트 학교의 교장과 교사, 직원이라면 반드시 그리스도인의 방식으로 서로 관계 맺으며 살기로 헌신해야 한다.

그리스도 안에서 하나 되는 모습을 추구하라고 해서, 차이를 부정하라는 말로 이해하면 안 된다. 이 말은 서로 특정 사회적·문화적·인종적 범주를 대표하는 사람들로서가 아니라 하나님의 자녀로 먼저 바라보기로, 다 같이 헌신하자는 의미다. 전제할 것은, 일과 휴식과 예배와 찬양과 나눔을 통해 서로 맺어가는 관계 속에서, 우리가 서로 사랑으로 대하고, 하나님의 형상으로 지음 받은 온전한 백성으로 여겨야 한다는 점이다. 이 말은 우리가 서로 존귀한 인격체로 대하겠다는 뜻이다. 단순히 육체와 물체로서가 아니라, 우리는 각자를 하나님 형상의 담지자요, 신의 숨결의 운반자로 대해야 한다. 이 말은 다시, 메노나이트 학교는 특별히 사회 소외층에 속한 사람들에게 관심을 기울여야 한다는 뜻이다. 메노나이트 학교는 남성이 특권을 누리는 가부장적 방식을 거부해야 하며, 백인의 특권을 유지시키는 인종주의 구조에 대항해야 할 것이다. 설사, 그 노력이 미비해 보일지라도 말이다.

　공동체의 정신은 또한 공동체 구성원들이 갈등을 어떻게 풀어내는지, 그 방식을 통해 만들어진다. 조화로운 공동체를 깨뜨리는 방해 요인은 도처에 있다. 다양성과 변화, 불균형은 공동체 안에서 있는 피할 수 없는 성질들이다. 학교에서는 이런 모습들이 다양한 형태로 표출된다. 후원하는 교회들 사이에서 교리의 차이가 불거지고, 열다섯 살짜리 학생이 임신을 하는가 하면, 영어를 모국어로 말하지 못하는 학생들이 늘어나고, 학생 생활지도에 대한 교사들의 견해가 엇갈리고, 교장의 편애로 말미암아 부서들이 반목하고, 공들인 예산안이 낮은 등록률로 난관에 봉착하고, 존경받던 교사가 갑자기 사임하고, 일단의 미성년 학생들이 음주 문제로 체포되고, 똑똑한 학생이 컴퓨터를 해킹해 성적을 조작하고, 단순한 장난이 화재경보기를 울려 교실 전체를 물바다로 만들고, 이 때문에 엄청난 금전적 손실을 안기는 일들이 발생한다. 교육위원회와 교장, 교사와 직원들이 이 다양성의 현실과 갈등에 어떻게 응답하는가가 학교의 정신과 보이지 않는 커리큘럼을 만드는 데 매우 중요한 요인이 된다.

　건강한 공동체는 진실하게 속마음을 털어놓는 사람들이 모여 있고, 분명하고 단호하게 행동하도록 서로 격려한다. 아나뱁티스트에 순교자가 많은 이유는, 사람들 자체가 원래 유약해서 그런 것이 아니다. 그러나 비폭력 신념을 고수하는 아나뱁티스트–메노나이트 전통이 사람들의 관계에 영향을 준 것만은 사실이다. 진리를 확신한다고 해서 타인의 존엄을 말살하거나 손상시키는 방식으로 증거해서는 안 된다. 마태복음 18장에서, 예수는 관계 회복의 과정을 제자들에게 명료하게 제시하셨다. 차이는 열린 마음으로 수용하되 사랑의 정신으로 해야 하고, 사람의 이해와 판단은 오류를 범할 수 있다는 점을 인정하고, 관계의 회복을 최우선에 두어야 한다. ^{갈6:1-2} 의 일반 표기 대신 각주형태로 표기

관계 회복과 화해는 쉽게 이루어지지 않는다. 건강한 공동체를 세우기로 약속했다면, 위험을 감수하고 비난을 감내하며 자신을 낮추고 기꺼이 서로 용서를 구하고 용서할 수 있어야 한다. 공감하고 긍휼히 여기는 태도는 학습을 통해 익혀야 하는 행동이다. 학교에서는 이런 것들을 가르치고, 본을 보이며, 누차 강조하고 실천할 수 있어야 한다. 궁극적으로 공동체에 헌신한다는 말은, 뒤틀린 세상을 깨뜨리고 들어오신 성육신이라는 하나님의 임재를 눈으로 직접 보여주는 일이다. 공동체에 참여하는 일은 피조물을 구원하는 하나님의 사역에 동참하는 일이다.

보이지 않는 커리큘럼을 설명하기란 쉽지 않다. 우리의 매일의 삶 깊숙한 곳에 얼기설기 엮여있기 때문이다. 그러나 '예배를 바라보는 자세'와 '전통'에 대한 이해, '건강한 공동체를 이루는 관계'야말로 학교에서 이루어지는 가르침과 배움을 온전하게 하는 요인들임을 잊지 말아야 한다.

여러분 학교의 보이지 않는 커리큘럼은 어떤 모습을 하고 있는가?

교육학적 실천: 교육자가 보여주어야 할 품성

파티에 참석해 진솔한 대화를 시작하고 싶다면, 참석자들에게 가장 존경하는 선생님은 누구였으며, 왜 그분이 자신에게 특별했는지 한두 가지 사연을 들려 달라고 해 보라. 저마다 들려줄 말이 많을 것이다. 그 이야기들을 듣다 보면 사람들이 말한 존경하는 선생님이 초중고 시절

선생님인지 대학시절인지 상관없이, 그분들에 대한 사람들의 기억 속에 어떤 공통점이 있음을 알게 될 것이다.

지난 수천 년 간, 그리스 철학자들과 유대교 랍비들 그리고 평범한 사람들 사이에서도 위대한 선생님의 특성이 무엇인가에 대한 논쟁이 있어왔다. 이 논쟁은 지금도 진행 중이다. 교육 이론가들은 여전히 어떤 자질이 위대한 교사를 만드는지 합의를 이루지 못했을 뿐만 아니라, 어떤 자질이 훈련될 수 있는 것이고, 어떤 것은 교사 본연의 타고난 성품인지를 구분조차 하지 못했다. 그러나 존경받던 선생님들의 모습을 회상하다 보면, 아나뱁티스트-메노나이트 교육 상황에서 무엇이 참된 교육학적 실천의 본질인지 중요한 단서를 발견하게 된다.

나는 여기에서 이상적인 독서 교육이나 수학 교육에 대한 연역적 방법과 귀납적 방법의 장점을 가리는 세세한 수업 방법론에 대해 현재 거론되는 논쟁을 재연하지는 않을 생각이다. 이 역시 상당히 중요한 주제임에 분명하지만, 이 책의 목적은 그보다는 아나뱁티스트-메노나이트 신앙을 바탕으로 교육 분야 전반에 적용할 만한 교육학적 자질과 특성을 찾아내는 데 있다.

교육자의 자질들은 학습과 훈련으로 얻는 것이지, 운 좋은 소수에게만 내려지는 하늘의 재능이 아니다. 그러나 훌륭한 교사의 특성을 어떤 태도나 성향으로 이해해야지 방법론이나 기술로 생각해서는 안 된다.

성향이란 체화된 습관을 말한다. 즉, 어떤 삶의 방식을 의식적으로 반복하다 보면, 나중에는 이것이 습관인지 의식적인 행동인지 구분하기 어려워지는 때가 온다. 성향은 말하자면, 우리를 어떤 특정한 방식으로 행동하게 하는 경향성을 일컫는다. 이런 성향을 계발하려면 분명한 목적의식과 그에 따른 실천이 있어야 하며, 마찬가지로 삶을 통해 이런 자질을 키워가려는 더 큰 공동체 안에서 다른 사람들과 매일 연습하며 배워야 한다. 이런 성향이 자신에게 자연스러운 행동이나 제 2의 천성처럼 되기까지는 오랜 시간이 필요하고 변화의 과정은 매우 느리게 나타난다.

이러한 교육자의 자질과 성향을 익히는 것을 재능 있는 운동선수가 기술을 익히는 모습으로 비유해 볼 수 있다. 탁월한 운동선수는 항상 기초부터 밟는다. 처음에는 다른 사람들이 경기하는 모습을 지켜보다가 감동하고 자극 받아 어느 순간 스스로 연습하기 시작한다. 훌륭한 선수가 되려면, 먼저 제대로 훈련 받아야 한다. 스스로 할 뿐 아니라, 탁월한 코치의 지도를 받아야 한다. 부자연스럽고 익숙하지 않은 동작들을 반복하고, 하루에도 몇 시간씩 같은 목표를 가진 동료들과 함께 해 나가야 한다. 또한, 이런 연습과 더불어 자기 종목에 대한 역사를 공부하고, 전설적인 역대 선수의 기록을 찾아보고, 동료들과 경기의 세밀한 부분에 대해 토론도 할 수 있어야 한다. 또한, 팀의 전술집을 펼쳐놓고 자기 종목을 분석하거나 직접 경기장에 나가 관중석에 앉아 눈앞에 펼쳐지는 경기를 관찰할 수도 있다. 그러나 대개는 그 운동경기를 직접 해 봄으로써 배우게 된다. 훌륭한 선수는 항상 경기 자체에서 활력을 얻고, 직접 몸으로 해 보면서 익히고, 끊임없이 어떻게 하면 더 잘할 수 있을지 묻는다. 끈기 있게 연습하고 꾸준히 경기에 참가하다 보면, 서서히 알게 된다. 처음에는 어림도 없던 동작들이 이제는 거의 자동으로 이루어지고 있음을. 경기에서 하는 특정 움직임, 반응, 자세들이 이제는 말 그대로 자연스럽다. 마치 평생 그렇게 해왔던 것처럼.

학교를 교육학적으로 탁월하게 만들어주는 성향들도 이와 비슷한 방식으로 개발할 수 있다. 훌륭한 교사와 평범한 교사의 차이는 전적으로 주어진 재능의 문제가 아니라, 탁월한 가르침을 수행하고자 얼마나 의식적으로 노력하고, 습관이 될 만큼 실천했는가의 문제이다. 모든 교사가 같은 자질과 탁월성을 보일 수는 없겠지만, 반드시 모든 교사가 교육학적 탁월성을 체화하고자 노력하고, 그 목표를 향해 쉼 없이 달려가는 책임 있는 모습을 보여줄 수는 있어야 한다.

아래에 제시한 몇 가지 성향들이 모든 교육학적 특성을 망라한 것은 아니다. 또한, 오직 메노나이트 학교에서만 찾을 수 있는 성향들도 아니다. 그러나 분명한 것은 제시한 내용들이 메노나이트의 성육신 신학을 통해 자연스럽게 도출되었고, 예배와 전통, 공동체에 기반을 둔, 보이지 않는 커리큘럼으로 이루어졌다는 사실이다.

교사들이 일상 속에서 학생들을 만날 때 이런 성향들에 먼저 모범과 귀감이 된다면, 단지 지식만 전달하는 것이 아니라 학생들도 교사들에게서 이런 비슷한 성향과 자질을 배워서, 학교를 떠나서도 평생 이와 같은 배움을 추구하는 사람들로 자랄 수 있을 것이다.

1. 호기심: 겸손하게 지식 구하기

아나뱁티스트–메노나이트 교사들은 호기심이라는 교육학의 모델이 돼야 할 것이다. 왜 하늘은 파랄까? 새들은 왜 지저귈까? 얼음은 어떻게 생기는 걸까? 이런 질문들은 비교적 답이 분명하고 기초적인 질문으로 보인다. 게다가, 꼭 기독교 학교에서만 다룰 주제들도 아니다. 그러나 이런 질문들을 불러일으키는 호기심은 거저 생기지 않는다. 호기심이라는 성향은 사물에 대해 의문을 품는 태도이자 배움에 대한 열정이면서 동시에 우리가 얼마나 무지한지, 그 폭과 넓이를 인식하게 한다. 호기심 많은 교사는 자연적·사회적·영적인 모든 차원을 통해서 복잡한 이 세상을 이해하려 하고, 또한 자신의 지식의 한계를 주저 없이 인정할 줄 아는 사람이다. 그런 인정이야말로, 더 깊은 이해의 세계로 들어가는 서막이라는 것을 알기 때문이다.

사람들은 흔히 교육을, 교사가 어떤 지식이나 사회적으로 합의된 특정 기술을 전수하는 것으로 이해한다. 그러나 진정한 호기심은 의문을 품고 지속적으로 탐구하는 과정에서 생겨나며, 이는 교사나 학생 모두에게 해당한다. 물론, 교사는 학생보다 더 많은 지식을 가졌고 지적으로 훈련 받았다. 그러나 교사 한 사람이 해당 과목에 대해 아무리 많은 지식과 자료를 보유하고 있다 하더라도 늘 새로운 것들이 발견되기 마련이다. 게다가, 교사에게 익숙한 이런 자료들에 학생들의 새로운 경험과 신선한 관점이 더하면, 전혀 다른 차원에서 문제를 바라보는 일이 생기기도 한다.

호기심 교육학은 기독교의 미덕 중 겸손을 모델로 한다. 즉, 인간은 아직 이 경이로울 만큼 복잡한 우주의 깊이를 온전히 파악할 수 없다고 인정하는 태도에서 호기심 교육학이 출발하는 것이다. 이런 면에서 보면, 호기심이란 성육신에 경의를 표하는 과정으로 이해할 수 있다. 호기심을 통해서 우리는 하나님이 피조물 안에 잠복해 계시며, 이 세상에 드러나기를 기다리고 계신다는 사실을 알게 된다. 그러나 이런 하나님의 드러남은 절대 인간의 이해 범위 내에서 완성되거나 완결되지는 않을 것이다. 우리는 늘 한계 속에 있고, 한정된 지식만 가진다. 우리가 찾아낸 모든 답변의 이면에는 여전히 더 많은 의문이 존재하며, 하나님의 풍성한 창조 세계 안에는 언제나 우리가 더 배워야 할 것들로 가득하다.

호기심 교육학은 좋은 질문을 던지는 태도가 객관적인 정답을 많이 아는 것만큼이나 학생의 교육적 성취를 가늠하는 데 중요하다는 사실을 알려준다. 그렇다고 이 말을 객관적 지식을 무시하거나 모든 답변이 같은 가치를 갖는다고 상대화하려는 것으로 생각해선 안 된다. 내가 연구하는 역사학이라는 분야만 보더라도, 시간을 들여 객관적인 기본 사실들을 파악하고 공부를 먼저 해야 비로소 역사가적으로 사고하는 법을 익힐 수 있다. 그러나 진리 탐구를 통해, 우리는 사물이 실제 존재하는 방식을 이해하는 더 깊은 곳으로 나아갈 수 있다. 그러니 객관적 사실만을 바르게 나열하게 하거나 단순히 내용을 암기시키는 것은 기독교 교육이 궁극적으로 지향할 바가 아니다. 오늘날처럼 정보가 넘쳐나는 시대에, 학생들은 간단한 키보드 조작만으로 구글이나 위키피디아 같은 곳에서 객관적인 기본 자료들은 얼마든지 구할 수 있다. 그러므로 객관적 사실아래 숨겨진 진실을 파악하고자 질문을 던질 줄 아는 능력에 더 관심을 갖고 키워나가야 한다. 이런 능력을 통해, 복잡하게 얽혀 있는 인생이라는 경이로운 실체를 파악할 수 있기 때문이다.

2. 이성: 지성이라는 선물에 찬사를

우리가 지닌 호기심이라는 감각과 답을 얻으려는 갈망은 하나님이 선물로 주신 이성 안에서 방향을 찾고 온전해진다. 지성이라는 능력을 계발할 때, 우리는 창조 질서 뒤편 시야를 벗어난 곳에 가려진, 그러나 인내를 가지고 추구하는 사람에게는 기어이 드러나고야 마는 하나님의 손길을 인식할 수 있다. 이성은 혼란으로 가득한 일상생활의 이면을 탐구해, 표면에 감추어진 복잡하게 얽힌 패턴을 알아낸다. 하나님은 우리에게 지성을 주셔서 창조 세계의 경이로움을 탐구할 수 있게 하셨다. 지구 밖 우주공간을 탐사하고, 단세포동물의 복잡한 세상을 조사하며, 분자 간 상호작용의 신비로움을 연구하고, 수학의 놀라운 패턴을 구별해내고, 기적 같은 지성과 두뇌의 작용을 연구하고, 난해한 신학적 질문들로 씨름하기도 한다. 가끔 사람들은 수학이나 물리학, 생물학이나 화학 같은 순수 과학영역을 연구할 때 주로 이성을 사용한다고 생각한다. 그러나 이성은 성서 연구나 기독교 윤리학을 포함한 모든 학문 영역에서 두루 쓰인다. 증명과 논리를 이용해서, 이성은 우리를 세상에 대한 더 깊은 이해로 이끌어간다.

인간은 본능과 열정이 이끄는 대로 행동하려는 충동을 지녔다. 그러나 우리는 또한 추상적으로 사고하는 능력도 지녔다. 이성이라는 선물을 받게 된 것에 감사하자. 이성을 통해 우리는 자신에게서 한 발짝 물러나 사태를 명확히 인식하고 주어진 선택들 사이에서 의미 있는 것을 고를 수 있는 능력을 갖게 되었다. 아나뱁티스트-메노나이트 전통은 믿음은 단지 선물만이 아니라 선택이기도 하다고 늘 생각해 왔다. 그러나 그리스도를 따르기로 한 우리 결정의 자발적인 성격을 생각해보면, 이성은 그야말로 하나님의 선물임이 틀림없다.

호기심처럼, 이성은 절대 그 자체가 목적은 아니다. 서구 문화에서는 마치 교육받은 사람에게 필요한 유일한 덕목이 이성인 양, 쉽게 이를 우상화한다. 오로지 이성만을 의지할 때, 자연과학도는 인간을 유전자 배열이나 화학적 결합으로 비하하게 된다. 사회과학도가 이윤을 추구하는 존재나 통계학적 집단, 자기 이익을 극대화한 존재 정도로 인간을 생각하는 것과 같은 이치다. 기독교 교육자들은 이성이라는 선물 속에 숨겨진 교만에 주의해야 한다. 인간은 늘 창조주보다 자신을 더 높이고 섬기려는 충동을 지녔기 때문이다.

그러나 이성은 명백한 하나님의 선물이다. 이성을 제대로 활용하면 교사와 학생들은 창조 세계의 신비를 탐구할 수 있고, 그 과정에서 의학자나 공학자, 건축가, 외교관이 되어 하나님의 창조 세계를 본래 목적대로 회복하는 일에 참여할 수 있다.

이성이라는 특질을 계발한 교사들이라면, 주의 깊게 사고하는 데 본보기가 될 것이다. 무언가 설명할 때 학생들이 논지의 일관된 구조를 파악하도록 돕고, 학생들이 납득 못할 답변만 늘어놓고는 대답했다는 것만으로 만족하지 않으며, 반론도 무시하지 말아야 할 것이다. 기독교 신앙이나 실천에 관한 부분을 포함해서 어떤 주제라도 메노나이트 학교에서는 질문이 허용될 수 있어야 한다. 메노나이트 교육학은 학생들이 이성이라는 선물을 활용하는 일에 모범이 돼야 한다.

3. 기쁨: 교육은 고역이 아니다

C.S 루이스는 자서전인 『예기치 못한 기쁨』*Surprised by Joy*에서 자신이 경험한 완전한 기쁨의 순간을 술회한다.[17] 그는 이 순간을 통해 그리스도인이 되기로 결정했다. 루이스는 이 갑작스럽고 예상치 못한 흥분의 순간을 맛보면서, 동시에 이 세상이 표현할 수 없이 아름다운 방식으로 서로 지탱하고 있다는 사실을 확신하게 되었고, 우주 전체를 더 일관되고 깊이 이해할 수 있었다고 기록했다.

성육신 신학으로 구비된 메노나이트 교육자들은 교실에서 지속적으로 이런 기쁨의 순간이 일어나도록 관심을 기울여야 할 것이다. 학생들이 뜻밖의 장소에서 무언가 아름다운 것을 찾아내고는 놀라고 기뻐하도록, 새로운 사실을 발견할 때 무릎을 탁 치며 "아하"라고 외칠 수 있도록, 이런 자질과 성향을 계속해서 키워주어야 한다.

일반적으로 교육받는다고 하면, 지루하거나 의무감에 마지못해 참여하는 모습을 떠올린다. 교장들은 농담 삼아 학교를 감옥에 빗대기도 하고, 교사들도 마치 주말이나 여름 방학이 올 때까지 참고 기다려야 하는 지루한 곳이 학교인 것처럼 행동할 때도 있다. 과제는 뒷전이고 몇 시간씩 비디오 게임에 빠져있는 대학생들도 많다.

가르치고 배우는 일에는 분명히 고된 훈련이 필요한 측면이 있다. 때론 관련 정보를 통합적으로 받아들이려고 먼저 기계적인 암기를 해야 할 때도 있고, 때론 하고 싶은 공부보다 졸업 논문이나 과제 수행을 당장 요구 받기도 한다. 그러나 큰 그림으로 볼 때, 가르치고 배우는 일은 반드시 기쁨의 과업이 돼야 한다. 가르침과 배움은 그 과정과 관계 속에서 즐거움을 발견하는 복된 일이며, 그러다가 어느 순간 인간의 사고와 행동, 하나님이 태초부터 설정하신 자연 세계와의 연결점을 찾아내는 놀라운 일이다. 배움은 다른 것을 단절하고 그것만 추구하거나 더 넓은 세상과 아무런 연결점을 갖지 못할 때는 지루한 일이 된다. 모든 감추어진 비밀은 상호작용을 통해 밝혀진다고 인식할 때, 배움은 기쁨이 된다.

교사와 학생들은 여러 상황에서 기쁨을 경험할 수 있다. 난해한 텍스트의 의미를 해석하는 중에, 글쓰기로 생각을 표현하거나, 그림을 그리고 음악을 연주하다가 기쁨의 순간을 맛본다. 우리는 또한 다른 사람의 성취를 목격할 때 기쁨을 느낀다. 같은 반 학생이 모차르트 피아노 소나타를 연주하는 소리에 감탄하기도 하고, 친구가 인간의 감성을 완벽히 표현해 낸 시를 지으면 축하해 주고, 간결하면서도 우아하게 수학적 난제를 증명해 내는 모습을 볼 때나, 획기적인 앱을 개발해 컴퓨터의 기술적 문제를 해결하는 순간에 기쁨을 함께 나눈다. 이 모든 것의 이면에는 이렇듯 다양하고 놀라운 형태로 이 세상에 임하신 하나님을 인식하는 더욱 깊은 기쁨이 자리한다.

교실에서 기쁨의 자질과 성향을 계발하라고 해서, 고통스런 이 세상의 실제 모습을 순진하게 간과하거나 타인의 아픔에 눈감으라는 말을 하는 것이 아니다. 우리는 깨어진 이 세상의 본질을 이해하고자 최선의 노력을 기울여야 하고, 여러 곳에서 다양한 형태로 나타나는 불의와 탐욕, 폭력에 맞서 항거해야 한다. 그러나 기쁨의 교육학은 우리가 우리의 미약한 노력에 비해 더 큰 실체와 싸우고 있다는 사실과 이 일의 성공과 실패의 여부가 기실 우리 손에 있지 않다는 인식을 고통스럽지만 끝까지 붙잡고 나아갈 것을 우리에게 요청한다. 기쁨은 행복하다는 감정이라기보다는 종말론적인 소망을 표현하는 것으로 이해해야 한다. 하나님이 궁극적으로 이 세상을 다스리신다는 사실을 인식하는 순간이, 바로 우리가 기쁨을 느끼는 순간이다. 그러므로 우리의 의지를 내려놓을 때, 이 세상을 바로잡을 수 있다는 우리의 노력을 하나님께 맡길 때, 우리는 기쁨을 경험한다. 창조 세계에 하나님의 계시가 잠복해 있다는 사실을 기억하면서, 아나뱁티스트 교육자들은 기쁨으로 가르치는 사역을 감당해야 할 것이다.

4. 인내심: "모든 것을 알고 있다면, 여기 있을 필요가 없다"

성육신 신학으로 만들어진 메노나이트 교육학은 인내심이라는 자질과 성향을 키워줄 것이다. 우리는 인스턴트 문화에 살고 있다. 우리 사회는 속도에 열광한다. 컴퓨터가 자료를 즉각 처리하고, 말 그대로 '찰나의 순간'에 동작하기를 바라며, 2초 이상만 지연돼도 우리의 인내심은 폭발해 버린다. 휴대폰과 와이파이같이 방대하게 구축된 통신망 덕에 사람들은 실시간으로 메신저나 문자 메시지를 주고받을 수 있게 됐다. 원하는 정보에 언제든지 즉각 접속할 수 있게 되었다. 정치인들은 2년에서 4년 임기 안에 어떤 성과를 만들어내야 하고, 식품 업계는 편리함과 속도에 맞춰 산업 구조를 개편했다. 패스트푸드의 장점이나 인스턴트 감자튀김, 전자레인지용 팝콘, 미리 반죽한 쿠키용 도우나 뼈 없는 치킨의 편리함에 대해 여러 번 말할 것도 없다. 단시간에 부자 되는 법, 초단기 다이어트 프로그램, '하룻밤이면 끝나는' 형태의 자기 계발서들이 인간의 욕망을 끝없이 부추긴다.

교육 시스템이라고 해서 이런 더 큰 효율성과 더 빠른 결과라는 충동에 면역력을 갖추지는 못했다. 부모들은 자녀들에게 상급 코스에 진학하라고 야단이고, 고등학생들은 대학 학점을 미리 따 놓아야 하는 부담 속에 있다. 24시간 운영되는 온라인 코스는, 사람들에게 거리나 시간 같은 방해물 없이 직무 교육이나 자기 관심사를 아무 때나 배울 수 있다고 홍보한다. 학생들은 인터넷에서 자료를 그대로 내려 받아 뚝딱하고 논문을 만들어 낸다. 수많은 교육 기관이 돈만 내면 아무 조건도 따지지 않고 당장이라도 학위를 내준다.

이런 환경에 비춰볼 때, 인내심의 교육학은 정말이지 시류와는 정반대의 양상을 보인다. 아이들이나 청년들과 일해 본 사람은 누구나 배움이 늘 다양한 방식으로, 각각 다른 속도로 일어난다는 사실을 알 것이다. 가끔은 전혀 배움이 일어나지 않는 것으로 보일 때도 있다. 기독교 교육가는 마치 밭을 개간하는 농부와 같다. 씨를 심고, 거름과 물을 주어 잘 관리하면 풍성하게 수확하는 이 전 과정을 속속들이 잘 아는 훌륭한 농부이다. 그러나 여기서도 역시 인내심이 가장 중요하다. 심자마자 싹 틔우는 씨는 없으며, 농부가 아무리 완벽한 조건을 만들어도 낟알 하나 거저 키울 수 있는 것이 아니다.

게다가, 학생들은 저마다 성격이나 관심사, 학업 방식 등 모든 면이 다르다. 교사들은 대개 빨리 배우고 잘 따라오는 학생들을 먼저 챙기는 경향이 있다. 그러나 교사들이 진정으로 신경 써야 할 점은 기존 방식에 적응하지 못하고 힘겨워하는 학생들을 어떻게 효과적으로 교육할 것인가 하는 부분이다. 바로 이 지점에서 교사에게 사려 깊음과 창의성 그리고 인내심이 요구된다. 단시간 내에 객관적 지식이나 개념을 습득할 수 있는 똑똑한 학생들조차 특정 영역에서 뚜렷한 진전을 보이려면 시간이 많이 필요한 것이 사실이다. 이를테면, 배운 내용과 그 속에 담긴 더 큰 의미를 통합하는 일이든지, 관련 자료들을 색다른 관점에서 보는 능력을 기른다든지, 기독교적 가치를 실제 행동으로 구현한다든

지 하는 일은 금방 이루어지지 않는다. 이런 자질을 갖추는 데는 시간
이 필요하고 때로 이 일은 아주 오래 걸린다. 외국어를 공부해 본 사람
이라면 다 알듯이, 처음에는 자기 실력이 늘고 있는지도 가늠하지 못하
다가, 어느 날 갑자기 외국어가 튀어나오는 깜작 놀란 경험을 해 보았
을 것이다. 전에는 불가능하던 일이 실제로 실현되기까지 실력은 조용
히 계속 쌓이고 있었다. 나는 어떤 학생들이 대학 초년 시절에 학업에
열의를 느끼지 못하고 부주의했다고 해서 그들의 미래까지 확정적으로
판단해서는 안 된다고 늘 가르쳐왔다. 세월이 지나고 그 학생들이 나중
에 훌륭한 자원봉사자나 목회자, 기업가와 공동체 리더가 된 사례를 여
러 번 목격했기 때문이다.

학생들이 집중하지 못하고 산만하게 행동할 때 야단치고 싶은 생각
이 들겠지만, 기독교 교육자들은 반드시 하나님이 우리에게 보여주신
모습과 같은 자세로 학생들을 대해야 한다. 하나님께서 성육신을 통해
우리에게 가장 먼저 보여주신 것이, 바로 인내심과 오래 참음이었다.
창조 세계를 원래 목적대로 회복하는 일은 오랜 시간이 걸린다. 인내심
을 키우려면 초기 아나뱁티스트가 겔라슨하이트Gelassenheit라고 부르던
포기의 자세를 습관처럼 체화해야 한다. 겔라슨하이트는 자신이 관장
하려 하고, 자기주장을 관철하려 하고, 밀어붙여 문제를 해결하려는 유
혹을 의식적으로 포기하는 행위를 뜻한다. 이는 의도적으로 하나님의
눈으로 세상을 보려고 노력하는 것을 뜻한다. 겔라슨하이트의 자세를
통해, 우리는 모든 열매는 하나님이 정하신 때에 익는다는 진리를 인식
하면서 사역에 참여할 수 있다.

우리 문화가 강요하는 속도에 대한 막연한 강박증에 사로잡혀, 여전
히 많은 사람이 지름길과 빠른 해결책을 찾고 있지만, 메노나이트 학교
의 교육자들은 그럴수록 인내의 자세를 더 내면화해야 할 것이다. 아이

들을 교육하고, 진정한 관계를 맺고, 공동체를 형성하는 일처럼, 우리 인생의 대부분 중요한 일들은 모두 시간이 필요하고, 한결같이 임해야 하며, 절제하고, 사려 깊어야 하고, 인내심이 필요하기 때문이다.

5. 사랑: 하나님의 형상으로 창조되었기에

1769년, 펜실베이니아 스키팩에 자리한 작은 시골학교에 근무하던 한 메노나이트 교사가 식민지 시절 미국에서 최초로 교육학 관련된 책 한 권을 출간했다. 크리스토퍼 독Christopher Dock은 당시 교육학계가 표준으로 삼았던 엄격한 규율에 근거한 학생 지도를 반대하고, 자신의 책 『학교 운영』Schul-Ordnug에서 학생들은 교사나 또래집단을 통해 부드럽게 설득하는 방식으로 접근할 때, 오히려 생활지도에 가장 잘 따른다고 주장했다.[18] 독은 이 책에 자신이 했던 많은 실천을 소개했고, 이를 통해 나중에 널리 인정받는 교육자가 되었다. 그가 했던 대표적인 실천을 꼽자면, 독은 학생들이 무언가 칭찬할 만한 일을 했을 때, 직접 그 성취나 공로를 인정하는 기념패 같은 것을 만들어 학생들에게 상으로 주었다. 학생들은 선생님이 정성스레 만들어준 그 상을 귀중히 여겼고, 오늘날까지 그 시절 상패가 남아있을 정도다. 그러나 독이 책에서 핵심적으로 주장하려던 바는 바로 교사와 학생의 관계이다. 즉, 교육에서 상호 존중과 신뢰, 사랑을 기반으로 한 관계 형성이 가장 중요하다는 것이다.

독은 매일 퇴근하기 전까지 오후 내내 제자들 하나하나를 놓고 기도하는 시간을 가졌다. 그러던 어느 날 아침, 학생들은 존경하는 선생님이 교실에 숨져있는 것을 발견했다. 전날 학생들을 위해 무릎 꿇고 기도하던 그 모습 그대로 숨을 거둔 것이다.

크리스토퍼 독은 교사와 학생의 관계가 교육학의 핵심이라는 사실을 알았다. 독은 교사의 역할을 설명하면서 한 가지 사실을 누차 강조했다. 각 학생들을 저마다 고유하고 특별한 아이로 인정하고 사랑해야 한다는 것이다. 사실, 그가 설파한 교육학의 정수는 다른 것이 아니다. 교육이 바로 그리스도인의 사랑을 표현하는 한 형태라는 사실을 인식하라는 것이다.

독은 이때의 사랑의 의미를 어떤 감정적인 어휘로 설명하지 않았다. 그 대신, 자신이 학생들과 교감하고자 애썼던 실천과 사례들을 소개함으로써 그 의미를 설명했다. 아주 실질적인 부분들이다. 먼저 어떤 규율과 처벌을 내릴지라도 반드시 설명을 해 주어야 한다는 것이다. 독은 이 점을 교실에서 폭력을 사용한 학생을 지도할 때에도 반드시 적용해야 한다고 강조했다. 그리고 학급에 기여한 학생이 있다면, 공적으로든 사적으로든 그 아이에게 맞는 특별한 방식으로 고마움을 표현해야 한다는 것도 지적했다. 또한, 그는 조직이 잘 된 교실이 좋다고 생각했다. 그래서 무례하고, 이웃을 괴롭히고, 숙제를 안 해오고, 못된 말을 하는 아이들을 어떻게 대하는 것이 최선인지 오랫동안 고심했다. 동시에, 이런 교실의 문제를 해결하는 방법으로 그가 특별히 제안한 것은, 교사는 항상 유연함을 유지하고, 예외를 인정하며, 상황에 따라 달리 대처해야 한다고 했다.

독Dock의 교육 커리큘럼에는 자연 세계에 대한 깊은 애정도 포함돼 있다. 그를 따르면, 하나님 사랑과 이웃 사랑을 실천하는 일은 하나님의 창조 세계를 사랑하는 일과 밀접히 연결돼 있다. 이를테면, 우리는 동식물을 관찰하고 계절의 변화를 주시하며, 밤하늘에 빛나는 별빛을 볼 때마다 하나님을 떠올릴 수 있다.

무엇보다도, 독은 자신의 가르침을 통해 학생들이 자연 만물에 깃든 하나님의 임재를 분명하게 느낄 수 있도록 노력했다. 참 지식을 아는 배움의 공동체를 만드는 일에 헌신했던 것이다. 독Dock은 말하기를, 이웃과 자연과 부모와 교회를 사랑하고 존경할 수 있으려면, 우리는 먼저 인간과 하나님과의 관계를 올바로 이해할 수 있어야 한다. 시편 기자가 말한 그대로 "여호와를 경외함이 지혜의 근본"시111:10이기 때문이다.

크리스토퍼 독이 자신의 책을 출간하던 때와 지금은 여러 면에서 환경과 문화가 다르다. 그러나 그가 제기한 교육학의 큰 줄기는 오늘날에도 여전히 메노나이트 교육자들에게 큰 영감과 도전을 주고 있다.

- 학생들과의 관계에 초점을 맞추되, 하나님의 은혜로운 사랑으로 할 것
- 각 학생의 개성과 자질에 주목하고, 각 학생을 위한 최선의 방법을 찾을 것
- 존경과 신뢰, 상호 존중이 나타나는 관계 맺음에 모범을 보일 것
- 평화의 문화를 구축하여, 학생들이 그 속에서 확신 있게 바로 서게 할 것, 그리하여 성령의 열매인 "사랑과 희락과 화평과 오래 참음과 자비와 양선과 충성과 온유와 절제"를 맺게 할 것갈5:22-23
- 아이들을 위해 매일 기도할 것, 다루기 어려운 학생들에게는 특별히 더 기도가 최고의 교육 방법임을 잊지 말 것

성육신 신학에 기초한 메노나이트 교육학은 다음과 같은 사실을 분명히 인식함으로써 시작된다. 학생은 선생의 적이나 원수가 아니다. 또한, 쌓아 올리면 그만인 벽돌이나 채워 넣으면 되는 그릇도, 손안에 놓인 찰흙 덩어리도 아니다. 이들은 하나님의 형상으로 지음 받은 존재들이며, 우리가 신뢰하고 관계 맺어야 할 인간이다. 사도 바울도 고린도에 보내는 편지에서 이점을 다음과 같이 잘 정리해 주었다.

내가 사람의 방언과 천사의 말을 할지라도 사랑이 없으면 소리 나는

구리와 울리는 꽹과리가 되고, 내가 예언하는 능력이 있어 모든 비밀과 모든 지식을 알고 또 산을 옮길 만한 모든 믿음이 있을지라도, 사랑이 없으면 내가 아무 것도 아니요. 내가 내게 있는 모든 것으로 구제하고 또 내 몸을 불사르게 내줄지라도 사랑이 없으면 내게 아무 유익이 없느니라.

사랑은 오래 참고, 사랑은 온유하며, 시기하지 아니하며, 사랑은 자랑하지 아니하며, 교만하지 아니하며, 무례히 행하지 아니하며, 자기의 유익을 구하지 아니하며, 성내지 아니하며, 악한 것을 생각하지 아니하며, 불의를 기뻐하지 아니하며, 진리와 함께 기뻐하고, 모든 것을 참으며, 모든 것을 믿으며, 모든 것을 바라며, 모든 것을 견디느니라.

사랑은 언제까지나 떨어지지 아니하되… 우리가 지금은 거울로 보는 것같이 희미하나 그 때에는 얼굴과 얼굴을 대하여 볼 것이요. 지금은 내가 부분적으로 아나 그 때에는 주께서 나를 아신 것같이 내가 온전히 알리라. 그런즉 믿음, 소망, 사랑, 이 세 가지는 항상 있을 것인데 그 중의 제일은 사랑이라. 고전13:1-8, 12-13

결론

앞서 살펴본 호기심과 이성, 기쁨, 인내심, 사랑과 같은 교육학적 자질들이 각기 다 달라 보여도, 사실은 한 가지 같은 목적을 말하고 있다는 것을 알 수 있다. 바로 말씀이 육신이 되는 성육신 신학이 교육 현장에서 어떻게 구현될 수 있을지, 시간과 공간으로 구성된 이 세상에 하나님의 영이 어떻게 임하실 수 있는지 말해준다. 교육가로서 우리는 우리의 수업 계획과 가르침에 이 경이로운 성육신의 증거를 담아낼 수 있을 것이다. 그러나 우리의 삶을 통해 직접 본을 보일 수 있어야 한다. 우리가 먼저 창조 세계와 모든 관계 속에 깃든 하나님의 성령에 민감히 귀 기울이는 습관을 길러야 한다.

아나뱁티스트–메노나이트의 교육학은 일상을 예배로 바라보는 시각을 통해, 함께 공유하는 독특한 전통을 이해함으로써, 또한 건강하고 살아있는 공동체로 살아가는 모습을 통해 형성된다. 이 교육학은 호기심과 이성, 기쁨, 인내심과 사랑을 교육자의 자질로 삼은 선생님들에 의해, 그들의 삶과 가르침 속에서 구체적인 모습으로 나타난다. 이 자질들은 어떤 기교가 아니다. 그렇다고 신비한 능력도 아니다. 우리가 함께 살아가는 구체적인 현실 속에서, 일상의 삶 속에서, 그리고 서로 교류하고 상호작용할 때 우리는 그 속에서 이런 특징들을 보게 된다.

이 모든 것을 볼 때, 우리는 다시 트로이어 할아버지 이야기로 돌아가야 한다. 그 여학생은 메노나이트 학교에서 오랜 시간을 보내면서 많은 추억을 쌓았다. 생물학과 수학, 역사, 국어 같은 중요한 과목들을 배웠을 것이고, 성서 수업을 통해 신앙도 많이 자랐을 것이다. 함께 어울려 운동하고 악기를 연주하며 음악적 재능을 나누던 좋은 친구들도 많았을 것이다. 그러나 기독교 교육이 어떤 의미냐고 질문했을 때, 그 학생이 제일 먼저 트로이어 할아버지를 떠올린 것은 우연의 일치가 아니다. 학생의 기억 속에는 트로이어 할아버지가 보여주신 참된 그리스도인의 모습이 그 순간까지 생생하게 남아있던 것이다.

그날 오후에 그 학생에게 있었던 일은 보이지 않는 커리큘럼이 어떻게 작동하는지 보여주는 좋은 예이다. 이런 특징들은 다양한 모습으로 나타날 수 있다. 때론 뜻밖일 것이고, 때론 예기치 않은 모습일 수 있다. 그러나 분명한 것은, 이렇듯 성육신 신학으로 빚어진 학교는 깨어진 세상을 온전하고 조화롭게 회복하시는 하나님의 사역에 동참할 것이며, 그 증거들을 담아내게 될 것이란 사실이다.

4장. 메노나이트 교육의 결과:
맛보아 알지어다

아직 아이들이 어릴 때, 우리 식구는 어느 해인가 여름 방학을 맞아 서부 지역 국립공원들을 순회하며 멋진 경관을 쭉 둘러보기로 했다. 태평양 연안 북서부 지역에 다다랐을 때 느꼈던 그 순간의 감동이 아직도 잊히지 않는다. 우리는 그때 오리곤 남부와 캘리포니아 북부 사이에 펼쳐진 안개가 자욱이 낀 거대한 삼나무 숲길을 걸으며, 저 멀리에 어스름이 보이는 태평양 바다를 바라보았다. 계속 길을 따라 남동쪽으로 이동해 마침내 세쿼이아 국립공원에 도착했다. 삼나무들이 마치 거대한 탑처럼 솟은 모습에 압도되어 한없이 고요한 그 숲 속에서 우리는 모두 그저 넋을 잃은 듯 경이로운 그 나무들만 올려다보았다. 어떤 나무들은 높이가 무려 90미터에 이르고 지름도 20미터나 되었다. 필경 예수님 당시부터 자라던 고대 나무이리라. 나무들은 지진과 산불, 인간 문명의 확장 속에도 수 세기를 살아남았다. 거대한 나무 기둥에 매년 조금씩 나이테를 보태왔던 것이다.

이 놀라운 경험과 감정을 그대로 안고, 우리는 국립공원사업소에 근무하는 내 옛 제자를 찾아갔다. 숲과 나무에 대한 이런 저런 얘기를 나누다가 그 친구는 어느 해 여름 삼나무 묘목을 심었던 이야기를 들려주었다. 땅에 구멍을 파고 작은 삼나무 묘목을 심었는데, 처음에 언뜻 보기에는 그냥 나무 막대기를 심는 것 같았다고 한다. 그래도 막대기 같은 그것에서 제대로 뿌리가 돋아 땅에 단단히 박히기를 바라면서 한 그루 한 그루 정성껏 나무를 심었다고 한다. 그런데 바로 이 장면, 고대 세계에서 막 넘어 온 듯한, 거대한 삼나무 숲과 어린 묘목을 심는 단순한 행위가 중첩되어 만들어진 이 장면은 그 뒤로 오랫동안 내 상념을 사로잡았다.

나무를 심는 일은 참으로 대단한 믿음의 행위가 아닌가. 묘목이 다 자라 원숙한 참나무와 광대한 삼나무가 되기까지는 수십 년, 어쩌면 수백 년이 걸릴 줄 알면서도 한결같이 나무를 심으니 대단하지 않은가. 그러나 이것이 바로 모든 기독교 교육자가 품어야 할 희망이라는 모습이다. 학생들을 처음 만날 때, 우리는 그저 나무를 심듯, 심고, 물주고, 가지를 치고, 양분을 주는 작은 일에 참여한다는 사실을 알고 있다. 그러나 우리가 희망을 품고 이 일을 할 때, 미래의 어느 시점에는, 어쩌면 아주 오랜 시간이 걸릴지 모르지만, 우리가 지도했던 길과 아이들의 삶이 함께 만날 것이다. 이렇게 하나로 만나게 될 때는 우리가 상상할 수 없는 크고 놀라운 일이 일어날 것이다.

삼나무를 심는 이 급진적인 행동처럼, 기독교 교육에 헌신하는 일은 긴 안목으로 역사를 조망하는 일이다. 지난 수십 년간 교육계에는 최신 교육 이론과 패러다임, 대안 교육 모델이 수차례 등장했다 사라지길 반복했고, 그때마다 생경한 전문용어와 첨단 기술 도입, 방대한 자금 유입, 그럴듯한 교육 결과를 산출하겠노라는 섣부른 공언들이 난무했다. 오늘날 정식 교육계 종사자들은 하나같이 이런 수많은 방법론을 평가 가능한 결과물로 산출해 내라는 압박에 시달리고 있다.

그러나 이런 방법론과 평가 기준들을 신뢰할 만한 것으로 인정하더라도, 이들 중 어떤 것도 현재 교육계의 난관을 해결했다는 증거가 없다. 국가학업성취평가NAEP, National Assessment of Educational Progress를 따르면, 1970년대 초에서 2010년까지 미국 고등학교 고학년들의 평균 읽기와 수학 점수는 거의 변동이 없는 것으로 조사됐다. 같은 기간, 교사 일인당 담당 학생 수는 줄어들었고, 교사 임금도 인상되었으며, 전체 교육비 지출이 40%가 증가되었지만, 학생들의 성적은 근본적으로 변화가 없는 것으로 나타났다.19) 이와 동시에, 미국 초중고 학생들이 다른 나라의 동급생들에 비해 학업 능력이 뒤처진다는 다른 수많은 연구 결과가 계속 보고되고 있다.

지난 수십 년간 이어진 처절한 공적 관심에도, 아직 교육 평가에 대한 가장 기초적인 질문들조차 합의를 이루지 못했다. 어떤 기준으로 학습 성취를 측정할 수 있는가? 학습 성취 여부를 과연 계량화할 수 있는 것인가? 만일 그렇다면, 이에 미달한 학생은 부적합한 교육 시스템의 피해자인가? 아니면, 실제 문제는 도심 빈곤이나 불안정한 가정환경, 만연한 게임이나 인터넷 중독, 교사 노조의 그릇된 정책이나 학교의 예산부족과 같은 더 큰 차원의 사회적 실패 요인과 연결 지어 생각해야 하는가?

이런 질문들은 교회가 주도하는 기독교 교육에도 마찬가지로 해당된다. 이와 더불어, 메노나이트 학교는 학생들에게서 교육 결과로 신앙과 실천 부분 또한 반드시 나타나야 한다는 점도 고려해야 한다. 공립학교를 둘러싸고 제기된 많은 논란에 더해 아래 제기할 질문들은 쉽게 답변하기 곤란한 큰 문제들이다. 학부모와 교회 공동체는 메노나이트 학교에 정확하게 무엇을 기대하는가? 메노나이트 학교에도 표준화된 평가 시스템을 도입하여 학생들의 예상 학습 결과를 측정해야 하는가? 아니면, 그 대신 개별 학생들의 독특한 필요와 능력에 관심을 집중해야 하는가? 신앙에 기초한 교육적 특성들도 계량화된 측정 방식으로 평가할 수 있는가? 메노나이트 학교에서 경쟁과 석차는 어떤 의미를 지니는가? 모든 메노나이트 학교 학생들에게 공히 기대할 만한 교육 결과는 어떤 것인가?

평가를 둘러싼 도전들

이 어려운 질문들의 소용돌이 속으로 단번에 들어가려면, 우선 메노나이트 학교의 교육 수준이 유수한 공립학교에서 제공하는 교육의 질과 동일하거나 그 더 능가해야 한다는 사실을 처음부터 분명히 해두고 시작해야 한다. 메노나이트 학교에 다니는 학생들은 모두 건전한 시민이 되어 사회에 기여해 주기를 기대하는 더 큰 문화적 맥락 속에서 살아간다. 메노나이트 학교 학생들은 졸업 후 복잡한 경제 체제와 다양하고 광범위한 직업 세계에서 성공적인 위치를 점할 수 있어야 한다. 신앙을 기반으로 교육한다고 해서 학문적으로 수준 낮은 교육과 자격 미달의 교사가 있어도 된다는 말이 아니다.

이를 위해서, 메노나이트 학교들은 모든 기본 과목에서 학생들에게 탁월한 교육을 제공할 수 있어야 한다. 아이들이 제대로 글을 읽는가? 기본적인 수학문제는 풀 줄 아는가? 완전한 형태로 문장을 구사할 수 있는가? 연대기와 역사적 사건의 상관관계를 이해하는가? 다양한 수준에서 제기될 수 있는 이런 기본 능력을 묻는 질문들은 거의 대부분 표준화된 시험 체계를 이용하면 평가하기 쉽고 결과를 수치화할 수도 있다. 이런 부분은 메노나이트 학교도 이런 시험 체계를 도입할 만한 이유가 될 것이다.

그러나 동시에, 제아무리 학교의 높은 교육 수준이 중요하고 표준화된 시험 제도가 이런 능력을 평가할 수 있다 해도, 메노나이트 학교는 절대로 이런 평가 방식만 의존한 채 고유한 교육 결과를 축소해서는 안 된다. 신앙은 일상 속에서 구현하는 것이라는 신학적 이해와 호기심과 이성, 기쁨, 인내심, 사랑 같은 자질을 배양하는 것이 교육학적 목표라고 믿는 관점을 생각하면, 메노나이트 학교의 교육 기준은 단순히 기본 학문과 소양을 충족하는 것을 뛰어넘을 수 있어야 한다. 표준화된 시험 방식으로는 이런 자질들을 평가하기 어렵다.

아이 양육을 예로 생각해 보자. 부모가 아이를 키우다 보면, 정작 크고 중요한 일보다는 식사를 준비하거나, 빨래하고, 공과금을 내고, 학교에 태워가고 하는 잡다하고 자잘한 일들이 부모의 역할이 될 때가 많다. 그러나 부모가 되는 게 어떤 의미냐고 물어보면, 그런 자잘한 일을 처리하는 게 부모의 역할이라고 말할 사람은 아무도 없다. 부모가 되는 일과 부모의 가장 중요한 역할이 무엇인지는 수치화할 수도 없고 쉽게 말할 성질의 것도 아니다. 아이가 "엄마 아빠, 나 얼마큼 사랑해?"라고 물을 때, 과연 어느 부모가 1에서 100까지 숫자를 들어 사랑하는 정도를 답변하겠는가? 대신, 시적으로 이렇게 표현하지 않겠는가? "하늘만큼 사랑해", "바다를 가득 메운 저 물만큼 너를 사랑한단다." 마찬가지로, 어떤 수도자가 자신의 영성 훈련 리스트를 보여주고 자기가 얼마나 많은 시간 헌신했는지 말한다고, 그 리스트와 훈련이라는 행위 자체가 그의 영적 상태와 도덕적 실천을 옳게 보여주는 것은 아니다.

시험이 학생의 인지 능력을 측정하기에 좋은 평가 방식인 것은 맞지만, 메노나이트 고등학교의 주된 역할은 졸업생들을 상위 1% 학생에게 주는 내셔널 메리트National Merit 장학금을 받게 하는 것도 아닌 것이 분명하다. 메노나이트 학교라면, 적어도 남들을 더 측은히 여기는 품성을 갖추었는지, 성서를 깊이 이해하는지, 공동체 내에서 자신의 역할이 무엇인지 옳게 아는지, 신앙과 도덕적 선택을 연결 짓는지, 창조 세계를 책임 있게 섬길 의무가 있음을 자각하는지에 대한 고민 없이 오로지 학생들의 성적 올리는 데 주력하지는 않는다는 말이다. 불행히도, 이런 교육 결과들은 수치로 환산할 수가 없을뿐더러 숫자로 가치를 축소해서도 안 된다. 그러나 학생들의 인성이나 공감 능력, 도덕적 성품과 같은 자질들을 정말로 중요하게 생각한다면, 이를 표준화된 시험 제도로 측정할 수 없다 하더라도, 반드시 교육 커리큘럼 안에 포함시켜야 한다.

현행 시험 제도는 또한 학생들에게 어떤 절대 기준을 제시하고 그에 따라 평가한다. 그러다 보니, 개별 학생의 개성이나 요구는 묵살되고 만다. 영특한 학생은 수업에 그냥 꼬박꼬박 참석만 해도 성적을 높게 받지만, 이해가 더딘 학생은 처음에 학과목을 잘못 따라가다가 나중에 속도가 붙어 이해가 깊어져도 여전히 낮은 성적을 받게 된다. 성적을 매기는 우리의 표준 방식은 개인의 다양한 학습 방식이나 노력 수준, 해보려는 자세 등은 전혀 고려하지 않는다. 성적표는 학생들의 문화적 배경이나 정서적 건강 상태, 헤쳐 나가야 할 영적 고민 등에 대해서 아무것도 말해주지 않는다.

학생들의 시험 성적에 석차를 매기고, IQ나 국가 표준학력시험 결과, 대입 성적 등을 한 사람의 가치와 동일시하려는 문화는 우리 사회에 은연중에 만연해 있다. 기독교 관점에서 보면, 학생 개인의 지적 능력과 자질은 절대 시험 성적이나 겉으로 드러난 학문적 성취 같은 것들과 연결 지어 판단해서는 안 된다. 그러니 메노나이트 학교는 이와는 정반대로 같은 학년, 같은 연령대의 학생들이라 할지라도, 이들 사이에 존재하는 분명한 차이와 다름에 주목해야 한다. 한 교실 안에는 가정교육의 정도가 다르고, 언어 배경이 다르며, 발육 속도에 차이가 나는 다양한 학생이 모여 있다. 게다가, 모든 학생은 저마다 다양한 학습 방식이 있다. 그래서 교육학적 방법론에는 항상 엄청난 민감성과 유연성이 요구된다. 단일한 교육법은 학생들의 상상력을 사로잡지도 못하고, 모든 학생이 가진 재능을 끄집어낼 수도 없기 때문에, 교사들은 반드시 다양한 방식으로 과제를 내 주어야 하고, 혼자 할 것이 아니라 동료 교사와 협력해야 하며, 적절한 평가 방식을 개발해야 한다. 이를 통해, 교사가 다양한 학생을 유연성과 민감성으로 대하고 있음을 보여야 한다.

기독교 학교와 교사들도 표준 교육을 시행할 책임이 있다. 그러나 아나뱁티스트-메노나이트 전통에 속한 교사들은 반드시 교육의 목적이 단순히 평가 결과로 전락하지 않도록 주의해야 한다. 반드시 학생 개개인의 차이와 다름에 유의해야 한다. 그리고 교육 내용과 지식을 넘어선 더 높은 차원의 교육 결과에 반드시 주목해야 한다.

아나뱁티스트-메노나이트 교육의 목표

이 장에서 나는 기독교 교육의 여섯 가지 목표를 인간의 감각 기관에 빗대어 제시하고자 한다. 말씀이 육신이 되셨다고 믿는다면, 아나뱁티스트-메노나이트 신앙 전통에 기반을 둔 기독교 교육은 반드시 눈에 보이게 나타나야 한다. 이런 교육 결과들을 수치화하여 평가하기야 어렵겠지만, 여기서 제시하는 여섯 가지 교육 목표는 그리스도의 몸에 참여하여 하나님이 모든 인류와 피조물에 의도하셨던 본래의 온전함과 완전함을 회복하는 일이 어떤 의미인지 이해하는 데 중요한 개념을 제공할 것이다.

1. 보고 이해하기: 전체적인 안목을 갖고 세부 내용 들여다보기

나는 어릴 때, 미스터리 소설을 참 좋아했다. 제일 좋아했던 것은 역시 셜록 홈즈였다. 기괴한 등장인물과 복잡하게 얽힌 이야기 구조도 좋았지만, 책을 펼쳐 들 때면 늘 셜록 홈즈가 친구를 돌아보며 "이런 건 기본이네, 왓슨!"하고 말하던 순간이 제일 기대됐다. 이 말이 나오면, 셜록 홈즈는 어김없이 미스터리를 하나씩 풀어 설명해 주었다. 치마 끝단에 숨겨진 먼지나 특정 브랜드의 담배 냄새처럼 작은 단서 하나를 붙잡고, 불가능할 것같이 비밀을 풀어냈다. 홈즈의 설명을 다 듣고 나면, 어느새 모든 것이 환하게 밝아진 느낌이었다. 한번은 정말 어렵게 꼬인 미스터리를 만나자 왓슨이 비범한 능력을 발휘해서 이 문제를 좀 풀어보라고 홈즈를 다그쳤다. 그러자 셜록 홈즈는 이렇게 말했다. "사람들은 대부분 세상을 그냥 쳐다만 보지look at. 하지만, 난 세상을 이해한다네see."

'looking'과 'seeing'을 구분하는 게 좀 어불성설로 들릴지 모르지만, 셜록 홈즈가 제대로 짚어 주었다. 많은 시간, 대다수 사람들은 그저 살아가는 데 급급할 뿐, 주변 돌아가는 세상을 제대로 주목하지 않고 살아간다. 그러나 어느 땐가 우리가 현실의 더 깊은 차원을 갑자기 인식하게 되는 때가 있다. 더는 우리를 둘러싼 일상을 그저 흘긋 보고 지나치는 것이 아니라, 셜록 홈즈처럼 삶의 놀라운 연결성을 알아차린다. 거미줄처럼 얽히고설킨 인간관계 속에서 어떤 작은 조각 사실 하나가 더 큰 의미 세계와 들어맞고 연결된다는 사실을 알아차리는 것이다.

현대 사회의 장점은 엄청난 정보가 바로 우리의 손끝에 놓여 있다는 점이다. 인터넷에 감사할 일이다. 누구든 가상 세계에서는 방대한 지식의 도서관에 즉각 들어설 수 있다. 정보가 특권층에 한정돼 있던 과거 시절에 비하면, 오늘날 이런 정보 민주화는 놀라운 성취이자 엄청난 변화인 것이 틀림없다. 그러나 안타깝게도, 방대한 정보에 무한대로 접근할 수 있다고 해서 인생 깊은 곳의 문제까지 해결할 수 있는 것은 아니다. 교육의 주된 목표를 정보 접근과 활용을 능숙하게 하는 것으로 삼는다면, 아이들에게 그저 인터넷 검색 요령을 가르치고 컴퓨터 앞에만 붙들어 놓으면 그만일 것이다. 인터넷 서핑을 통해 많은 것을 볼 수^{look at} 있지만, 세상을 진정으로 알 수^{see}는 없다. 작은 사실 하나가 어떻게 더 큰 의미의 세계에 들어맞는지 이해하지 못한다.

13세기에 중세 신학자 토마스 아퀴나스는 인간이 가진 모든 지식을 집대성해 서구 세계 최초로 백과사전을 만들었다. 이름 하여, 『신학 대전』*Summa theologica*이 그것이다. 그러나 알파벳 순서를 따라 무작위로 주제가 배열된 오늘날 백과사전과 달리, 아퀴나스는 다른 사물과 관련성 없이 홀로 동떨어진 지식은 쓸모없다고 주장했다. 모든 지식은 궁극적으로 이 세계의 창조자인 하나님을 가리키고 있다고 말했다. 그래서 복잡하게 서로 얽히고 연결된 이 창조 세계를 설명하고자, 거슬러 올라가면 하나님을 설명할 수 있는 것들을 찾아, 작은 것들까지 모아 '백과사전'으로 정리했다.

그러나 계몽주의 사상이 득세하자, 사실과 가치는 분리해서 생각해야 한다는 주장과 과학은 객관적이고 윤리와 신학은 주관적이라는 말에 힘이 실렸고, 교육을 바라보는 중세적 접근은 더는 설 자리를 잃었다. 그러나 아나뱁티스트-메노나이트 신학은 그리스도가 "모든 피조물보다 먼저 나신 이"^{골1:15}요, 모든 질서의 근원이라고 고백하는 성육신 신학에 근거했기 때문에, 객관적 사실을 더 큰 의미 세계와 분리하려는 인위적인 시도에 맞서야 한다.

그러므로 메노나이트 학교에서는 학생들의 안목과 이해를 키워주는 일을, 분명한 교육 목표의 하나로 삼아 지속적으로 추구해야 한다. 이는 사물을 바라보되 단순히 사실에 기반을 둔 사항만 받아들이는 데 그치지 않고, 말하자면, 사물을 대할 때, 단순히 현상적인 사실만 받아들이는 데 그치지 않고, 의미와 중요성이라는 더욱 큰 맥락 안에서 이해하는 능력을 길러주는 것이다.

이런 일은 다양한 영역과 학문 분야에서 할 수 있다. 예를 들어, 우선 해당 분야를 진지하게 접근하는 전통적인 방식으로 시작해 보자. 역사학에서는 어떤 학생이 미국 남북전쟁에 관심이 있다면, 반드시 노예제 폐지 운동의 역사 또한 알아야 총체적으로 그 역사적 실체를 이해할 수 있다. 노예제를 둘러싼 북부와 남부의 첨예한 경제적 이해관계, 연방제와 주州의 권리를 놓고 벌인 오랜 정치적 논쟁들에 대해 숙지해야 한다. 마찬가지로, 메노나이트 학교에서 화학을 공부하는 학생이 물을 이해한다고 할 때, 물의 분자 구조가 수소 두 개와 산소 한 개로 이루어졌다고 화학적으로 설명할 수 있어야 하며H2O, 또한 물이 기체, 액체, 고체의 다양한 성질을 지녔다는 사실과 생태계를 유지하는 필수 요소라는 점을 인식하고 있어야 한다. 이렇듯, 좋은 교육이 되려면 한 가지 사실을 알아도 그것과 상호 연결된 다양한 단계를 파악하는 것이 매우 중요하다.

그러나 우리는 메노나이트 학생들이 이런 사실들을 도덕적 틀 안에서 이해하고 해석할 수 있기를 또한 기대한다. 예를 들어, 학생들은 도덕적인 목적(노예제 폐지)을 위해 부도덕한 행위(남북전쟁에 참여해 나와 다른 인간을 살상하는 것)에 참여하는 것은 적법한가를 놓고 마땅히 골몰할 수 있어야 한다. 또는, 화학 시간이라면, 물은 하나님이 주신 선물이라는 사실과 우리가 청지기로서 이 자원을 귀하게 써야 할 책임이 있다는 점을 인식해야 하며, 그래서 이 물을 어떻게 배분해야 하는지, 왜 가난한 사람들에게 물이 더 적게 돌아가는가 하는 공공 문제에도 큰 관심을 기울여야 한다.

객관적 사실을 더 큰 의미 세계와 연결 지어 이해하려고 할 때는 영적인 부분도 고려해야 한다. 남북 전쟁 관련해서는 이렇게 질문해 볼 수 있다. 하나님은 인간 역사에 어떤 모습으로 나타나시는가? 하나님이 인간 행위를 특정한 결과로 이끄시는가? 역사는 하나님 나라를 향해 움직이는가? 혹 과학 시간이라면, 생명체의 물리적 삶에 없어서는 안 될 귀중한 물이, 또한 세례식을 거행할 때 하나님의 임재를 상징한다는 사실과, 도처에 물이 넘쳐 흔해 보여도 여전히 귀중히 여겨 아껴 써야 하고, 물 한잔을 마시며 목을 축일 때나 마른 정원에 내리는 비를 볼 때마다 하나님께 감사드려야 한다는 사실을 생각해 볼 수 있다.

아나뱁티스트–메노나이트 교육에서 학생들에게 안목이라는 재능을 키워주는 일은, 학생들이 이 세상 다른 사람들과의 관계를 바라보는 방식에도 영향을 준다. 신학자 미로슬라브 볼프Miroslav Volf는 "이중 시선" double vision이라는 탁월한 표현으로 기독교 윤리를 설명했다. 그리스도인은 세상을 바라볼 때, 자신이 속한 장소와 상황, 정체성을 분명히 하고, 자신의 입장에서 보는 '여기로부터'의 시선과 타인의 관점에서 생각하는 '거기로부터'의 시선 두 가지 모두를 확보할 수 있어야 한다는 것이다. 이중 시선을 확보할 때, 우리는 문화, 경제, 정치, 인종의 장벽을 넘어서는 능력을 갖출 수 있고, 상상력을 가지고 우리와 전혀 다른 사람들의 세계로 들어갈 수 있으며, 세상을 바라보는 그들의 관점을 배워 우리가 사는 세상을 더 명확히 이해할 수 있다. 볼프는 말하기를, 우리가 이렇게 하는 가장 고상한 목적은 "보편의 언어로, 인간에 대한 보편의 이해"를 얻기 위함이다. "바로 이 방식을 통해 우리는 하나님이 누구신지 정확히 알 수 있다. 하나님이야말로, 모든 곳에서 모든 것을, 우리와 그들을 동시에 바라보는 시선을 가지신 분이기 때문이다."[20] 이런 시선을 가질 때, 우리는 세상을 그리스도의 눈으로 바라보는 습관을 기를 수 있다. 그리스도의 눈은 국적이나 경제 능력, 사회적 지위 같은 세속적 기준으로 사람들을 가르기를 거부하고, 저마다의 차이와 다름을 귀히 여긴다. 이것이 바로 '만물'이 그리스도 안에 함께 연합한 세상골1:17, 그 세상을 총체적으로 바라볼 줄 아는 안목이라는 재능이다.

이런 안목 기르기를 또 다른 식으로 표현하자면, '종말론적 관점' 갖기로 설명할 수 있다. 이 말은 우리의 행동과 주위에서 일어나는 일들을 하나님이 역사 속에서 행하셨던 과거의 사역과 연결 지어 바라보며, 미래 역시 우리의 인식의 지평 너머에 펼쳐지는 것으로 이해하고, 하나님께 맡기는 태도를 의미한다. 하나님은 지금도 모든 피조물을 본래 목적대로 회복하는 구속의 사역을 인간의 역사 안에서 펼치고 계신다. 새 세상의 도래라는 무모한 꿈을 꾸는 겸손한 사람들의 쉼 없고 변치 않는 노력으로 그 일을 행하신다. 놀라운 변화는 그렇게 이 세상에 찾아온다.

내가 독일을 여행하고 있던 때, 베를린에 있는 한 침례교회로부터 설교 부탁을 받고, 주일날 그 교회를 방문했다. 당시는 내가 복음의 평화적 측면을 다룬 책을 막 출간했을 때라, 교인들은 독일어로 번역된 그 책을 읽고 이 주제에 대해 더 상세한 내용을 듣고 싶어 했다. 그런데 내가 설교를 시작하고 얼마 지나지 않아, 맨 앞줄에 앉아있던 나이 지긋한 남자가 눈물을 훔치기 시작했다. 나는 적잖이 당황했지만, 설교를 계속 이어나갔고 평화가 복음의 핵심 내용임을 전했다. 예배를 마치자 노인은 내게 다가와 자기 이야기를 들려주었다. 알고 보니, 이 침례교회는 분단 시절 동독 쪽에 속했던 베를린 지역에 자리하고 있었다. 1961년에 엄청나게 크고 무시무시한 분단의 벽이 세워지자, 동독은 나머지 세계와 완전히 분리되었다. 1차 분단 철조망 뒤로는 지뢰가 잔뜩 매설돼 있었고, 경찰견과 기관총으로 무장한 군인들이 분단의 벽 전체를 지키고 있었다.

1960년대와 70년대를 지나면서 매 주일 밤마다, 그 남자와 몇몇 교인들은 교회 인근 분단의 벽 앞에 모였다. 함께 촛불을 들고 언젠가 이 분단의 벽이 무너지게 해달라고 밤새 기도했다. 지나가는 사람들은 이들을 비웃었고, 군인들도 야유를 보내며 조롱했다. 남자와 교인들은 때로 위축되고 실망하기도 했다. 그래도 계속해서 모였다. 1980년대가 되자, 점점 더 많은 사람이 촛불을 들고 기도하는 이 철야모임에 합류하기 시작했다. 수가 늘어 정치적 영향력이 생기는 듯하자, 동독 정부는 군대를 보내 군중을 해산했다. 그 시절을 회상하며 노인은 이렇게 말했다. "두려움에 손이 떨렸지만, 우린 계속해서 촛불을 높이 들었습니다."

그러고 나서, 전세계가 놀라는 일이 벌어졌다. 1989년 11월 9일 저녁, 수천 명의 동독인들이 한꺼번에 쇄도해 국경을 넘는 사건이 일어났다. 밤 10시 30분이 되자, 베를린 장벽의 마지막 지점을 표시한 보른홀머 스트라스Bornholmer Strasse까지 군중이 꽉 들어찼다. 노인은 그 순간을 회상하며 다시 눈물을 흘렸다. "이것은 우리 힘으로는 할 수 없는 일이었어요. 그래서 그저 기도하며 기다렸지요. 그랬더니 정말 장벽이 무너졌어요! 장벽이 무너졌습니다!"

종말론적 관점으로 세상을 바라보면, 급진적 희망과 급진적 인내를 가지고 세상을 살아갈 용기를 얻는다. 급진적 희망을 가지면, 우리가 하는 일이 아무리 작고 보잘것없어 보여도, 실은 하나님의 더 큰 회복의 사역에 동참하고 있다는 사실을 확신하고, 일상 속에서 세상을 치유하는 일에 참여할 수 있다. 급진적 인내를 소유하면, 우리는 서로의 신실함을 성급히 판단하지 않을 것이며, 하나님의 임재가 더디 나타난다고 불평하지 않을 것이고, 낮고 겸손하게 하나님의 계획을 이해하고 역사를 통제하려는 그릇된 노력을 내려놓게 될 것이다.

메노나이트 학교에서 선생님들과 학생들이 안목의 재능을 키우는 일은 여러 가지 형태로 나타날 것이다. 개개인이 가진 재능에 따라 다를 것이고, 학생들의 발달 단계, 교실 상황에 따라 다 다를 것이다. 그러나 학생들은 어느 단계에 있든지 세상을 더 명확히 바라보는 자질을 키워갈 수 있어야 한다. 교사들은 자신의 가르침이 이와 같은 안목의 재능을 키우는 일에 도움을 주는지 늘 주의해야 한다. 그리고 학교는 세상을 다른 관점으로 바라보고, 다르게 살아가는 선배들의 삶을 격려하며, 지체 없이 소개할 수 있어야 한다.

2. 만지기: 메노나이트 교육은 실질적, 참여적, 구체적으로 나타난다

누가복음 마지막 장에서는24:13-27, 고향 엠마오를 향해 먼지가 풀풀 묻어나는 길을 걸어가는 두 사람의 이야기가 나온다. 둘 다 예수의 제자였다. 그들은 예수의 가르침과 치유, 기적의 증인들이었으며, 마침내 메시아가 오시면 유대인들을 다시 일으키시리라는 소망을 부여잡고 있었다. 그런데 이들은 예루살렘에서 끔찍한 일을 목격한다. 예수께서 잡히고, 심문 받고, 마치 중죄인처럼 십자가에 달려 천천히 죽는 비참한 처형을 당하셨다. 이제 희망은 산산이 흩어졌고, 낙담하여 어깨를 축 늘어뜨린 이들은 고향 땅을 향해 터덜터덜 걸어가고 있었다.

한참 걷고 있는데 웬 낯선 이가 동행했다. 분명히 유대 성서를 잘 공부한 선생 같아 보였다. 제자들은 메시아에 대한 자신들의 기대가 잘못된 것 같다며 실망한 이야기를 들려주었다. 그러자 낯선 이는 이들을 꾸짖으면서 히브리 선지자와 예언에 대해 설명해 주었다. "메시아는 먼저 고난을 받고 죽임을 당해야 하며, 그 다음에 영광에 들어갈 것이라고 말씀하셨소." 두 제자는 이 설명을 이해하지 못했다. 그래도 이들은 선생으로 보이는 낯선 이에게 약소하지만 저녁을 함께 들자고 집으로 초대했다. 낯선 이는 빵을 받아 떼고 축복 기도를 올렸다. 그리고는 나눠주며 먹으라고 했다. 성서는 그 다음 장면을 이렇게 묘사한다. 제 자들이 손으로 그 빵을 받아들자, 갑자기 "그들의 눈이 밝아졌다." 빵 을 손으로 만지는 그 순간, 그들 중에 함께 계시던 부활하신 예수를 알 아보게 된 것이다. 그러자, 예수는 곧 사라지셨다.

이 이상한 이야기와 병행을 이루는, 부활 이후 나타나신 예수의 또 다른 이야기가 요한복음에 나온다.요20:24-29 이번에는 제자 도마가 주 요 인물로 등장한다. 엠마오로 가는 두 제자처럼, 도마는 예수가 부활 했다는 소리를 듣고 소문이려니 생각했다. 그러다가 다른 제자들이 하 는 말을 듣고는 사건의 전모를 알 수 있었다. 그래도 도마는 여전히 그 부활 사건의 의미를 제대로 이해할 수는 없었다. 예수가 부활했다는 추 상적인 주장에 대해 그는 직접 손으로 만질 만한 물리적인 증거를 원했 다. 엠마오로 가던 그 제자들처럼, 도마는 예수의 손과 옆구리의 상처 를 보고, 갑자기 예수님 알아볼 수 있었다. 그리고는 이렇게 고백했다. "나의 주님, 나의 하나님!"

이 두 이야기는 아나뱁티스트-메노나이트가 성육신을 어떻게 이해 하는지, 그에 기초한 교육의 기본 내용이 무엇인지 잘 보여준다. 하나 님은 만질 수 있는 인간의 몸을 입고, 물리적인 이 세상 한가운데서 자 신을 계시하셨다. 추상적 개념과 말도 중요하다. 우리에겐 이론이 필요 하다. 그러나 실제로 빵을 집어 들고, 상처 난 자리를 만질 때, 우리는 추상적 개념과 이론으로는 알 수 없는 몇 갑절이나 깊은 이해를 할 수 있다. 기독교는 전통적으로 도마에게 "의심 많은"이라는 딱지를 붙였 지만, 어떤 사려 깊은 선생은 도마를 "만져보는 학습자"라고 했다.

성육신이 분명히 보여주는 것처럼, 지금 우리가 보고, 맛보고, 냄새 맡고, 만지는 이 물리적인 세상에 진정 그리스도의 임재와 그분의 감춰

진 계시가 깃들어 있다면, 메노나이트 학교에서는 반드시 매우 실제적
이고, 물리적인 방식으로 이 세상과 연결 짓는 교육을 시행해야 한다.
이것이 바로 '경험 학습'이다.[21]

　이 말은 자연 세계로 교육학적 지평을 확장하고, 이를 위해 교실의
경계를 허물라는 말이다. 베스트셀러 『숲 속의 마지막 아이』에서, 저자
리처드 루브는 갈수록 자연과 물리적 접촉이 줄어드는 현대 아이들의
실태를 연구했다. 그는 자연과의 직접적인 접촉이야말로 인간이 건강
하게 성장할 수 있는 기본 중의 기본이라고 했다.[22] 메노나이트 학교
들은 반드시 점증하는 자연 결핍 문제를 해소하려면 의식적으로 노력
해야 한다. 고차원적 과학 연구를 위해서는 연구실 구비가 필수인 것처
럼, 초등학교 교실은 반드시 아이들이 계절의 변화를 감지하고, 각종
동식물을 만져보고, 새가 부화하는 장면이나 누에가 나비로 변하는 모
습을 볼 수 있는 장소, 새를 바라보는 기쁨과 나뭇잎을 수집하거나 토
양을 채취하고, 흐르는 물을 맛 볼 수 있는 장소에 자리해야 한다. 자연
세계를 눈으로 직접 보는 일을 교육 과정의 중요한 부분으로 생각해야
한다. 농장이나 공원, 환경 센터를 견학하는 것은 '진짜' 공부를 하다
가 잠시 기분 전환하는 것이 아니다. 교실 수업을 확장해 자연 세계에
풍성히 깃든 하나님의 임재를 만나볼 수 있게 기회를 주는 것이다.

　마찬가지로, 메노나이트 학교는 학생들에게 교실 바깥에서 이루어
지는 다른 교육 기회를 많이 제공해야 한다. 이것이야말로 교육학적 실
천을 제대로 하는 것이다. 많은 학교가 이미 다양한 직업 체험 교육을
시행하고, 거의 모든 대학교에서 인턴십 과정을 필수 코스로 지정하였
다. 그러나 더 깊은 차원에서 생각해 보면, 직접 만져보는 감각을 길러
주는 일은 진정한 믿음은 항상 우리가 살아가는 실제 삶 속에서, 일상
의 삶을 통해 드러나기 마련이라는 아나뱁티스트의 신앙 고백과 연결

된다. 16세기 아나뱁티스트 신학자 한스 뎅크Hans Denck는 "일상 속에서 그리스도를 따르는 사람만이 진정으로 그분을 알 수 있습니다"라고 말했다. 이 말을 따라, 메노나이트 학교는 학생들이 신앙을 구체적으로 실천할 수 있도록 다양한 기회를 주어야 한다. 수업은 물론, 선교 여행, 직업 연수, 협동 연구, 멘토/멘티 프로그램, 현장 학습과 같은 방식을 활용해야 한다.

아빌라의 테레사1515~82는 "그리스도께서는 이제 몸이 없습니다. 당신의 몸 밖에는. 그분께서는 손도 발도 없습니다. 당신의 손과 발밖에는. 그분께서는 당신의 눈을 통하여 이 세상을 연민의 눈으로 바라보고 계십니다"라고 노래했다. 정비사, 엔지니어, 건축가, 목수, 화가, 재봉사의 창조적 손길과 사회복지사, 사업가, 의사, 약사, 농부와 간호사들의 수고는 모두 이들이 세상을 치유하는 하나님의 사역에 동참하고 있음을 보여준다.

이 점을 강조한다고 해서, 철학과 같은 추상적 학문이나 수학처럼 고도의 지적 작업을 배격하라는 의미로 이해해선 안 된다. 또한, 내가 교육은 항상 실용적인 것이어야 하며, 직업 영역에 바로 적용할 수 있어야 한다고 해서, 교육의 의미를 협소하게 생각한다고 봐도 안 된다. 만져서 아는 경험은 절대 그 자체가 목적이 될 수 없다. 삶을 변화시키는 성육신적 만짐도, 도마와 엠마오의 두 제자처럼, 지식이라는 선 이해의 과정을 거쳐야 이루어진다.

그러나 하나님께서 자신을 물리적인 형태로 인간에게 계시하셨으므로, 우리는 물질세계를 진지하게 받아들이고 구체적인 방식으로 이 세상과 관계 맺는 경험을 해야 한다. 그러므로 메노나이트 학교는 반드시 이처럼 직접 만져서 알게 하는 교육을 수행해야 한다.

3. 맛보기: 분별의 훈련

내 첫째 딸아이가 돌이 거의 다 될 때쯤이었다. 여름비가 한차례 시원스레 훑고 지나가자 나는 딸아이를 데리고 바깥으로 나갔다. 아이를 혼자 놀게 하고 곁에 있었는데, 그러다가 가슴 철렁하는 장면을 목격했다. 딸아이가 땅바닥에서 지렁이 한 마리를 집어 들고 입으로 가져가는 게 아닌가. 발달 단계에 있는 모든 유아가 그렇듯이, 우리 아이에게도 이 세상은 온갖 환상적이고 신기한 것들로 가득 차 보였을 것이다. 그리고 그 세상을 알아보는 가장 확실한 방법은 일단 먹어보는 것이다. 신기해 보이는 것 같으면, 일단 입에 넣고 맛을 봐야 한다. 이유는 분명하다. 어렸을 때는 다른 곳보다 혀의 감각, 혀끝의 맛봉오리가 가장 잘 발달해 있기 때문이다.

맛보기는 인간이 태어나서 자기 주변 세상을 알아가는 1차 수단 중 하나다. 유아들은 사물을 눈으로 보고 만져도 혀끝으로 맛을 보고 난 뒤에야 자기가 무엇을 듣는지 제대로 알 수 있다. 그리고 더 중요한 사실은, 우리의 미각은 먹는 즐거움과 깊이 연관돼 있다는 점이다. 인간은 단지 물리적 생존이나, 허기를 채우려고 음식을 섭취하지 않는다. 음식을 먹을 때 혀로 맛을 보고 감촉을 느끼는 등 감각의 경험 또한 즐긴다. 음식물에 담긴 모든 영양분을 응축해 알약으로 만든 다음 하루에 세 차례씩 복용하라고 한다면, 정말이지 기술 발전치고는 너무 슬픈 일이 될 것이다.

그러나 이 지점이 바로 또 다른 교육의 시작점이다. 처음 딸아이가 지렁이를 입에 가져가는 장면을 보았을 때, 내가 보인 반응은 즉각적으로 단호하게 이렇게 말하는 것이었다. "안 돼! 지지야, 안 돼! 벌레 먹으면 못써!" 부모로써 내 역할은, 영양분이 가득한 좋은 음식, 그리고 처음에는 입 속에서 짜릿할지 몰라도 결국 해가 되는 나쁜 음식을 아이가 구분할 수 있도록 도와주는 데 있다.

요즘에야 부모 노릇이 많이 달라졌다고 하지만, 아내와 나는 여전히 아이들에게 비슷한 잔소리를 한다. 그렇다. 세상은 끝없이 신기하고 놀라운 것들로 가득하다. 세상에는 영양도 있고 맛도 좋은 음식이 얼마든지 있다. 그러나 아이들이 먹고 싶어 하는 것들 중에는 몸에 좋지 않을 뿐더러 심지어 독이나 다름없는 것들도 상당히 많다.

교육적 맥락에서 '맛보기'라는 말의 의미는, 지렁이같이 아이들이 입에 넣으려고 하는 것들의 영양학적 가치를 분석하려는 데 있지 않다. 우리가 맛본다는 말을 할 때는 무언가를 판단하고 분별할 때 이 말을 쓴다. 이것은 인생을 살면서 어떤 일을 수행하고, 경험하고, 조직할 때, 무엇이 적절한지, 어떤 것은 해도 되고 안 되는지를 판단하는 필수적인 지혜를 가리킨다. 맛보기, 즉 제대로 된 감별을 말하기란 쉽지 않다. 우리 주의에는 지혜로운 분별을 방해하는 온갖 혼란스런 견해들이 넘쳐나기 때문이다. 예를 들어, 어떤 이들은 맛보기를 철저히 개인의 취향과 기호의 문제로 생각한다. 당신은 클래식 음악을 좋아하고 나는 팝 음악을 좋아한다. 당신은 매운 음식을 좋아하지만 나는 감자를 좋아한다는 식이다. 심하게 말해서, 누가 지렁이를 먹으려 한다면 그냥 먹게 두라는 거다. "개인의 취향 문제니까." 이런 사람들에게 개인의 취향을 넘어서는 어떤 보편적인 기준이 있지 않느냐고 말하면, 곧바로 "하루살이를 걸러내고 약대는 삼키는 도다"마23:24라는 성서 표현처럼, 도덕 경찰관 노릇이나 하면서 작은 일에 얽매이는 편협하고 고상한 척하는 사람, 클래식 음악이나 현대 미술을 이해하지 못한다고 사람들을 비웃기나 하는 속물적 심미주의자 쯤으로 취급하기 일쑤다. 또 어떤 사람들은, 취향이란 그저 어떤 집단에서 자기들 사이에 세운 특정 기준을 모두에게 강요하려고 만들어낸 특수한 의견일 뿐이라고 생각한다.

　이런 혼돈의 결과, 어떤 사람들, 특히 청소년들은 모든 것을 맛보려는 경향을 보이게 되었다. 이들은 일단 접근 가능하다면 무조건 다 시도해 봐야 한다고 생각한다. 영화를 통해 우리는 다양한 것들을 대리 경험해 볼 수 있다. 자동차 추격 장면에서 스릴감을 맛보고, 죽음이 임박한 장면을 보면서 극도의 공포감을 느끼고, 금지된 사랑의 장면에서 성적 욕망을 경험할 수도 있다. 그러나 이 모든 것이 쾌락의 미각을 작동시킨다. 문제는 일단 이 쾌락의 맛을 아는 혀끝이 작동하기 시작하면, 점점 더 자극적인 것을 찾게 되는 데 있다. 어느새 끝 간 데 없는 감각적 흥분상태로 빠져들게 한다. 제대로 정신을 차리지 않으면, 정서와 도덕적 감각들이 점차 무뎌져, 전에는 끔찍해서 못 보던 폭력 장면들도 이제는 조금 놀라면 그만인 그저 그런 장면으로 느껴지기 시작한다. 그러면 영화 산업은 제작비를 올려 전기톱으로 토막 살인하는 장면을 만들기까지 한다. 전에는 키스 장면을 보고도 로맨틱하게 느껴 가슴 졸였는데 이제는 별 감흥 없는 밋밋한 장면으로 생각한다. 그러면 우리의 관음증적인 욕망은 점점 커져, 급기야 노골적인 포르노물로 향하게 된다. 충격적인 장면과 난폭한 액션, 긴장되는 스릴감은 도화선처럼 우리의 내면 깊은 곳의 감정에 불을 지른다. 왜냐하면, 이런 장면들이 우리의 도덕적 경계를 침범해 들어왔기 때문이다. 그러나 한 번 이런 감정들이 들어와 지속적으로 그 경계를 넘어오게 되면, 우리는 분별하는 미각을 잃게 된다. 마음은 텅 비어 허무하게 되고, 도덕적으로 진공 상태가 되며, 우리가 보고 듣는 것들이 옳은지 그른지 그 사이에 놓인 중대한 차이와 분위기를 감별해 내지 못하는 상태가 된다.

　현대 문화에는 이와는 약간 다른, 겉으로는 그럴듯해 보이는 또 다른 특징이 있다. 저급한 키치kitsch 문화를 수용함으로써, 사물을 분별하는 고된 작업을 피하게 한다. 엔터테인먼트 산업의 충격적인 문화가 사람들의 취향의 경계를 몽땅 허물어 버리려고 하면, 저급 문화가 나타나 이를 막아내는 대신, 자신이 본래 사람들의 취향의 경계 안에 있던 양 기존 문화에 똑같이 자리 잡아 버린다. 의미상 키치라는 말은 음악이나 미술, 문학과 종교를 가릴 것 없이 뭔가를 조잡하게 흉내 내거나 속이 들여다보이듯, 뻔한 것을 가리킬 때 쓰는 말이다. 이것은 사람들의 기억 속에 아련히 남아있다. 이런 저급한 문화는 과거에 특정한 감정적 반응을 불러일으키던 것들만 관성적으로 답습하면서 새롭고 신비로운 모든 것을 분별하지 않고 피하게 만든다. 충격적인 현대 문화가 신의 존재를 부정하면, 키치 문화는 대신 인간이 창조한 것들을 우상으로 승격시킨다. 감상적인 위안과 안전감을 주는 조건으로, 성육신의 신비를 사람이 만든 금송아지와 바꿔치기한다.

교육학적 관점에서 볼 때, 옳고 그름과 최선을 분별하는 맛보기 능력은 반드시 배워서 익혀야 할 중요한 자질이다. 우리는 필히 이 능력을 배양하고 연습해야 한다. 달리 말해, 메노나이트 학교에서는 학생들이 다른 것들을 많이 시도해 보고, 다양한 사람들과 어울리면서 여러 가지를 경험해 볼 수 있어야 하며, 이런 기회가 많이 주어져야 한다. 편식하는 사람들은 마카로니와 치즈만 먹고도 행복할지는 모르지만, 여러 나라의 환상적인 양념과 향료, 요리를 맛보는 풍성한 경험은 못해볼 것이다. 학생들이 스스로 미각을 넓히도록 돕는 일은 기독교 교육의 주된 임무 중 하나다. 그러나 보인다고 무턱대고 다 삼키도록 하는 방식은 해선 안 된다. 입에 단 음식이 몸에도 좋으라는 법은 없다. 그러므로 좋은 미각을 갖는다는 말은 섭취할 것과 뱉어야 할 것을 배운다는 뜻이다.

이렇게 하는 모든 목적은 탁월한 감각과 언어로 비평하게 하려는 것이다. 비평하라고 해서 냉소를 일삼거나 엘리트 의식으로 젠체하라는 것이 아니다. 그보다 우리가 추구하는 바는 사도 바울이 빌립보 교회에 권고했던 가르침에 더 가깝다. "끝으로 형제들아 무엇에든지 참되며, 무엇에든지 경건하며, 무엇에든지 옳으며, 무엇에든지 정결하며, 무엇에든지 사랑 받을 만하며, 무엇에든지 칭찬 받을 만하며, 무슨 덕이 있든지 무슨 기림이 있든지 이것들을 생각하라. 너희는 내게 배우고 받고 듣고 본 바를 행하라 그리하면 평강의 하나님이 너희와 함께 계시리라."빌4:8-9

맛보기라는 능력은 어떤 규칙이나 법칙을 지킨다고 길러지지 않는다. 그래도 이를 키우는 어떤 방편들은 존재한다. 맛보기를 배우기 위한 출발점은, 우리가 내리는 선택의 결과를 그저 깊이 생각해 보는 것이다. 문자 그대로든 비유적으로든, 우리가 섭취하는 것은 우리의 건강에 중요한 영향을 준다. 하루에 담배를 세 갑씩, 매일 20년을 피운다면 폐암이 걸릴 것은 당연하다. 그러니 담배를 피울지 말지 따져보는 일은 단순히 개인의 기호 차원의 문제가 아니다. 이 선택을 하면 나 개인의 건강은 물론 주변 사람들, 더 나아가 불필요한 의료비를 내야 한다는 면에서 사회적 비용까지, 실제로 하나의 행동이 어떤 결과를 초래할지 고민해 보는 것을 말한다.

다음으로 우리는 교육을 통해 역사적 관점을 배울 수 있다. 또한, 이렇게 배운 역사적 관점은 우리가 옳게 분별하고 판단할 수 있게 해 준다. 소크라테스와 동시대 사람들은 소크라테스의 철학을 대단하게 생각지 않았다. 그래서 독배를 들게 함으로써 그의 입을 막아 버렸다. 그러나 2천 년 이상 지난 지금에도, 사람들은 여전히 소크라테스의 저작을 읽고 있으며, 인간 본성과 공동체에 대한 그의 탐구와 선과 진리, 미와 같은 큰 주제들에 대한 그의 통찰에 영향을 받아 이를 새롭게 해석하고 있다. 모든 사람이 소크라테스 사상에 동의하지는 않을지라도, 수

많은 저술가와 철학자는 사라져 기억에 없지만, 우리는 여전히 소크라테스를 인용한다. 정의란 무엇인가 하는 심오한 질문을 진지하게 고민할 때, 소크라테스는 우리가 옳게 감별하고 분별할 확실한 기준을 제시해 준다. 오랜 시간 동안 수많은 사람이 소크라테스의 사상을 탁월한 것으로 받아들여 왔기에, 최소한 부분적으로나마 그의 사상은 중요하다.

우리는 또한 사표가 될 만한 사람들을 연구함으로써 분별하는 맛보기 능력을 기를 수 있다. 공교육에서는 국가 영웅들을 따라야 할 모범으로 가르쳐 왔지만, 메노나이트 학교는 기독교 신앙을 실천한 사람들, 우리가 본받아야 할 성품을 온전히 보여준 성자들과 순교자들을 영웅으로 가르침으로써 맛보기 능력을 교육할 수 있다. 궁극적으로 우리가 따라야 할 모범은 예수시다. 바울이 빌립보 교인들에게 들려준 이 말과 같이. "너희 안에 이 마음을 품으라 곧 그리스도 예수의 마음이니"^{빌2:5}

메노나이트 학교는 반드시 학생들이 맛보기 능력을 키워, 옳고 그름을 분별하는 법을 배우고 연습하는 장소가 돼야 한다. 여러 방법으로 능력을 키울 수 있겠지만, 항상 말씀에 대한 깊은 이해가 포함된다. 말씀에 대한 이해는 신앙 전통의 이야기와 교회의 가르침을 통해, 지혜로운 선생님들과 멘토들의 가르침에 의식적으로 귀 기울임으로써, 기독교 공동체의 틀 안에서 성령의 음성을 듣는 영적 훈련을 통해 알게 된다.

4. 듣기: 하나님과 다른 사람들에게 귀 기울이는 법 배우기

구약 성서에는 사무엘이라는 젊은이가 특수한 교육을 받는 흥미로운 이야기가 나온다. 사무엘이 태어나기도 전에, 모친 한나는 아이를 하나님께 바쳤다. 사무엘이 아직 한참 어릴 때, 어머니는 실로에 있는 성전에 아이를 보내 대제사장 엘리의 수종을 들면서 배우도록 했다.^삼 ^{상2-3} 엘리는 사무엘의 멘토가 되었고, 책임지고 언약의 전통과 하나님의 말씀, 다양한 제사장의 직무를 가르쳤다. 어느 날 밤, 어린 사무엘은 자기 이름을 부르는 음성을 듣고 잠에서 깨어났다. 스승이 부르는 줄로만 알고 엘리에게 세 번이나 찾아갔다. 그러나 엘리는 사무엘에게 이렇게 일렀다. "너를 부른 것은 내가 아니다… 아마 하나님이실 게야." 그래서 자기를 부르는 소리가 또 다시 들리자 사무엘은 하나님께 돌이켜 귀를 기울이고, "말씀하옵소서. 주의 종이 듣겠나이다"라고 말했다. 이에 하나님은 사무엘에게 말씀하시기를, "보라 내가 이스라엘 중에 한 일을 행하리니 그것을 듣는 자마다 두 귀가 울리리라"^{삼상3:9-11}라고 하셨다.

사무엘을 선지자로 택하신 이 부르심의 과정을 단지 이 사건 하나로 축소할 수는 없다. 생각해 보면, 어머니 한나는 이미 사무엘이 태어날 때부터 하나님을 섬기게 하겠다고 서원했다. 그리고 사무엘은 그 세계의 전문가에게서 직접 영적 교육을 받는 혜택도 누릴 수 있었다. 엘리의 결정적인 역할을 통해, 사무엘은 하나님의 인도하심에 따르는 법을 배울 수 있었다.

그러나 결국, 사무엘 자신이 하나님의 음성을 적극적으로 듣지 않았던들, 자신을 향한 하나님의 진정한 소명을 이해하지 못했을 것이다.

보기와 맛보기처럼, 듣기라는 감각은 인간이 세상을 이해하고 관계 맺을 때 사용하는 가장 기본적인 수단이다. 소리는 이 세상을 가득 채우고 있다. 사람은 태어나는 순간부터 수많은 소리를 듣는다. 자동차 소음, 개 짖는 소리, 환풍기 도는 소리, 나뭇잎 바스락거리는 소리, 라디오에서 흘러나오는 뉴스와 TV 드라마, 수많은 휴대전화 벨 소리를 듣게 된다.

유아기 때, 인간은 특별히 부모나 형제, 친척과 이웃들의 정겨운 목소리에 익숙해진다. 듣기에 더 집중할 수 있게 되면, 들려지는 말들 속에서 사람들의 독특한 억양을 구분할 수 있다. 그리고 천천히 그 말들의 조합 속에서 의미를 해석해 내는 법을 배운다. 반복하다 보면, 우리의 귀는 더 깊이 있는 듣기를 할 수 있게 된다. 말 속에 숨겨진 속 뜻, 억양과 뉘앙스, 맥락이라고 하는 미묘한 지점까지 알아듣는다.

듣기가 말하기보다 먼저다. 실제로 사람이 말하기를 배울 때, 청각의 예민함이 줄어든다고 한다. '보기looking'와 '알기seeing'가 다른 것처럼, 단순한 '듣기hearing'와 '경청listening'에도 차이가 있다. 소음처럼 그냥 들려지는 것이 단순한 듣기라면, 경청은 들리는 소리를 이해하고자 마음을 기울여 집중하는 자세를 가리킨다. 선생님이 "주목하렴!", "자 조용히 하고 선생님 말 좀 들어봐" 혹은, "너희들 왜 이렇게 말을 안 듣니?" 하고 꾸짖을 때, 학생들이 선생님이 뭐라고 말했는지 듣지 못해서 그런 말을 계속하는 것이 아니다. 그러나 진정한 듣기, 경청은 적극적인 소통과 의식적인 관계 맺음이 뒷받침될 때 이루어진다.

경청은 익힐 수 있는 기술이다. 고등학교 때 나는 사실상 음치였다. 내가 음치라는 사실은 우리 가족에게, 특히 목소리가 곱고 음악적으로 재능이 뛰어났던 우리 어머니에게는 꽤 당황스런 일이었다. 형제들도 다 노래를 잘 했는데, 유독 나만 한 소절 따라 부르기도 어려워 쩔쩔맸다. 그러다가 어느 날인가 음악 시간에 선생님은 반 전체가 헨델의 메시아 중 한 대목을 부르도록 하셨다. 선생님은 그때 나를 테너에 배정했는데, 내 생각엔 잘 모르고 그냥 그리 보내신 것 같았다. 음치였던 나는 헨델의 메시아를 듣고 또 듣고, 테너 파트만 피아노로 치면서 수없이 들었다. 그러자 점점 전체 합창 화음에서 테너 음만 구분해서 들을 수 있게 되었다. 계속해서 오랜 시간 연습한 끝에, 나는 노래를 부르면서 내 목소리를 들을 수 있었다. 그것도 음을 정확하게 내는 내 목소리를.

내게 이것은 그야말로 획기적인 경험이었다. 그 뒤로도 나는 한 번도 노래를 잘 부르는 사람은 아니었지만, 적어도 내가 불러야 할 부분의 음을 들을 줄 아는 귀를 갖게 되었다. 시간을 많이 들이고, 연습에 연습을 반복하자, 노래 부르기가 점점 수월해지는 것을 경험할 수 있었다.

메노나이트 학교는 학생들에게 경청의 재능을 키워주어야 한다. 경청은 호기심과 존중에서 비롯된다. 다른 사람이 말하는 것이 흥미로울 것 같다는 인식, 내가 전에 모르던 것을 배울 수 있으리라는 기대가 경청하게 한다. 앞에서 연설해 본 사람들은 누구나 청중이 눈을 감고 길게 늘어져 있거나, 옆 사람과 속삭이고 생각 없이 창밖을 바라보는 모습을 볼 때, 얼마나 기운 빠지고 실망스러운지 알 것이다. 눈을 맞추고 적절한 표정을 지어주는 적극적인 듣기의 모습에는 말하는 사람에 대한 존중을 의미가 담겨있다. 경청은 상대방이 말하기를 멈출 때까지 억지로 참는 것이 아니다. 말하는 사람의 경험 속으로 들어갈 만큼 진심으로 상대방에 공감하고, 적절히 물어가며 더 알고자 애쓰는 자세가 경청이다. 경청하는 사람은 대화중에 들려오는 소리를 그저 듣고만 있지 않고, 그 의미를 알려고 노력한다. 방어하는 자세를 취하기보다 상대방의 관점을 이해하고자 한다. 가끔은 침묵하며 들어주는 것도 좋은 청취의 태도가 된다.

경청의 자질을 길러주려면, 메노나이트 교육자들은 몇 가지 의식적인 실천사항을 쉽게 포함할 수 있을 것이다. 먼저 아이들에게 대화할 때는 상대방의 말에 끼어들지 않고 순서대로 말한다는 규칙을 가르쳐주면, 아이들은 이 규칙을 통해 서로 깊이 이해하고 존중하는 법을 배우게 되고, 나아가 상대방이 무엇을 말하려고 하는지 귀 기울이게 된다. 주의 깊게 듣는 능력을 기르는 또 다른 훈련 방법은 침묵하기를 연습하는 것이다. 학생들은 침묵을 하게 되면, 전에는 그냥 지나쳤던 주변의 소리를 들을 수 있게 된다. 이를테면, 자신의 심장박동 소리를 듣게 된다거나, 침묵 그 자체가 주는 고요의 소리를 듣게 된다.

토론할 때도 규칙을 정하고 구조를 짜 놓을 수 있다. 자기 의견을 덧붙이기 전에 말하는 사람이 무얼 말하는지 정리하고 요약하게 하면 큰 도움이 된다. 또 다른 방법은 주의 깊게 독서하는 것이다. 독서를 통해, 학생들은 비록 저자의 의견에 동의하지 않고 처음부터 방어적 자세를 취한다 할지라도, 저자가 말하려는 바를 파악하는 습관을 기를 수 있다. 공개 토론을 하면서 양편의 입장을 날카롭게 파악하게 하는 것도 경청의 기술을 늘리는 좋은 방법이다. 이를 통해, 가만두면 침묵으로 일관할 학생들의 목소리를 끄집어 낼 수도 있다.

교사들이 학생들의 경청 능력을 더 깊은 수준까지 키워주고자 한다면, 엘리 제사장 같은 역할을 할 수 있어야 한다. 교사는 학생들이 하나님의 음성에 귀 기울여 그분의 부르심에 응답하고, 사무엘처럼 순종하여 그분을 섬기는 삶에 헌신하도록 격려할 수 있다. 이런 일은 다양한 방식으로 일어날 수 있다. 규칙적인 기도, 침묵과 묵상, 영적 훈련, 직접적인 상담. 관건은 이런 과정을 통해, 하나님께 말하도록 하는 것이 아니라, 엘리 제사장이 했듯이, 하나님이 부르실 때 먼저 들을 수 있도록 학생들을 준비시키는 것이다.

5. 목소리: 소명을 발견하기

오랫동안 학생들을 가르치면서 내가 느끼는 가장 보람되고 기쁜 순간은 학생들이 인생의 다음 단계로 올라서는 모습을 나중에 알게 되었을 때이다. 맨디라는 학생을 처음 만났던 때가 떠오른다. 맨디는 학교에 처음 나온 사람처럼 언제나 잔뜩 겁에 질린 표정이었다. 수업이 끝나자마자 가방을 챙겨 부리나케 교실을 도망치듯 빠져 나가곤 했다. 글쓰기 능력은 아주 탁월했는데, 이름이라도 한번 부르면 쭈뼛대고 기어 들어가는 목소리로 답변하기 일쑤였다. 과제도 열심히 했고, 수업도 태도도 그만하면 좋았다. 한번은 맨디가 수업 시간에 학우들 앞에서 짧은 발표를 하게 되었는데, 앞에 서서 주체할 수 없을 정도로 심하게 손을 떨면서 모기만한 목소리로 들릴 듯 말듯 간신히 발표를 마친 일도 있었다. 간혹, 복도에서 마주치거나 내 방에 불러 이야기를 해보면, 무언가 말하려 하는 모습이 보이고, 할 말도 있어 보였지만, 막상 말을 시켜보면 늘 눈을 내리깔고 죽어 들어가는 목소리로 이야기했다.

그러다가 몇 년 전, 우연히 맨디를 다시 만났다. 내가 어떤 회의에 참석했을 때였는데, 거기서 발표자 중 한 사람으로 맨디라는 이름이 리스트에 있는 것을 발견하고는 깜짝 놀랐다. 처음에는 동명이인이겠거니 했는데, 연단에 올라오는 맨디를 보자 나는 바로 알아볼 수 있었다. 맨디는 중앙아메리카 공예가들을 미국의 도매상에게 연결해 주는 비정부기구의 대표로 수년간 활동하고 있었다. 그런데 한참 만에 만난 맨디는 훌륭하게 자기 기관에 대한 소개를 마치고, 이어지는 질의응답 시간까지 적절히 농담을 섞어가며 멋지게 마무리하는 것이 아닌가. 나는 그야말로 깜짝 놀랐고 깊이 감동 받았다. 이게 정말 15년 전에 그 수줍고 형편없던 1학년 학생이 맞단 말인가?

끝나고 대화를 나누면서 이 놀라운 비밀을 찬찬히 풀 수 있었다. 그녀가 변화된 결정적 계기는 대학 시절 봉사활동으로 온두라스에 다녀왔을 때였다고 한다. 맨디는 그때 아주 사교성 좋고, 인정 많고, 따뜻하고 재미난 현지 가족과 함께 생활했다고 한다. 그 사람들은 맨디가 수

줍음을 많이 타는 사람인지도 전혀 모르고 가족 행사에 자연스럽게 함께 끼워주었고, 가끔 주저하는 행동을 보이면 문화적 차이에서 오는 어려움이겠거니 하고 넘겼다고 한다. 맨디는 거기서 자기가 스페인어에 소질이 있다는 것을 알게 됐고, 봉사활동을 하는 3개월 동안 열심히 연습해서 스페인어를 능숙하게 구사할 수 있게 되었다. 집에 돌아오고 나서도, 현지 가족들과 계속 연락하고 지내고 여름 방학 때마다 놀러 가기도 했다. 그러다가 졸업 뒤에는 아예 더 장기간 체류하기로 했다고 한다.

재차 방문했을 때, 전에 봉사 활동하던 곳의 현지 공예가들과 다시 연락을 취했고, 현지 단체들과 공조하여 천천히 공예가들을 미국의 상점으로 연결해 주는 프로그램을 만들었다. 활동이 지속되자, 많은 교회와 단체들이 맨디를 초청해 그녀의 활동과 경험을 들려달라고 부탁해 왔다. 맨디는 자신에게도 남한테 들려줄 말이 있다는 사실을 알고 스스로 깜짝 놀랐다고 한다. "저는 제 안의 열정을 발견했어요." 맨디는 당시를 이렇게 회상했다. 이 경험으로, 맨디는 자신의 목소리를 찾게 된 것이다.

맛보기, 듣기, 보기와 마찬가지로, 목소리는 세상과 관계 맺는 중요한 수단이다. 아기는 울음을 통해 자신의 존재를 알리고, 칭얼대고, 옹알대고 소리 지르며 자기의 필요를 표현한다. 그러나 충분한 시간이 지나면, 아기는 웃는 법을 배우고, 즐거워 어르는 부모의 목소리에 반응하며, 주변에서 들려오는 말들을 천천히 따라 하기 시작한다.

그러다가 마침내 아이들은 목소리에 힘을 얻는다. 언어를 통해 우리는 더 넓은 세계와 소통한다. 언어로 말미암아, 우리는 기본적 필요와 욕구를 표현한다. 말은 사람에게 상처를 주기도하고, 치유하기도 하는 힘을 지녔다. 말로 우리는 사람을 축복하기도 하고, 저주할 수도 있다.

우리의 목소리는 설득의 말, 활짝 웃는 웃음소리, 중얼대는 잡담소리, 점잖은 훈계와 뜨거운 기도 그리고 격려의 모습으로 우리 자신을 확장한다.

메노나이트 학교는 학생들이 자신의 목소리를 찾을 수 있도록 도와야 할 것이다. 모든 학생은 이름 속에 특별한 보물을 숨기고 있다. 사람들은 저마다 독특한 음성, 말투, 노래 소리처럼 공유할 수 없는, 자기만의 독특한 목소리를 부여 받았다. 그러나 동시에 메노나이트 학교는 각자의 이 독특한 목소리를 모두에게 공유할 수 있어야 한다는 사실 또한 학생들이 자각하도록 도와야 한다. 우리의 목소리는 다른 사람에게 들려져야 한다. 이 목소리는 때론 합창단의 화음으로, 때론 화해를 요청하는 조정자의 목소리로 들려질 수 있다. 보이지 않는 세계를 그리는 시인과 새로운 세상을 꿈꾸는 이상가의 목소리도 될 수 있다. 또한, 법체계의 언어를 배운 변호사와 입법가의 목소리, 설교자, 교사, 선교사의 목소리가 될 수 있다. 때로 이 목소리는 인종주의와 불의를 규탄하고, 위선을 폭로하며, 부동한 현상을 뒤엎는 예언자의 소리가 되어 그 어느 때보다도 더 날카롭게 들릴 수도 있다. 혹은, 두 문화에 발을 딛고 서 있는 번역가의 목소리가 되어, 그가 아니면 자칫 서로 모를 뻔 했던 두 세계를 이어주는 다리가 될 수도 있다.

메노나이트 학교는 반드시 학생들이 자신의 소명과 부르심을 발견하도록 도와야 하며, 이를 학교의 사명으로 삼아야 한다. 소명vocation이라는 말은 라틴어로 '밖으로부터 부름 받다' 라는 뜻을 지녔다. 다시 말해, 이 말은 우리가 특별한 사명을 위해 하나님께 부름 받았다는 사실을 알려준다. 우리의 부르심을 알려면, 우리는 먼저 우리의 목소리를 발견해야 한다.

6. 냄새 맡기: 보이지 않는 존재를 인식하기

대학시절, 나는 1학년을 마치고 학교를 휴학한 뒤, 오스트리아에 있는 어느 시골 마을의 작은 농장으로 일을 하러 간 적이 있다. 생애 처음으로 내가 자라 온 신앙 배경과 전혀 다른 문화적 환경에서 생활하게 되었다. 매주 가족들과 더불어 마을에 있는 성당에 나가 미사를 올렸는데, 여러 면에서 미사는 내게 생소했다. 그러나 한편으로 나는 미사가 진행되는 모습으로 보고 깊은 인상을 받았는데, 특히 미사가 진행될 때 후각을 포함해 인간의 오감을 자극하는 모습이 새롭게 다가왔다. 사제가 성찬식 전에 성수聖水를 준비할 때면, 어린 복사服事는 줄을 길게 늘어뜨린 향로를 조심스럽게 흔든다. 그러면 작은 교회당 안에는 향이 타는 냄새로 가득했다. 가끔은 타는 모습을 눈으로 볼 수도 있었다.

처음에는 이런 의식이 무척 이상해 보였다. 그러나 거듭 참여하면서, 그 향내는 내게 성령님의 임재를 보여주는 강력한 상징으로 느껴졌다. 그분이 눈에 보이지는 않지만, 지금 실재하신다는 사실을 그 냄새 덕분에 느낄 수 있었다.

어쩌면 후각은 실체를 파악하기 가장 어려운 감각이 아닌가 싶다. 고도로 예민한 후각을 지닌 다른 동물들과 달리, 인간은 생존을 위해 후각에 그다지 많이 의존하지 않는다. 시각이나 청각, 촉각 등과 비교해도 가장 덜 발달한 듯 보이기도 한다. 그러나 냄새는 우리에게 긴급한 경고를 알려주는 역할을 한다. "뭐 이상한 냄새 나지 않아?" 집을 오래 비웠다가 들어서면서 뭔가 심상치 않은 느낌이나 부엌 쪽에서 가스 누출이 의심되는 냄새가 나는 것 같을 때, 우리는 이렇게 말한다. 그러면 멈춰 서서 코를 킁킁대며 냄새의 방향을 추적해 간다. 아무리 약한 향수 냄새라도 사람의 감각을 고조시키고, 이유도 없이 그 사람에게 가까이 다가서게 한다.

냄새는 뭔가를 환기시키는 작용도 한다. 기억과 가장 긴밀히 연결된 감각이기 때문이다. 누구나 생각지 않게 어떤 냄새를 맡았을 때, 예를 들어 향긋한 풀 냄새나 갓 구운 쿠키 냄새, 봄철 꽃향기나 지독한 스컹크 냄새, 이국적인 향료 냄새 등을 갑자기 맡게 될 때, 오래도록 잊고 지냈던 어떤 기억이 스멀스멀 되살아나는 경험을 해 보았을 것이다.

조각난 기억들처럼, 냄새는 완벽히 논리적이거나 이성적이지는 못하다. 그래서 어떤 이들은 이를 가리켜, '사전 인지'니 '초감각적 지각'이니 하는 말로 설명하기도 한다. 냄새는 우리의 직관과 닿아 있다. 이성만 의존해서는 알 수 없는, 언어로 정확히 담아낼 수 없는 어떤 것들을 이 감각이 건드린다. 그래서 사람들이 정확히는 모르지만 무언가 의심스러울 때, "뭔가 냄새가 나는데…"라는 말을 하게 되는 것이다.

이 냄새의 감각이 교육 철학의 어떤 주제라도–심지어 성육신의 언어로 구성된 것까지도– 다 담아낼 수 있다고 하면 지나치게 확대 해석하는 것으로 보일지 모르겠다. 그럼에도 불구하고, 나는 메노나이트 학교가 성육신을 구현하는 모습으로 다듬어져서, 학생들에게 이런 냄새와 관련된 미묘하고 어려운 자질들을 계발해 주어야 한다고 생각한다.

세상에는 우리가 보고, 듣고, 맛보고, 만지는 것으로는 알 수 없는 그 너머의 실체들이 존재한다. 우리가 이해할 수 없다고 존재하지 않는 것이 아니다. 이런 보이지 않는 존재에 주의를 기울일 때, 우리는 직관을 더 신뢰할 수 있고, 내면의 자극에 민감할 수 있으며, 희미하게나마 성령의 움직임을 감지할 수 있다. 시인과 화가, 음악가들은 가끔 성령의 이런 신비로운 운행을 자기들 작품에 담아내기도 한다. 이들의 작품을 통해서 우리는 가두고 정의하고 포획하려 하는 인간의 능력 밖에 존재하기에, 경이롭고, 신비하며, 경탄할 만한 우리가 알 수 없는 그 세계를 탐험해 볼 수 있다.

성령의 음색에 온전히 조율하여 사는 사람은, 천주교 사제가 향로를 흔들 때 그러했듯이, 자신의 삶에 성령의 존재를 증거하는 향기를 담아 세상에 퍼트리는 삶을 살게 될 것이다. 사도 바울이 어렵고 미묘하지만 참된 그 능력을 이해하고 난 뒤, 고린도 교회에게 이렇게 증거한 것처럼 말이다. "항상 우리를 그리스도 안에서 이기게 하시고 우리로 말미암아 각처에서 그리스도를 아는 냄새를 나타내시는 하나님께 감사하노라. 우리는 구원 받는 자들에게나 망하는 자들에게나 하나님 앞에서 그리스도의 향기니, 이 사람에게는 사망으로부터 사망에 이르는 냄새요, 저 사람에게는 생명으로부터 생명에 이르는 냄새라 누가 이 일을 감당하리요." 고후2:14-16

어떤 교육 이론가들은 교사가 수업 계획을 준비할 때, 먼저 기말시험 문제를 제출해 보고 다시 처음으로 돌아가 이에 맞는 커리큘럼을 구성해 보라고 제안한다. 같은 이치로 메노나이트 학교 교사들은 수업 전에 이런 질문을 자신에게 던져 볼 수 있겠다. 보기, 듣기, 맛보기, 만지기, 목소리 그리고 하나님의 임재를 감지하는 냄새 맡기 같은 습관을 길러주는 것을 교육 목표로 삼는다면 어떨까? 그러면, 내 가르침은 얼마나 변하게 될까? 학생들에게 단지 성적이나 점수를 올리려고 교과목을 가르치지 않고, 이런 교육이 오히려 더 높은 자질과 교육 결과를 얻기 위한 보조 수단이라고 이해하고 가르친다면 어떻게 될까?

마찬가지로, 학교장들도 자신에게 이런 질문을 던져볼 수 있을 것이다. 자기 삶의 방향을, 창조 세계를 회복하는 하나님의 사역과 조율하려고 노력하는 학생들을 위해, 어떻게 학교가 이런 부분을 공적으로 인정할 수 있을까? 우등생 명단을 발표하고 학생들을 치하하는 일은 늘 있어왔지만, 만일 섬기는 자세, 공감하기, 감사하기, 기뻐하기, 평화 만들기, 봉사하기 같은 자질과 성품에 대해 학생들을 치하한다면 어떻게 될까?

평가: 우리가 차이를 만들어내는지 어떻게 알 수 있나?

메노나이트 교육을 받는 학생들은 모두 연령이나 학년 고하를 막론하고, 보기, 맛보기, 듣기, 만지기, 말하기, 그리고 냄새 맡기와 같은 감각을 특별한 방법으로 기를 수 있어야 한다. 우리가 가진 물리적 감각은 영적 세계를 들여다보는 창문으로 쓰일 수 있다. 이런 감각들이 다리가 되어, 우리가 이 세상에 성육신으로 임하신 하나님을 인식하도록 돕는다. 만일 누가 메노나이트 교육만이 기여할 수 있는 '특별한 가치'가 무엇인지, 혹은 일반 공교육과 비교할 때 어떤 차이가 있느냐고 묻는다면, 바로 이런 자질들이 우리의 답변이 돼야 할 것이다.

그러나 이것이 메노나이트 교육이 상정한 올바른 교육 결과라 하더라도, 학생들이 실제로 이런 자질들을 익히고 배우는지 어떻게 알 수 있을까? 무엇이 증거가 될 수 있을까?

여기서 메노나이트 학교가 서로 다른 양쪽 세계에 모두에 발 딛고 서 있는 현실을 알 수 있다. 한편으로, 우리는 책임 있게 교육 결과를 만들어내고 세심하게 평가하라는 요구를 무시해서는 안 된다. 교육자라면 다 알겠지만, 가르치는 것과 배우는 것 사이에는 커다란 차이가 존재한다. 아무리 제대로 교육했다고 주장해도, 학생들이 실제로 배움을 얻었는지 판단할 적절한 방법이 없다면, 교육자의 주장은 공허한 소리에 지나지 않게 된다. 그러면 교육자들은 배움이 지금 진행되고 있다고 고쳐 말할는지 모르지만, 이 역시 학생들이 실제로 그런지 알 길이 없다. 교육적 성취를 측정할 수 있는 방식으로 증명하라는 사회의 요구와 압력이 전적으로 잘못된 것만은 아니다. 메노나이트 학교는 절대로 독특한 교육적 특성이 있다고 해서, 그것을 기본 학습 능력 저하나 특정 분야의 교육 내용 미비에 대한 핑계로 사용하면 안 된다.

그러나 표준화된 시험 결과가 마치 교육 결과의 전부인 양, 의미를 축소하는 현행 정책으로는 교회 주도의 기독교 교육에서 역점을 두는 교육적 자질들은 온전히 담아내기가 부족하다. 사실, 이렇듯 외부의 기준을 충족하는 것과 삶 속에 있는 숨겨진 가치를 끄집어내는 것 사이의 긴장은 기독교 이야기 전체에 흐르고 있다. 예수의 사역에서도 이런 부분이 나타난다. 어느 날 유대교 교육 전문가인 바리새인 몇 사람이 예수의 교육 내용에 대해 직접 대답을 듣고자 찾아온 일이 있었다. 율법에 통달해 보이는 바리새인 하나가 이렇게 물었다. "예수를 시험하여 묻되, 선생님 율법 중에서 어느 계명이 크니이까?" 그러자 예수는 명쾌히 답변해 주셨다. "네 마음을 다하고 목숨을 다하고 뜻을 다하여 주 너의 하나님을 사랑하라 이것이 크고 첫째 되는 계명이요. 둘째도 그와 같으니 네 이웃을 네 자신 같이 사랑하라 하셨으니." 이것이 바로 예수께서 가장 역점을 두고 가르치신 교육 내용이었다. 그리고는 이렇게 결론을 내리신다. "이 두 계명이 온 율법과 선지자의 강령이니라."^마
22:35-40

또 다른 장면에서, 예수는 청중을 불러 모아 마지막 심판 날에 관한 사람들의 근본적인 의문들을 풀어 주셨다. 예수는 구원받을 사람들은 올바른 답을 아는 사람들―"주여, 주여"하는 자들―이 아니라, "아버지의 뜻을 행하는" 사람들이라고 선언하셨다. 심판 날에는 각자가 어떤 열매를 맺었는가가 진정한 평가가 될 것이라고 하시며 이렇게 말씀하셨다. "좋은 나무가 나쁜 열매를 맺을 수 없고 못된 나무가 아름다운 열매를 맺을 수 없느니라… 이러므로 그들의 열매로 그들을 알리라".^마

교육자들은 포도나무를 가꾸는 농부와 같다. 포도나무가 살아서 종국에는 열매를 맺도록 돌보는 것이 우리의 임무다. 물론, 생명을 맺는 신비한 일은 우리 손에 달려있지 않지만, 이 전 과정에서 우리도 중대한 역할을 수행한다. 어쩌면 우리는 일을 잘못해서 심각한 손실을 끼칠지도 모른다. 그러나 우리가 해야 할 일은 맡겨진 어린 포도나무가 건강하게 잘 자라 또 다른 생명을 맺을 수 있도록 영양분을 공급해 주는 일이다. 열심히 잡초도 뽑고 기생충도 막아주며, 각 나무들에 특별한 애정을 쏟고, 흙과 비료를 섞어 주고, 잘 자랄 수 있는 환경을 만들어 주어야 한다.

그러나 종국에 열매를 맺게 하는 이는 농부가 아니다. 나무는 오직 포도나무 원 줄기에 붙어 있을 때 성장하고 열매를 맺을 수 있다. 포도나무만이 생명을 공급하고 유지시킬 수 있다. "너희는 여호와의 선하심을 맛보아 알지어다"시34:8라고 하신 시편의 말씀 그대로.

5장. 논의 지속하기:
까다로운 질문에 답변하기

어느 봄날 오후, 나는 얼마 전 방문했던 메노나이트 교회의 한 목회자에게서 전화를 받았다. 수년 동안 그 교회 공동체는 메노나이트 교육의 든든한 후원자였다. 특별히 그 지역 메노나이트 중고등학교를 오랫동안 후원해 왔는데, 교회 로비에는 언제나 학교 홍보 책자가 놓여 있었고, 학교 합창단도 정기적으로 교회를 방문해 공연하기도 했다. 공동체 회원들은 해마다 열리는 학교 후원행사에 자원봉사자로 참여했으며, 공동체는 고맙게도 교회 예산을 떼어 장학금으로 내놓는 등 학교를 지속적으로 지원했다.

그러나 목사님을 따르면, 전에는 반론의 여지가 없던 열정적인 지원이 이제 점차 사그라지고 있다고 한다. 지역 공립학교에 자녀를 보내는 부모들이 문제를 제기한 것인데, 자기 아이들이 교회에서 소외된다고 느꼈다고 한다. 작정하고 불만을 표한 것은 아니고 지나가는 말로 한 것이라지만 간단히 생각할 사안은 아닌 듯했다. 게다가, 몇 해 전부터 교회는 재정 문제로 어려움을 겪고 있었다. 그러자 그 동안 수면 밑에서만 맴돌던 예산 배정 문제가 운영위원회에서 제기되었다. 메노나이트 학교 지원비가 문제였다. 학교의 수업료 인상폭에 맞춰 교회의 장학금 지원비도 따라 올라갔고, 재정 압박을 느낀 일부 교인들은 이제 학교 지원비와 선교비 지출을 비교하며 문제 삼기 시작했다.

목사님은 계속해서 또 다른 문제를 이야기해 주었다. 장애 아동을 둔 부모들도 지난 해 메노나이트 학교에 크게 실망했다는 것이다. 공립학교에 비해 메노나이트 학교에는 장애 학생들을 돌볼 인력이 턱없이 부족하다고 했다. 이와 거의 비슷한 시기에, 메노나이트 학교에 다니는 한 학생이 학칙 위반으로 징계를 받는 사건이 발생했다. 그러자 징계를 부당하게 생각한 학생의 부모는 이런 불만을 주일 소모임 시간에 털어 놓았고, 마침 같은 소모임에 속해 있던 공립학교 교사들이 이 이야기를 듣게 되었다. 공립학교 교사들은 이 사건을 들어, 메노나이트가 공교육을 선택하지 않는 동기의 근저에는 모종의 부정적인 가치판단judgementalism이 존재한다며, 이에 대한 적개심을 노골적으로 드러냈다. 그들은 자신들이 공립학교에 근무하면서 그리스도인으로써 증인의 삶을 실천하고 있지만, 이런 일이 무가치하게 취급받는 것 같다고 말했다. 이들은 교회가 주도하는 기독교 학교를 선택하는 것은 '진짜 세상'에서 물러나는 일이라고까지 주장했다.

공동체 내에서 당연한 것으로 생각하던 메노나이트 학교에 대한 호감과 지원이 이제는 눈에 띠게 줄어들었다. 한번은 그 지역의 공립 고등학교 농구팀이 전국 대회에 나가자, 지역 사회 전체 분위기가 들썩였다. 교회 아이들도 농구팀에 대한 이야기로 정신이 없었고 그 학교 로고가 박힌 티셔츠를 입고 다녔다. 이런 분위기에 영향을 받아, 교회의 젊은 부부들은 아이들을 메노나이트 학교에 보내지 않기로 생각을 바꾸는 듯했다.

이제 목사님은 분열된 공동체를 양쪽 다 끌어안아야 한다는 부담을 느끼고 있었다. 전에는 메노나이트 교육을 키워야 한다고 분명하게 강조할 수 있었지만, 이제는 그럴 수 없었다. 목사님은 이렇게 심경을 토로했다. "저는 양쪽으로 완전히 옴짝달싹 할 수 없이 된 것 같아요. 한편으로, 저는 기독교 교육이 정말 중요하다는 걸 믿습니다. 우리 아이들과 교회의 미래를 위해 꼭 해야 할 일이라고 생각해요. 저는 계속 메노나이트 교육을 지원하고 싶어요. 그렇지만, 다른 편으로, 자녀를 공립학교에 보내는 부모들이 제기하는 우려 또한 충분히 이해할 수 있습니다. 그러니 지금은 제가 메노나이트 학교를 지원하자고 드러내 놓고 말하면, 오히려 교회의 갈등만 부추기는 꼴이 되니 어찌해야 할지 모르겠습니다."

한 가지 사례를 들어 일반화하는 것은 언제나 위험한 일이다. 교회마다 기독교 교육에 대한 공동체의 입장과 태도가 다 다르다. 그러나 위에서 제기된 문제들만으로 사안을 단순화하고, 올바른 답을 찾을 수는 없겠지만, 적어도 목사님이 솔직하게 들려준 문제점들과 공동체가 처한 긴장이 지금 실제 일어나고 있다는 점만은 분명하다.

이 장에서 나는 메노나이트 교육에 대해 최근 학부모와 목회자, 교사를 비롯한 학교 당국에서 제기하는 어려운 질문들에 답하려고 한다. 다른 장에서처럼, 여기서도 방어할 목적으로 답변하거나 어떤 정답을 제시하려 하지 않았다는 점을 미리 밝혀둔다. 솔직히, 이 답변들이 메노나이트 교육에 도움이 되었으면 하는 바람이 없지는 않다. 그러나 내 목적은 논의가 더 명확하고 건전한 방식으로 진행될 수 있도록 돕는 것이지, 마치 밀실에서 협약하듯 결론을 내려는 것이 아니다.

까다로운 질문에 답변하기: 학부모를 위한 답변

1. 우리 아이를 메노나이트 학교에 보내면 어떤 유익이 있나요?

자녀를 메노나이트 학교에 보내기만 하면 저절로 훌륭한 사람이 되고, 흔들리지 않는 믿음을 소유하고, 평생 충직한 교회 봉사자가 될 것으로 기대하고, 그것이 보장되기를 바라는 학부모가 있다면, 그런 분들은 실망하게 될 것 같다. 물론, 메노나이트 학교를 다니는 학생들이 자원 봉사나 선교 사역, 목회나 교단 업무 같은 일을 통해 지속적으로 교회를 섬길 가능성이 훨씬 크고, 학생들의 이런 선택과 학교 사이에는 깊은 상관관계가 있다는 조사 결과도 있지만, '상관관계'가 곧 '인과관계'를 말하는 것은 아니다. 다시 말해, 학생들의 소명과 신앙을 결정짓는 데 있어서 메노나이트 학교가 유일하고 결정적인 변수라는 점을 입증해 줄 아무런 통계학적 연구 결과도 없다는 것이다. 예를 들어, 신앙의 가정과 교회 공동체 역시 학생들이 삶의 방향을 정하는 데 중심적인 역할을 할 수 있다.

씨앗이 자라나 풍성히 결실을 맺으려면, 다양한 요소가 복합적으로 조화를 이루어야 하는 이치처럼, 젊은이들에게 기독교 신앙이라는 자양분을 공급하는 일도 다양한 환경과 요소가 필요하다. 농부들은 어떤 변수들은 자기들이 어찌할 수 없는 통제 범위 밖에 있다는 것을 알고 있다. 그러나 나중에 좋은 열매를 거두려면 긴 안목으로 차근히 잘 자랄 수 있는 좋은 환경을 만들어 나가야 한다.

아이가 성장하는 과정을 한 번 생각해 보자. 부모라면 누구나, 만일 아이 키우는 일이 전적으로 부모들의 어깨에만 달려있다면, 도저히 감당할 수 없다는 사실을 안다. 그래서 아이가 태어나 다섯 살이 될 때까지, 우리는 가끔씩 가족이나 친지, 가까운 친구나 교회 식구들과 육아의 짐을 나누기도 한다. 그러다가 다섯 살이 넘어가면, 교육을 유독 강조하는 우리 문화에서는 자녀 양육의 양상이 극적으로 달라진다. 부모들이 이제는 손 쓸 일이 전혀 없다는 것은 아니지만, 일단 아이가 유치원에라도 들어가면, 그때부터 부모의 역할은 180도 달라진다. 아이가 이제 일생에서 가장 발달이 왕성한 시기인 12살에서 16살이 되면, 이때부터 부모는 아이의 교육을 국가의 손에 맡긴다. 아이는 이제 일 년 중 아홉 달 동안, 깨어있는 대부분의 낮 시간을 집이 아니라 학교에서 보낸다.

더군다나, 미국의 공립학교는 철저히 비종교적 입장을 취할 것을 법으로 정해 놓고 있다. 말하자면, 공교육의 내용과 환경에는 어떤 종교적 색채도 포함돼선 안 된다고 명시한 법조항이 있다. 나는 공교육이 악하다거나 공립학교에 다니면 아이들이 신앙을 거부하는 세계관으로 세뇌당할 거라고 말하는 것이 아니다. 그러나 부모로서 내가 만일 어떤 특정한 신앙과 그에 따른 윤리관이 있다면, 그래서 그 신앙이 나의 세계관과 도덕적 결정에 중대한 영향을 주고 있다면, 나는 내 자녀들이 이렇게 중요한 성장 시기를 기본적으로 나와 같은 가치를 지닌 선생님들과 함께 보냈으면 좋겠다. 그리고 아이들이 이런 가치들이 담긴 교육을 받았으면 좋겠고, 나와 같은 결정을 내린 가정에서 자란 또래 아이들과 꾸준한 관계를 만들어 가면 좋겠다.

메노나이트 학교에 다니는 것만으로 아이들이 자동적으로 그리스도인이 된다거나, 매사에 윤리적인 행동을 하게 된다거나, 한결같이 교회를 섬기게 되는 것은 아니다. 그러나 비슷한 가치관을 지닌 어른들과 또래가 속한 공동체에서 지속적으로 자양분을 공급받으면, 아이들이 삶의 방향을 옳게 설정하는 데 큰 도움을 받을 수 있다. 이것이야말로 젊은이들이 자신의 삶을 정하고 미래를 향한 근본적인 결정을 내릴 때 필요한, 그들을 둘러싼 복잡하고 다양한 환경 가운데 중요한 변수 중 하나다.

아이들이 교육받는 내용과 환경은 매우 중요하다. 그러므로 부모가 아이의 교육 환경을 고민하고 선택하는 일은 아이의 미래를 위한 귀중한 투자 중 하나다. 그 누구도 아이가 그런 교육환경에서 잘 적응할지 보장해 줄 수는 없을지라도 말이다.

2. 메노나이트 학교의 가치는 얼마인가? 재정적인 문제의 "해결책^{tip-} ping point"은 무엇인가?

아파트 대출금과 각종 보험료에 매달 생활비 걱정으로 빠듯하게 살아가는 가정에서 수백만 원씩 하는 메노나이트 학교 등록금을 감당하려면 허리가 휠 지경이다. 게다가, 공립학교는 무상 교육인데다 주립 대학 같은 곳도 메노나이트 대학들보다 등록금이 현격히 낮은 상황에서는 말이다. 그러니 이런 문제를 고민하는 것은 너무도 당연하고, 어떤 면에서 이런 문제는 각 가정의 재정 상황에 맞게 개별적으로 결정해야 할 문제처럼 보이기도 한다. 그러나 여기에도 몇 가지 고민해 보아야 할 지점들이 있다.

최근 몇 십 년간 공립과 사립을 막론하고 모든 학교에서 교육비가 크게 증가했다. 이 증가폭은 물가 인상분보다 훨씬 크고 빠르게 진행됐다. 교육과 관계된 모든 것이 전보다 비싸진 것이다. 메노나이트 학교의 등록금이 인상될 수밖에 없었던 한 가지 중요한 요인은 일부 학생과 부모들의 학교에 대한 기대감이 지속적으로 높아진 측면에서도 찾을 수 있다. 학교의 시설과 교실 규모, 최신 기술 도입과 다양한 교과목 및 특별활동 증설, 교직원들의 급여 수준 등 모든 면에서 주변 공립학교에 비해 손색이 없는 수준이 되기를 바란 측면도 생각해 보아야 한다. 실제로, 요즘 교육비 원가는 학생들의 등록금 수입만으로는 충당할 수 없을 만큼 크게 올라간 것이 사실이다. 이에 따라 학교장들은 추가 예산을 확보해야 하는 압박을 받고 다방면으로 기부금 모집 방안을 찾지만, 이렇게 마련한 기금으로도 예산이 부족할 때, 부족분만큼 등록금을 인상하게 된다. 그러다 보니 문제가 발생한다. 계속 이렇게 되면, 결국 메노나이트 학교는 오로지 부자들만 다닐 수 있는 학교가 되고 말 것이다.

이런 어려운 현실에서 어려움을 이겨낼 대안들은 어떤 것이 있을까? 우선, 학교 마다 거의 형편이 어려운 학생들을 위한 재정 지원 방안이 마련돼 있다. 여러 가지 형식으로 운영되는데, 학교가 직접 장학금을 지급하는 예도 있고, 외부에서 마련된 기부금을 통해 하는 수도 있다. 또한, 학교가 형편이 안 좋은 가정들에 저리로 대출받도록 돕는다. 아니면 친척들이 학비를 같이 부담할 수도 있겠고, 나이든 학생들은 아르바이트를 해서 학비를 충당하기도 한다. 또 경우에 따라서는 학교가 근로 장학생 제도를 운영하기도 한다.

그러나 전통적으로 가장 큰 규모의 학비 후원은 지역 교회 공동체에서 나온다. 학교 대부분은 후원 교회와 동역자 관계를 세워 교육비를 할당한다. 이를 통해, 학비 전액은 아닐지라도 어려운 가정들은 학비 지원을 일부 받을 수 있다. 사실, 이런 추가 지원이 부모들 입장에선 등록을 결정하는 데 매우 중요한 요소로 작용한다. 유명한 아프리카 속담에 "아이는 마을에서 키운다"라는 말이 있다. 현대 사회에서 이 마을의 역할은 교육 문제에 대한 부담을 함께 지는 것으로 나타날 수 있다. 학교와 맺은 이런 약정을 통해 교회 공동체도 서로 돕는 상호부조를 실천하는 좋은 기회를 얻게 된다. 이런 지원이야말로 젊은이들과 교회의 미래에 투자하는 일이라 할 수 있다.

끝으로, 기독교 교육의 재정적 어려움을 해결하는 일은 우리의 우선순위를 돌아보게 한다. 즉, 한 가지 선택이 나와 우리 가족에게 얼마나 중요한 의미를 지니는가 하는 것을 생각해 보는 것이다. 물론, 개인들의 사정과 형편은 다 다르겠지만, 다른 나라들과 비교해 볼 때, 북미 사람들은 상대적으로 여유 소득이 상당히 많은 편이다. 특별히 우리가 일상적으로 지출하는 생활비 항목을 보면 더 그렇다. 휴대전화와 위성 TV, 비디오 대여, 외식비, 휴가비, 차량 유지비 등을 생각해 보라. 생각 없이 그냥 집어 들지만, 3-4천 원짜리 스타벅스 커피를 매일 마시면 그 돈도 일 년이면 백만 원이 넘는다.

우리의 예산이 우리 삶의 우선순위를 말해준다. 사람은 자기가 가장 중요하다고 생각하는 곳에 돈을 쓰는 법이다. 그러니 아이들을 메노나이트 학교에 보내기로 헌신한 가정이 있다면, 가계 지출의 우선순위를 재설정해서라도 방법을 찾을 수 있다.

3. 세금이 공교육을 지원하는 데로만 들어가는데, 별도로 메노나이트 학교 학비를 부담하면서까지 세금을 꼭 내야 하나요?

미국에 있는 대부분의 메노나이트 학교는 공적 자금은 거의 받지 않고 있다. 그러므로 학부모들이 내는 각종 세금들은 고스란히 공교육을 지원하는 데 쓰이기 때문에, 메노나이트 학교에 자녀를 보내는 부모들은 세금을 꼬박꼬박 내고도 교육 부분에서는 직접적인 혜택을 전혀 받지 못한다.

이 문제를 논리적으로 생각하거나 재정적인 면에서만 보면 아주 분명해 보인다. 그러나 우리는 단지 교회나 지역의 메노나이트 학교보다 큰 사회의 일원으로 살고 있다는 것 또한 분명한 사실이다. 개인적으로 기독교 교육을 지지하는지 여부와 상관없이, 모든 그리스도인은 "그 성읍의 평안을 구해야"렘29:7 하고, 우리가 속한 지역 사회의 발전과 안녕을 위해 노력해야 한다. 여기에는 공립학교도 포함되는 것은 당연하다. 메노나이트 교육을 강력히 지지하는 마음과 공교육 체제에서 양질의 교육이 이루어지기를 바라는 것이 서로 상충해서는 안 된다.

일부 기독교 교육 운동가들이 초등학교나 고등학교 과정에서 기독교 계통을 포함한 사립학교를 선택했을 때도, 부모들이 낸 세금을 그 학교로 보내 주도록 하는 정부 보증제도를 추진하라고 한창 로비를 벌이고 있지만, 아나뱁티스트는 이런 흐름에 유보적일 수밖에 없는 합당한 이유가 있다. 정교 분리 원칙을 굳이 들지 않더라도(예를 들어, 기독교 교육을 위해서는 세금으로 마련된 정부 기금은 받지 않는다), 메노나이트 학교가 개인이나 교회의 후원만으로 유지되는 쪽으로 남는 것이 학교에 훨씬 더 좋을 것이다. 이렇게 후원 구조를 유지한 채 국가와 독립적으로 운영돼야 메노나이트 교육을 향한 교회의 책임 의식이 높아질 것이며, 개인 후원자들의 헌신과 열정이 강해지고, 학교만의 독특한 정책과 커리큘럼, 사명 등에 대한 정부의 간섭이 줄어들게 된다.

이런 상황은 대학교 수준에서는 약간 다르다. 지난 몇 년 동안 일부 정부 기금이 기독교 대학들에도 지원된 것이다. 이에 따라, 학생들은 정부 장학금이나 학자금 대출, 근로장학생 같은 혜택을 받을 수 있게 되었다. 주로 과학 분야에서 첨단 기술 지원이나 최신 기자재 지원 등이 주를 이루기는 하지만, 메노나이트 학교들도 가끔씩 정부로부터 직접적인 지원을 받기도 한다. 그래서 간접적인 형태라고는 하지만, 기독교 학교들도 세금 혜택을 받는 셈이다.

어쨌든, 메노나이트 교육을 선택하겠다고 강하게 주장하면서도 공교육을 후원하는 일 둘 다 분명히 가능하다.

4. 아이들을 공립학교에 보내면, 아이에게 선교적 관점을 심어주고 그 곳에서 증인된 삶을 살게 하는 일이 아닐까요?

메노나이트 교육에 대한 주된 부정적인 의견은 공립학교에 아이들을 보내는 부모들에게서 제기된다. 특히 초등학교와 고등학교 교육 과정에 대한 반대 의견이 큰데, 이들은 아이들을 공립학교에 다니게 하는 것이 그리스도인의 증인된 삶을 살게 하는 일이라고 생각한다. 아이들을 공립학교에 보내지 않는 것은 학교라는 중요한 공공 영역에서 '빛과 소금"이 되라고 부르신 우리의 사명을 저버리는 일이라는 것이다.

이런 주장은 일리 있고 중요한 지적이다. 그래서 좀 더 면밀히 살펴보아야 하겠다. 기독교 교육을 지지하면 공립학교를 적대하는 것으로 오해해서는 안 된다. 기독교 학교에 아이를 보내는 많은 부모가 앞으로도 계속 교육세를 통해 공교육을 지원할 것이고, 또 많은 신앙인이 공립학교에서 교직원으로 섬기기도 할 것이다. 그러나 '선교적'이라는 말은 앞서 제기된 비판에 담긴 의미보다 훨씬 복잡한 개념이기 때문에 짚어 보아야 한다.

초등학교나 고등학교에 다니는 우리 아이들이 학교에서 '빛과 소금'의 역할을 감당해야 하고 그렇게 될 수 있다고 하는 주장은 처음부터 중요한 한 가지 사실을 간과하고 있다. 모든 그리스도인 부모들의 첫 번째 선교 사역은 바로 각자의 가정에서 먼저 이루어져야 한다. 특별히 유아세례를 주지 않는 신자의 교회 전통에 속한 사람들에게는 자녀들은 그야말로 최우선의 선교 대상이다. 아이들이 학교에서 그리스도의 증인이 돼야 한다는 주장은, 현재 가정이나 교회를 통해 아이들이 그리스도인이 되는 과정을 지나치게 낙관적으로 생각한 측면이 있다. 말하자면, 아이들이 가정이나 교회에서 기독교 가르침과 영적 자양분을 이미 충분히 받았고, 그래서 이미 온전하고 성숙한 신자와 헌신된 그리스도인이 되었기 때문에, 앞으로 이 세상에서 그리스도인의 증인이라는 소수자의 삶을 살아갈 준비를 끝마쳤다는 것을 전제하는 것이다.

물론, 이런 경우가 있을 수도 있다. 그러나 이는 단순히 부모들 편에서의 희망사항에 불과할 때가 많다. 아나뱁티스트 전통에서 그리스도인이 된다는 것은 단순히 입으로 "예, 저는 예수님을 따르겠어요"라는 답변을 아이들에게서 받아내는 것이 아니다. 공적인 신앙고백과 세례는 둘 다 매우 중요한 요소이지만, 이런 행위를 했다고 해서 아이들이 즉각적으로 선교사가 될 수 있는 것은 아니다. 아직 어린 그리스도인들은 말씀 앞에 더 많이 노출돼야 한다. 그래서 매일 그 말씀을 따라 삶의 결정을 내리는 연습을 하고, 그리스도의 눈으로 세상을 바라보는 습관을 먼저 길러야 한다.

위 주장은 또한 자칫 부모도 못하는 그리스도인의 책임이라는 어려운 짐을 아이들에게 지우는 꼴이 될 수 있다. 이 말이 맞는지는 이렇게 알아볼 수 있다. 다음과 같이 자문해 보자. 나는 과연 직장에서 그리스도인의 증인된 삶을 온전히 사는가? 내 신앙을 자유롭게 드러내고 동료들을 쉽게 교회로 초청할 수 있는가? 이런 질문에 답변하기 주저된다면, 아이들에게 이런 일을 하라고 시키는 것이 과연 현실적인지 돌아볼 일이다.

내가 말하려는 요점은 우리 아이들을 적대적인 세상에 노출되지 않도록 무조건 보호해야 한다는 것이 아니다. 또한, 신앙을 증거하려면 반드시 먼저 성숙한 그리스도인이 되는 어떤 시험을 통과해야 된다는 말도 아니다. 다만, 부모가 아이들을 공립학교에 보내면서 선교사처럼 증인 역할을 하라는 것은 안이한 생각일 뿐만 아니라 부정직한 행동이 될 수 있다는 점을 지적하려는 것이다.

5. 공립학교에 다니지 않는 아이들은 자기 신앙을 지키는 법을 어디서 배울 수 있나요?

이 질문과 매우 밀접한 우려는 이것이다. 아이들을 메노나이트 학교에 보내는 것이 세상이라는 현실과 담을 쌓고 인위적으로 고립시키는 일이 아니냐는 것이다. 말하자면, 기독교 학교는 아이들에게 보호막을 쳐서 진짜 세상으로부터 분리시키는 온실과 같다고 비판한다.

이런 주장이 그럴듯해 보이지만, 사실은 그렇지 않다. 첫째로, 요즘 젊은이들은 어떤 형태에서든 세상과 완전히 단절한 채 살아가는 일은 거의 없다. 어떤 학교에 다니는가는 더더욱 문제가 안 된다. 기술과 대중 매체, 광고 등의 발달로 오늘날 모든 젊은이는 여러 측면에서 이런 현대 문화에 깊이 영향을 받으며 살아간다.

둘째로, 기독교 학교는 고립된 섬이 아니다. 물론, 우리는 메노나이트 학교가 공립학교와는 전혀 다른 문화를 갖기를 기대한다. 그러나 오늘날 기독교 학교에 재학 중인 학생들 대부분은 다양한 문화적 배경을 가졌고, 공립학교에 다니는 다른 또래 친구들과 똑같이 사춘기와 자기들만의 청소년 문화를 경험하며 살아간다. 불안정한 시기인 만큼, 아이들은 식이장애나 우울증을 앓기도 하고, 마약이나 술에 빠지기도 하고, 부모의 이혼으로 고통 받고, 가정 폭력에 시달리거나, 성적 학대를 당하기도 한다. 기독교 학교는 이런 현실에서 아이들을 그저 고립시키고 마는 것이 아니라, 오히려 독특한 관점과 처방으로 아이들을 대한다. 예를 들어, 일반적으로 학생들이 10대 성문제로 공립학교에서 상담을 받을 때는 주로 성병의 위험성을 의학적으로 경고를 받거나 안전한 성관계에 대해 훈계를 듣지만, 메노나이트 학교에서는 우리 몸이 하나님의 형상으로 지음 받았다는 관점과 서로 존귀하게 여기며 관계를 형성하도록 가르치며, 그리스도의 성품으로 서로 대하도록 교육한다.

이런 말들이 다분히 이상적인 소리로 들릴지도 모르겠다. 메노나이트 학생들이 항상 어려움에 처할 때마다 옳게 행동하리라는 보장이 있는 것도 아니다. 그러나 메노나이트 학교에서 공부하는 젊은이들도 죄

와 유혹을 만나게 되겠지만, 이는 또한 그들이 배운 신앙과 확신을 수
호할 커다란 기회가 될 것이다. 희망적인 것은 우리 젊은이들이 이렇게
유혹에 맞설 때, 세상적 기준이 아니라 신앙적 대안을 보여주고, 세상
의 헛된 것들을 분별하는 언어를 제공하며, 혹 잘못을 저질렀더라도 자
기 행동에 대해 마땅히 책임을 지지만, 용서하고 회복해서 다시 공동체
의 품으로 맞아주는, 그런 신앙의 사람들과 함께 할 것이라는 점이다.

6. 공립학교에 다니지 않는 아이들은 어떻게 다문화의 다양성을 배울 수 있나요?

이 질문을 살짝 바꿔보면 이렇다. 기독교 학교에 다니는 아이들은
지역 사회를 구성하는 인종적·문화적·경제적·종교적 다양성에 노
출되는 기회가 더 적을 수밖에 없지 않느냐는 것이다. 말하자면, 인종
적으로 백인과 민족적으로 메노나이트라는 단일 문화 속에만 있다 보
면 아이들이 실제 세상과 사회를 구성하는 복합성과 풍성함을 놓치게
된다는 지적이다.

이런 지적은 옛 기억을 떠올리면 일견 타당한 측면이 있다. 그리고
오늘날에도 일부 학교들은 여전히 이런 모습을 보이는 것도 사실이다.
그러나 오늘날 대부분의 메노나이트 학교는 다양성을 지닌 공동체를
이루고 있다. 실제로 문화 다양성과 비교 문화적 인식, 국제적 관점을
갖는 면에서 많은 공립학교보다 더 앞서는 모습을 보이기도 한다.

사실, 현상적으로 문화적 다양성을 보이는 것과 의미 있게 문화 교
류를 하는 것은 다르다는 사실을 분명히 해야 한다. 공립학교에 가서
운영하는 여러 시설이나 프로그램을 둘러보라. 이를테면, 구내식당 모
습이나 우등반 구성, 동아리 현황이나 고적대, 어학연수 참가자 구성
등을 따져보라. 대부분 문화적으로 서로 단절된 상태로 운영되는 것을

쉽게 알 수 있을 것이다. 단지 학생 구성이 문화적으로 다양한 학교에 다니는 것과 실제로 문화적·인종적으로 교류하는 것은 엄연히 다르다.

메노나이트 학교에 구성원이 다양해지는 추세에 더해, 학교는 학생들이 더 많은 문화의 다양성과 국제 교류를 경험할 수 있도록 여러 가지 기회를 제공하고 있다. 메노나이트 학교의 교직원들도 대부분 다른 나라에서 자원 봉사나 구호 사역, 선교 등을 해 본 경험이 많다. 그렇다보니, 이들의 교육에는 자연스럽게 이런 경험들이 녹아 있다. 과제 하나를 내 주더라도 협소한 일국적 시각을 벗어나 다양한 문화와 세계를 향한 넓은 안목을 심는 것에 초점을 맞추고, 이런 과정을 통해 차이와 다름을 존중하는 건강한 인식을 가르치고, 모든 사람을 하나님의 자녀로 바라보는 세계관을 길러준다. 이런 일들은 메노나이트 중고등학교에서 이루어지고 있지만, 메노나이트 대학에서는 한 차원 더 높은 수준으로 진행된다. 문화의 다양성과 타문화 이해에 관한 과목들을 필수로 지정하고, 커리큘럼 속에 국제 문제나 시각들을 다루는 주제를 배정하며, 상당한 비율로 국제 학생들의 입학을 받고 있다.

물론, 이런 모든 노력을 기울인다고 해서, 학생들이 항상 다양성을 존중하고 문화적 차이에 민감해 하는 습관을 내면화할 수 있다는 것은 아니다. 그러나 학생들이 메노나이트 교육을 받기 때문에 다른 공립학교에 비해 문화적 다양성에 노출되는 일이 현저히 낮다는 근거는 어디에도 없다.

까다로운 질문에 답변하기: 목회자와 교회 공동체를 위한 답변

1. 학교 선택 문제로 공동체 안에 긴장이 생기면 어떻게 풀어야 하나요?

메노나이트 교육을 후원하는 교회 공동체에는, 자녀가 공립학교나 대학에 다니는 교우들도 있다. 교회 주도의 기독교 교육을 후원하는 일에 대해 교인 전체가 완전히 합의를 본 공동체는 거의 드물다. 그 이유는 기독교 학교로 자녀를 보내는 것이 신앙의 성숙을 전제로 하는 일인데다 실제로 재정적인 헌신도 각오해야 하기 때문이다. 그렇다 보니 공동체 내에는 기독교 학교를 지원하는 문제를 둘러싸고 갈등이 불거질 가능성이 언제나 높은 것이 사실이다.

갈등과 긴장의 불똥은 어느 방향으로든 튈 수 있다. 어떤 때는 메노나이트 학교에 다니는 사람들이 자신들이 더 소수이기 때문에 메노나이트 학교를 선택한 결정과 입장에 대해 동료 교우들에게 방어 논리를 펴야 할 것 같은 느낌을 받는다. 그런가 하면, 공립학교에 다니는 학생들과 가족들은 기독교 학교를 선택한 사람들이 자신들을 향해 모종의 판단을 내리고 있고, 그로 말미암아 공동체로부터 고립되고 소외 받는다고 여긴다. 이런 갈등을 푸는 데는 상당한 지혜와 예민함이 요구된다. 특별히 사회 동학과는 다소 멀어져 있는 학부모나 나이든 교인들보다는 아무래도 갈등 상황과 이면의 핵심을 더 잘 인식하는 목회자와 청소년 담당 사역자들이 이런 부분에 더 많이 신경 써야 하기 마련이다.

갈등과 긴장은 비단 기독교 학교냐 공립학교냐 하는 선택의 문제에서만 발생하는 것이 아니다. 다양한 공립학교를 다니는 학생들 사이에서도 나타난다. 그러므로 교회는 분명하게 공동체에 속한 모든 학생에게 관심을 갖고 지원하고 있음을 보여주어야 한다. 학생들의 활동과 성취, 성과에 대해 인정해 주고 격려해 줌으로써 이를 표현할 수 있다. 공동체의 어른들도 연극이나 음악회, 후원 행사나 운동 경기 등 학생들이 하는 다양한 활동을 살피면서, 모든 학교의 학생들이 그 속에서 골고루 합당한 대우를 받는지 점검해야 한다. 교회의 청년들도 모든 학생을 지지한다는 의미에서 각 학교의 모든 행사에 빠짐없이 참석하려고 노력해야 한다.

교회 공동체는 그것이 옳은 일이라고 믿기에 재정이나 자원을 들여 기독교 교육을 후원한다. 그러므로 이런 결정을 내렸다고 해서 누구에게 해명하거나 사과해야 할 일은 아니다. 그러나 건강한 공동체라면 공동체에 속한 개개인이 저마다 다른 상황에 처해 있다는 사실도 알아야 한다. 교회 공동체는 개인이 내린 결정이 다르다 할지라도, 서로 존중하고 위하는 일에 더욱더 헌신해야 한다.

2. 교회 예산의 어느 정도를 메노나이트 학교로 보내야 하나요?

얼마나 많은 교회 예산을 기독교 교육에 배정해야 하는가 하는 질문은 그 자체로 잠재적 갈등을 내포하고 있다. 결혼생활처럼, 돈 문제는 서로의 신뢰에 큰 상처를 주고 공동체적 관계에 악영향을 끼치는 민감한 주제이다. 예산은 우선순위를 나타내는 지표로 생각할 수 있다. 어떤 해에 적자가 발생해 다음 해 예산을 삭감해야 할 때, 각종 공과금이나 대출금, 목회자 사례비 등 교회의 고정 비용은 협의 대상에서 보통 제외된다. 그러나 교회가 지출하는 외부 선교비나 기독교 학교 지원비 등은 심의 대상이 되기 마련이다.

기독교 학교를 후원하는 사람들은 학교 지원을 선교의 분명한 한 형태로 생각한다. 메노나이트 아이들은 유아세례를 받지 않는 전통 속에 있기 때문에, 아이들이 신실한 신앙을 갖도록 부모와 공동체가 계속 자양분을 공급해 주어야 한다. 그러나 그리스도를 따르겠다는 결단은 절대 강요로 이루어질 수 없기에, 이런 면에서 아이들과 청소년들을 공동체의 주된 선교 대상으로 인식하는 일이 중요하다. 가까이에 있는 대상에게 먼저 복음의 좋은 소식을 전해 믿음의 삶으로 초대하고, 계속해서 신앙의 여정을 밟아가도록 힘을 실어줄 매력적인 방안을 구하지도 않으면서, 지구 반대편에 있는 거의 일면식도 없는 사람들에게 무언가를 전하려는 생각은 주제 넘는 행동이다. 이런 측면에서, 기독교 학교를 단지 주일 학교나 여름 성경학교 프로그램의 연장선상에서 있는 것으로 생각한다. 기독교 교육을 기존에 열심히 진행해 온 선교 사역의 일환으로 인식해야 한다. 그러나 다른 편에서는, 공동체의 기독교 교육 지원을 일종의 방종한 사치로 보는 사람들도 있다. 기독교 학교에 대한 재정 지원이 암암리에 이기적인 행동을 부추기는 꼴이 될 수 있다는데, 즉 교회가 '진정한' 선교에는 돈을 쓰지 않고, 오로지 우리 자신에게만 쓴다는 것이다.

이런 긴장을 해소하고자, 어떤 공동체는 국내 선교와 해외 선교를 구분하고, 내부 지출과 외부 지출 항목을 나눠, 각 부문에 일정한 비율로 예산을 편성하기도 한다. 그러면 공동체는 기독교 교육 지원 비용이 전통적인 선교비 지출을 초과하지 않도록 할 수 있다. 다른 공동체는 연간 예산에서 아예 기독교 학교 지원비를 삭감하고, 대신 해당 학교에 대한 지정 헌금이나 기금을 마련함으로써 이런 문제를 피하기도 한다. 그러면 공동체 내에서 기독교 학교를 지원하고 싶은 사람은 지정 헌금을 통해 할 수 있고, 나머지 교우들은 책정한 예산을 통해 전통적인 선교를 지원할 수 있으니 불만이 생기지 않는다. 지정 헌금 제도를 도입하면, 이런 내부의 긴장을 해소할 수 있고, 실제로 좋은 방안이기는 하나, 이는 공동체 구성원이 서로의 우선순위를 어떻게 공감해 나갈 것인가 하는 더 큰 문제를 야기할 수도 있다. 개인들의 다양한 관심사마다 지정 헌금을 시행하면, 각 개인은 공동체의 더 큰 비전과는 점점 더 단절될 위험이 생길 수 있기 때문이다. 이런 모든 결정과 판단이 어려운 만큼, 공동체는 생각을 분명히 소통하고, 의사 결정 과정을 투명하고 공정하게 해야 하며, 공동체에 속한 모두를 사랑과 자비로 대해야 한다. 아주 심각한 반대 의견을 가진 사람에게라도 말이다.

3. 공동체가 메노나이트 학교에 다니는 학생을 후원하는데, 일반 기독교 학교에 다니는 학생들은 왜 지원해 주면 안 되나요?

일부 공동체는 메노나이트 학생들에게 장학금을 지급하는 형태로 직접적으로 재정을 후원한다. 교회 공동체는 일반적으로 이런 메노나이트 교육비 지출을 다른 예산 지출과 똑같이 생각한다. 그러니 교회의 재정 원칙이 이렇다 보니 일반 기독교 학교에 다니는 학생들은 상대적으로 소외감을 느낄 수밖에 없다. 자연스레 이런 질문이 이어진다. 메노나이트는 아니지만 기독교적으로 명성도 있고 탁월하다고 인정받는 기독교 학교를 선택한 그들의 선택은 인정하지 않는 것인가? 그러나 문제의 핵심은 교단 정체성에 관한 것이다.

교회 공동체의 입장에서 볼 때, 메노나이트 학교를 재정적으로 돕는 일은 단지 교육계 전체를 도와 자선을 베푸는 정도의 의미가 아니다. 또한, 기독교 교육 전체를 후원하는 의미도 역시 아니다. 그보다는 교인들이 후원이라는 행위를 통해, 자신들이 속한 교단과 산하 단체가 그들을 대신해 선교와 봉사, 구제, 상호 부조, 출판 및 교육과 같은 사역을 수행하고 있다는 것을 인식하고 그 가치를 알 수 있게 하는 것이다. 우리 주변에는 재정을 후원할 만큼 훌륭하고 가치 있는 단체가 많은 것이 사실이다. 그러나 논리적으로, 메노나이트 교회들이 선교 단체를 후원하려고 할 때, 교단 산하 선교부에 하는 것은 너무도 당연하다. 마찬가지로, 훌륭한 기독교 구호 단체와 봉사 단체가 수없이 많지만, 메노나이트에 소속한 교회들은 일반적으로 MCC메노나이트 중앙위원회나 MDS 메노나이트 재난구호서비스를 돕는다. 물론, 공동체 내 개인들이야 본인들이

원하는 대로 다양한 단체에 후원할 수 있겠지만, 교회의 재정 사용은 집단으로서의 공동체의 정체성을 표현하는 일이다.

그러므로 교회 공동체가 메노나이트 학교에 재정을 직접 지원하는 일이 다른 사람들에게 도덕적으로 판단 받아야 할 일은 될 수 없다. 이는 단지 특정 공동체의 정체성에 따른 자연스런 결과이기 때문이다.

까다로운 질문에 답변하기: 학교를 위한 답변

1. 메노나이트 학교들을 반드시 '메노나이트'라고 명시적으로 드러내야 하나요? 아니면, 단순히 '기독교' 학교라고 해야 하나요?

많은 메노나이트 학교는 교회 공동체들이 문화적 격변기를 맞으면서 세우게 됐다. 말하자면, 한편으로 젊은 세대를 주변 세상 문화의 영향으로부터 보호하고, 다른 편으로 독특한 메노나이트 신학 정체성을 확립하려는 목적으로 학교가 생겨난 것이다. 학교는 교회 공동체에 특별히 독특한 메노나이트 신앙과 실천 양식을 전수하고 강화하는 도구로 기능했다.

그러나 메노나이트 사람들이 주류 문화를 점차 수용하기 시작하자, 학교의 본래 목표는 그리 중요하고 긴박한 것으로 보이지 않게 되었다. 시간이 지나면서, 많은 메노나이트 학교는 메노나이트라는 독특한 정체성을 드러내는 대신, 그저 일반 '기독교' 학교임을 강조하기 시작했고, 특히 학생 등록 수를 늘려야 하는 현실적인 압박에 직면하면서 이런 현상은 더 두드러졌다. 하지만, 이런 변화로 말미암아 일부 학교에서는 비신자를 향한 선교적 관심이 전보다 더 강조되기도 했다.

한편으로, 이런 변화는 반길 만한 발전으로 보인다. 하나님의 큰 이야기 속에 메노나이트가 참여하고 있다는 사실을 길게 확장해서 생각해 보면, 우리는 개신교와 가톨릭을 막론하고 더 넓은 기독교 교회와 영적인 유전자를 공유하는 것을 알 수 있다. 아무것도 없는 데서 저절로 생겨난 세력은 없다. 아나뱁티스트-메노나이트 전통만 해도 더 넓은 기독교 운동의 흐름에 많은 빚을 진 것이 사실이다. 과거를 돌아보면, 미국 부흥 운동, 유럽 경건주의, 그리고 프로테스탄트 종교개혁에 영향을 많이 받았다. 이외에도 아나뱁티스트 전통의 발자취를 더듬어 가보면, 르네상스 시기의 기독교 인문주의와 아씨시의 프란시스로 대변되는 수도원 운동, 초대 교회의 신학 저작들과 성서라는 공통의 유산에서 영향 받았음을 확인할 수 있다. 오늘날 많은 메노나이트는 자신들이 기독교 교회라는 더 넓은 공동체의 일원이라는 사실을 인정하며, 그리스도 안에서 모두 형제, 자매라는 공동 분모를 붙잡으려 노력하고 있다.

그러나 이와 동시에, 세상을 향한 우리의 증거는 항상 특별한 정체성으로 나타난다는 사실도 잊지 말아야 한다. 아나뱁티스트의 증거는 문화와 전통, 공동체 속에서 독특한 모습과 양식으로 구현된다. 모든 기독교적 증거는 자신의 신학적 기원을 명시적으로 반영하며, 이를 독특한 문화적 형태로 표출하기 마련이다. 그냥 일반 기독교라는 정체성은 존재하지 않는다.

아나뱁티스트-메노나이트 전통에서는 복음의 좋은 소식을 증거할 때 몇 가지 사항을 전제로 한다. 먼저 복음은 항상 성육신을 통해 증거해야 한다. 즉, 원수까지도 사랑하라는 예수의 가르침이 그를 따르기로 헌신한 사람들의 삶의 모습에서 구체적으로 드러나 눈에 보여야 한다. 다음으로, 그리스도에 대한 충성이 때로 가족이나 경제적 안정, 문화적 지향, 국가와의 관계 등 모든 우선순위 문제에서 긴장을 야기할 수도 있다는 사실을 전제한다. 또한, 교회는 단지 개인들의 집합이 아니라 그리스도를 따르는 제자들이 함께하는 살아있는 공동체라는 사실과,

그 속에서 그리스도의 제자들이 보여주는 상호 부조와 권면, 세상을 섬기는 모습이 바로 이 세상을 향해 외치는 집단적인 증거 행위가 된다는 사실을 전제한다. 이런 부분들은 물론 메노나이트만의 독특한 특징은 아닐 것이다. 그러나 지난 5세기 동안, 아나뱁티스트-메노나이트 전통이 지나오면서 이런 특징들이 일관되게 나타났던 것도 사실이다.

이런 부분을 명시적으로 밝히는 것이 때때로 지나치게 배타적이거나 교만하게 보일 수 있다는 것을 안다. 그러나 메노나이트의 이런 부정할 수 없는 독특한 특징들이, 오히려 기독교 교회라는 전체 그림을 온전한 모습으로 만들어 준다. 메노나이트 학교들은 바로 이 신앙 전통 위에서 가르치고 있다는 점을 분명히 해야 할 것이다. 노트르담 대학교에서 가톨릭 신학 수업이 진행되거나 사람들이 정기 미사를 드린다고 놀랄 사람은 아무도 없다. 유대교 대학 구내식당에 돼지고기 메뉴가 없다고 해서 누가 놀라겠는가. 마찬가지로 메노나이트 학교에서 봉사와 평화, 공동체를 강력히 강조한다고 해서 아무도 이를 문제 삼아서는 안 될 것이다. 이런 신념과 가치관에 동조하지 않아서 자녀들을 그 학교에 보내지 않을 수는 있지만, 이런 독특한 가르침이야말로 이 학교들의 존재 이유인 것은 인정해야 한다. 그래서 이제 우리가 가진 정체성을 부끄러워하고, 주저하고, 숨기기보다는 오히려 더 드높이고, 드러내고, 반가워하는 편이 낫다.

메노나이트가 다른 개신교 교파들과 기본적으로 다를 바 없다고 주장한다면, 구태여 특정한 교단을 유지해야 할 이유도 없다. 교단 산하 교육부도 해체하고 모든 메노나이트 학교와 교회에서 메노나이트라는 이름을 내려야 할 것이다.

학교의 정체성을 메노나이트라고 명시적으로 밝히는 것은, 어쩌면 기독교 교육의 특정 부분, 그것도 모두 공감하고 적용하기 어려운 부분을 드러내는 일이 될는지 모른다. 그러나 이것이 논의의 끝이 아니라 시작점임을 알아야 한다. 바로 이 지점에서부터 논의를 시작한다. 그러면 우리는 더는 우리의 독특한 정체성을 숨길 필요 없이 더 열린 자세로 겸손하게 지혜를 모아 논의를 진전시킬 수 있을 것이다.

2. 교육위원은 반드시 아나뱁티스트-메노나이트 신자여야 하나요?

메노나이트 학교들이 설립될 초창기에는 이런 질문은 문제가 되지 않았다. 대다수의 메노나이트 학교는 메노나이트 교회들을 통해 세워졌고, 교회가 학교의 사명과 정체성에 많은 영향을 주었다. 비록 메노나이트 학교들은 오랫동안 비메노나이트 학생들과 교사들을 학교 구성원으로 받아들이는 일에 열려 있었지만, 교육위원회만큼은 철저히 메노나이트로 구성해 왔다.

그러나 최근 들어, 이런 질문은 더 복잡한 양상을 띠게 되었다. 새로운 선교 전략과 예산 압박으로 신입생 등록률을 올려야 하는 상황이 맞물리면서, 대부분 메노나이트 학교에는 비메노나이트 학생들의 수가 꾸준히 증가했다. 그렇다 보니 자연스럽게 그 학생들에 대한 대표성 문제가 학교 차원에서 제기되었다. 특히, 학교발전기금 모금행사 때 이런 문제가 주로 심각하게 제기되는데, 거액의 후원금을 내는 개인이나 단체들이 학교의 미래에 지속적으로 목소리를 내고 싶어 하는 것이다.

교육위원들과 후원자들은 이 문제에 어떻게 응답할지 매우 신중히 생각해야 한다. 교육위원회야말로 궁극적으로 학교의 사명과 비전을 결정하는 자리이기 때문이다. 교육위원회는 학교의 최우선의 가치를 정하고 커리큘럼과 각종 정책에 학교의 신학적 입장을 반영하는 역할을 한다. 게다가, 아마도 이 부분이 가장 중요한 기능일 텐데, 교육위원회는 학교의 정체성을 잘 지키고, 그에 입각해 학교를 운영할 교장과 직원, 즉 실질적으로 학교의 얼굴이 될 사람들을 뽑는 인사권이 있다.

교육위원회 구성원 전원이 메노나이트여야 한다는 조건이 곧 학교의 발전을 보장하는 것은 아니다. 건강한 교육위원회는 교육학적 전문 식견과 지혜로운 재정운영, 신학적 이해, 전문 행정 능력, 그리고 다양한 후원자 집단을 대표할 사람들로 구성돼야 한다. 그러므로 교육위원회를 구성할 때, 일정 숫자는 메노나이트가 아닌 사람들이 대표성을 갖도록 할당하는 것이 바람직한 방법이 될 수 있다.

그러나 교육위원회를 개방하는 일은 장기적으로 학교 정체성에 영향을 미친다는 사실을 기억해야 한다. 만일 새로운 교육위원들이 아나뱁티스트–메노나이트의 독특한 신학적 견해를 받아들이지 않고 헌신하기를 거부한다면, 학교에서 점차 이런 정체성은 사라지고 다른 것들이 그 자리를 대체하게 될 것은 뻔한 일이다.

3. 교육위원회의 책임과 역할은 무엇입니까?

모든 기독교 학교의 교육위원회가 책임 문제를 심각히 받아들이고 있음은 틀림없다. 그러나 때로 교육위원들은 주로 자신의 책무를 개인적 차원에서 생각하는 경향이 있다. 분명히 이들은 각자 자기 분야에서 리더십이나, 재정 운영 능력, 풍부한 행정 경험 등을 인정받았기에 학교의 교육위원이 되었겠지만, 그렇다 보니 어려운 정책 사안들을 다룰 때, 그간의 경험을 바탕으로 자신의 개인 의견을 개진하기가 쉽다. 사실, 이런 부분은 전혀 문제가 되지 않는다. 교육위원들은 자유롭게 자신들의 능력과 견해를 나눌 수 있어야 한다. 그러나 이와 동시에, 교육위원들은 자신의 견해와 행동이 더 넓은 맥락에서 작용한다는 사실을 잊지 말아야 한다. 교육위원은 단순히 개인 의견을 제출하는 사람들이 아니다. 단지 개인이 아니라 학교가 본래의 사명과 비전을 성취할 수 있도록 돕는 더 큰 책임이 있다. 이런 면에서, 교육위원들은 자신들의 임무를 큰 틀에서 바라보는 안목을 계속해서 길러야 한다.

교육위원회의 역할과 책임은 학교마다 다르고, 공식적인 부분과 그렇지 않은 부분이 있을 것이다. 어떤 학교는 후원자들이 운영을 책임지고, 학부모들이 선출제로 교육위원회가 구성되거나 전임 위원들이 임명하는 예도 있다. 다른 학교는 지역 노회가 학교를 세운 뒤 계속해서 소유와 경영을 맡아 하는 곳도 있다. 대부분 학교의 교육위원회는 목회자, 후원자, 동문회, 지역 노회, 총회 교육부 등 다양한 단체에서 임명한 대표들로 구성된다. 그러므로 교육위원회는 학교 발전에 기여하는 이런 다양한 후원 그룹들에 주의를 기울이고 혜택이 골고루 돌아갈 수 있게 신경 쓰는 일을 주된 책무 중 하나로 삼아야 한다.

어떻게 하면 어떤 정책을 결정할 때 아나뱁티스트-메노나이트라는 학교의 독특한 정체성과 사명을 드러낼 수 있을까? 지금 내린 결정이 50년 혹은 100년 후에는 어떤 평가를 받게 될까? 교육위원회 운영의 기본 원칙은 무엇인가?

기독교 학교의 교육위원회는 다양하고 어려운 문제들을 직면한다. 교육위원회가 어떤 정책 사안을 결정할 때는 반드시 지역 공동체라는 더 큰 맥락과 틀에서 변화하는 사회, 경제, 문화적 환경을 염두에 두고, 또한 메노나이트라는 독특한 정체성을 기본 원칙으로 삼아 결정을 해 나가야 한다. 훌륭한 학교는 현명한 교육위원회를 통해 세워진다.

4. 메노나이트 학교는 특수교육이 필요한 학생에게 적합한 곳이 돼야 하나요? 아니면 학문적으로 뛰어난 사립학교가 돼야 하나요?

쉬운 답변은 이것이다. 둘 다 돼야 한다는 것! 대부분 탁월한 학교들은 모든 분야에서 뛰어나기를 바란다. 그러므로 메노나이트 학교들도 반드시 모든 학생이 학문적·사회적·정서적·영적으로 성장을 이룰 수 있는 장소가 돼야 한다. 그러나 연약한 학생에 대한 보충 학습이든 우수 학생에 대한 특별반 운영이든, 학교가 이런 별도의 지원 프로그램을 운영한다는 것은 언제나 어려운 선택일 수밖에 없다. 그래서 이 부분은 학교가 실제로 프로그램을 운영하는지, 그저 마케팅 차원으로 내건 공약인지 학교의 예산을 면밀히 들여다봐야 알 수 있다.

이런 문제에 접근하는 방법은 학년마다 다르고, 각 학교가 처한 환경에 따라 다 다를 수밖에 없다. 또 아나뱁티스트-메노나이트 관점에서 무엇이 올바른 답이라고 정해진 것도 없다. 그러나 일단, 교육은 다양성이라는 맥락에서 가장 잘 이루어진다는 전제에서부터 시작했으면 한다. 젊은이들은 조금만 지나보면 알게 될 것이다. 학교나 일터, 교회 같은 곳에서 성향과 관심이 다른 사람들과 잘 어울리는 것이 얼마나 중요한 일인가에 대해서 말이다. 그러므로 교사들은 각 학생들의 재능과 필요를 잘 조율하면서 기본적으로 같은 커리큘럼 안에서 이들을 하나로 통합하는 것을 교육 목표로 삼아야 한다.

학교가 지원 프로그램을 시행할 때는, 그 중심은 반드시 어려움을 겪는 학생들을 향해야 한다. 공동체 안에서 가장 연약한 지체를 돌보는 것은-한 예로, 학업이 뒤처진 학생- 성서의 중심 주제이기도 하다. 이런 지원 활동은 반드시 세심하게 진행해야 한다. 학생들 한 사람 한 사람의 고유성을 지적 능력만으로 재단해서는 안 되며, 학습 능력이 현격히 차이 날 때도, 이를 인정하면서도 모두에게 공동체 의식을 증진할 방안을 찾아야 한다.

연약한 학생들을 적절히 지원하려면 많은 문제를 풀어야 한다. 이를테면, 기독교 학교에 강력한 자원봉사팀이 존재하지 않는다면, 정신적·정서적·신체적 장애를 지닌 학생들을 공립학교가 하는 것과 같은 수준에서 지원하기는 어려울 것이다. 더군다나 교육 시장에서는 우수한 학생을 양성하라는 부모들의 압력이 거세다. 우등반을 운영하거나 선행 학습을 시행해 교육적 성취를 높이라고 한다. 의심할 여지없이, 학교는 학문적으로 탁월한 학생들을 발굴하는 데 가능한 한 창조적이어야 한다. 그러나 우수한 학생의 부모들 역시 자신들의 궁극적 목표가 무엇인지 자문해 보아야 한다. 아이들에게 학문의 즐거움을 알게 하려고 추가 학습을 시키는 것인지, 일종의 경쟁 심리로 조기 졸업이나 선행 학습을 시키지는 않는지, 명문대 진학이 최종 목표는 아닌지, 어떻게 학업에 대한 강조와 아이들의 정서적·영적 성장이 조화를 이루게 할 수 있을지 고민해 보아야 한다.

명문 학교에 진학을 잘 시키고 좋은 직업을 얻게 해주는 입시 전문 학교가 되는 길도 있다. 그러나 메노나이트 학교가 교육적 관심을 학업 성적이 좋은 엘리트 학생을 양성하는 데 먼저 쏟는다면, 학교의 본래 소명을 지키기는 어려울 것이다.

5. 메노나이트 학교의 시설이나 건물은 어느 정도 수준을 유지해야 하나요?

다른 모든 교육 기관들과 마찬가지로, 메노나이트 학교들 역시 학교의 물리적 환경에 투자해야 한다. 캠퍼스를 구성하는 건물이나 시설 등 환경적 요소들은 교육에 지대한 영향을 미친다. 학교는 반드시 자유롭고 편안한 분위기를 유지하고 잘 관리한 운동장과 깨끗한 교실을 갖추어야 한다. 교사와 학생들은 깨어있는 낮 시간의 대부분을 학교에서 보내기 때문에, 학교 시설은 모두 집처럼 느낄 수 있는 편안한 공간이 돼야 한다.

그러나 각도를 달리해서 바라보면, 일급 시설을 유지하는 일이 정말 중요한 일인지는 생각해 볼 일이다. 학교 졸업생들에게 학창 시절 자신에게 가장 크게 영향을 준 부분은 무엇이었느냐고 물어보면, 거의 대부분 선생님이나 친구들, 힘겹게 수행했던 과제나, 세상을 새롭게 바라보게 해준 탁월한 강연 등을 떠올린다. 체육관 상태나, 실험실 기구의 수준, 컴퓨터 사양 같은 것을 말하는 사람은 거의 없다.

좋은 시설을 기대하는 사람들의 심리는 상대적이고 상황적인 경향이 많다. 근처 공립학교에서 구내식당을 푸드 코트로 바꾸고, 아트센터와 체육관을 새롭게 정비하면, 메노나이트 학교들도 경쟁력을 유지해야 한다는 생각에 각종 시설을 개선하려는 압박을 받는 수가 많다. 교회 건물도 사람들의 미적 기준과 안락함에 대한 기대가 커지면서 지난 50년간 이런 일들이 똑같이 벌어졌다. 저개발 국가에서 구제나 구호 활동을 해본 사람들이라면, 북미 국가들이 건물이나 시설에 쏟아 붓는 천문학적인 돈을 보고 경악을 금치 못할 것이다. 학교가 시설 정비나 리모델링을 하려고 한다면, 자금을 모으기에 앞서 공사와 자금 투자에 대한 분명한 명분을 가지고 있어야 할 것이다.

끝으로, 학교 건물은 반드시 단순하고 기능적이며 또한 미적으로도 뛰어나야 한다. 그리고 에너지 효율과 다목적성도 고려해야 한다. 교사와 학생들 모두 학교라는 공간을 존중하고 시설 유지와 보수에 적극적으로 참여해야 한다. 그래서 누가 학교를 방문했을 때, 학생들이 운동장에서 휴지를 줍고 있거나 교장 선생님이 화단에 잡초를 뽑아도, 또 교사가 교실 수납장에 페인트를 칠하는 모습을 보아도 놀라지 않을 수 있어야 한다.

학교의 건물과 시설은 분명히 중요하다. 그러나 궁극적으로 공동체를 살찌우는 것은 관계라는 사실을 잊지 말아야 한다.

6. 메노나이트 교육에 관한 이런 논의들이 학교에서 멀리 사는 공동체에게는 무의미한 것 아닌가요?

전통적으로 메노나이트 인구가 많은 지역에 거주하는 사람들은 아무래도 메노나이트 학교의 혜택을 누리기가 쉽다. 그러나 멀리 떨어진 공동체는 최소한 초등, 중등 교육과정에서는 거리 문제로 말미암아 학교 선택권이 거의 없는 것과 마찬가지다. 이런 사람들은 왜 이런 논의에 계속 참여해야 하는지 회의가 들 수 있다. 그럼에도, 다음 사항들을 생각해 보았으면 한다.

우선, 메노나이트 교육 문제는 우리 모두에게 중요한 주제이다. 교단이 건실하려면 교육이 탄탄해야 하기 때문이다. 차세대 목회자를 생각해 보자. 당신이 속한 교회 공동체에 어떤 훈련을 받은 지도자가 오기를 바라는가? 물론, 목회자가 반드시 신학교를 나와야 하는 것은 아니지만, 그렇다면 교회 리더들이 도움을 받는 그 수많은 책과 정기 간행물, 교육 자료들은 어디서 오는가? 메노나이트 교육 기관이 없었다면 존재할 수 없었을 것들이다. 아나뱁티스트–메노나이트 정체성이 계속 보존할 만한 가치가 있는 것이라면, 우리는 이 전통을 의식적으로 논의하고, 가르치고, 지켜야 한다. 이런 일은 가정에서, 예배 중에, 주일학교와 수련회 같은 곳에서 할 수 있겠지만, 학교야말로 이 전통과 가르침을 살아있는 형태로 생생히 전달할 최적의 장소이다.

둘째로, 모든 교회 공동체가 교회 예산을 책정하거나 교인들에게 입학을 독려함으로써 메노나이트 대학을 후원하는 일에 동참할 수 있다. 지난 수십 년 동안, 메노나이트 대학을 지지하고 후원하는 교회의 수가 지속적으로 감소해 왔다. 그 결과, 오늘날에는 채 10%도 안 되는 메노나이트 청소년들이 메노나이트 대학을 선택한다. 이런 흐름을 막고 되돌리는 일은 공동체의 미래를 위해 귀중한 투자를 하는 것이다.

마지막으로, 메노나이트 중심 지역에서 멀리 떨어진 공동체에서도 규모가 작을지언정 그 지역에 메노나이트 초·중·고등학교를 새로 세우는 것을 진지하게 검토해 볼 수 있을 것이다. 새로운 학교를 시작하려면 엄청난 에너지와 재정, 헌신이 필요한 것이 사실이다. 그러나 모든 학교가 처음에는 다 그렇게 작고 힘들게 시작했다. 현재 운영되는 모든 메노나이트 학교는 역경을 딛고 성장해 온 저마다의 역사가 있다.

신설 학교는 분명히 지역 공립학교가 선전하는 것 같은 쾌적하고 편리한 교육환경을 제공할 수는 없을 것이다. 그러나 학교의 분명한 비전과 탁월한 지도력, 학교에 대한 소명 의식과 후원하는 공동체가 하나로 연합한다면, 머지않아 꿈이 현실로 이루어질 것이다. 지난 10년 사이에 필라델피아와 볼티모어, 파사데나와 호프데일 등지에서 학교들이 새로 생긴 것만 보아도 알 수 있다. 이런 학교들은 모두 학교가 자리한 그 지역 문화에 깊이 뿌리내리면서도 메노나이트의 독특한 정체성을 잘 반영하고 있다. 그 학교들이 어느 정도 자리를 잡을 때까지 총회 교육부도 물밑에서 계속 도움을 주었다. 새로운 비전이 생기는 곳이라면 어디든지 이런 도움과 지원은 그치지 않을 것이다.[23]

결론

지금까지 살펴본 질문과 답변들이 메노나이트 교육을 둘러싼 모든 문제를 망라한 것은 아니다. 또한, 제시한 짧은 답변들도 질문에 비해 충분치 않았을 것이다. 그러나 메노나이트 교육을 후원하는 사람들은 이런 질문들을 분명히 인식하고 있어야 하며, 교단은 항상 이런 문제들에 열린 자세로 대화에 적극적으로 임해야 한다. 이렇게 논의한다고 해서, 물론 메노나이트 학교를 지원하는 문제로 당장 갈등에 봉착한 공동체들의 고충을 일거에 해소할 수는 없다. 그러나 미래에도 메노나이트 신앙의 실천과 중요성에 대해 계속 이야기할 수 있으려면, 메노나이트 학교들이 말씀 위에 든든히 서고, 신앙 전통 속에 깊이 뿌리내리고 있어야만 한다는 것도 분명한 사실이다.

6장. 미래 내다보기:
도전과제, 기회, 비전 그리고 꿈

1997년 가을, 바바라 모지스는 잘 다니고 있던 필라델피아 교육청을 그만두고 아직 생기지도 않은 메노나이트 고등학교의 교장으로 와 달라는 제의를 받았다. 하지만, 그녀에겐 거절할 이유가 충분했다. 당시 모지스는 교육청 사회연구부 책임자로 근무했으며, 월급도 상당했고 업무 차 세계를 누비고 다녔다. 학생과 교사들을 만나 상담하는 일에 매우 만족했으며, 매주 교육 방송에도 출연했다. 게다가, 교장 직을 수락하면 지금 월급의 거의 절반 정도로 생활해야 했고, 학교는 아직 건물도 없을뿐더러 당시 모지스는 메노나이트가 누군지도 확실히 몰랐다. 그러니 거절하는 게 당연했다.

그러나 정중히 교장직 제의를 거절하고 난 후부터 일이 생기기 시작했다. 마음에서 그 생각을 떨쳐버릴 수가 없었다. 모지스는 당시 상황을 이렇게 회상한다. "성령께서 잠을 재우지를 않았어요. 저는 매일 밤마다 몸부림쳤지요. 내가 어떻게 절반 밖에 안 되는 월급으로, 원하지도 않던 일을 하면서 살 수 있냐고 하면서 울면서 기도했어요." 하지만, 모지스는 늘 이렇게 기도를 마칠 수밖에 없었다. "아버지 뜻대로 이루소서." 결국, 그녀는 실수라고 생각할 수 없을 정도로 또렷이 성령의 음성을 듣고 무엇을 해야 할지 알게 되었다. 모지스는 학교의 제의를 수락했고, 북미 최초로 도심에 세워진 다문화 메노나이트 고등학교의 초대 교장 자리에 오르게 되었다.

필라델피아 메노나이트 고등학교PMHS의 기원은 최소한 5년 전으로 거슬러 올라간다. 다양한 문화적 배경을 가진 일단의 메노나이트 목회자들이 정기적으로 만나 필라델피아 시에 기독교 학교를 세울 수 있을지 논의를 시작하면서 학교 설립이 본격화됐다. 1996년에 교육위원회가 조직되어 모지스가 곧 교장직에 취임했고, 교육위원회는 조용한 대로변에 자리한 3층짜리 학교 건물을 매입했다. 드디어 1998년에 53명의 신입생을 받아 첫 학기를 시작할 수 있었다.

시간이 지나면서 학교는 존중과 신뢰, 상호 협력의 관계를 만드는 데 주력했으며, 그 결과 드넓은 필라델피아 지역에서 학생들을 위한 안전한 피난처이자 교육의 거점으로 자리 잡게 되었다.

신설된 필라델피아 메노나이트 고등학교와 기존 그린우드 메노나이트 학교를 비교해 보면, 두 학교가 많은 부분 달라 보이지만 사실 그 차이가 그리 크지 않다는 것을 알 수 있다. 하나는 이제 막 세워졌고, 다른 하나는 70년 전에 세워졌다. 옛 학교는 시골에 위치하며, 학생이나 교사 같은 학교 구성원이 모두 메노나이트 출신이고, 애초에 전통적인 메노나이트 정체성을 확립하고 보존할 목적으로 세워졌다. 이와는 반대로, 신설 학교는 필라델피아 도시 한가운데 자리하며, 학생과 교원, 직원들이 모두 인종적, 문화적으로 다양하다. 이 가운데 메노나이트를 정체성으로 하는 사람들은 소수에 불과하다.

그러나 이렇게 드러난 뚜렷한 차이의 이면에는, 두 학교가 강력히 공유하는 부분이 있다. 새로운 학교가 메노나이트 교육의 새로운 모델을 제시하고 있지만 과거와의 연속선상에 서 있다. 모든 메노나이트 학교가 그런 것처럼, 새로운 학교도 일상 속에서 그리스도를 따르는 것을 삶의 중심으로 받아들이고, 이를 학교의 정체성과 사명으로 삼고 있다. 교직원들은 기독교 신앙과 공동체성을 학교의 핵심 가치로 여기고 이를 키우고자 열성을 다한다. 때문에 신입생들은 학기가 시작되기 전에 수련회에 참석하여 학교 전반에 녹아있는 상호 존중 문화를 먼저 배워야 한다. 학교에 들어 온 첫날부터, 이른바 T-H-I-N-K라는 원칙부터 훈련받는다. 즉, 진실한 말인가?True 도움을 주는 말인가?Helpful 세워주는 말인가?Inspiring 꼭 필요한 말인가?Necessary 친절한 말인가?Kind 학생들은 무언가 말하기 전에 이 원칙을 먼저 생각해 보는 습관을 기른다.

필라델피아 메노나이트 학생들은 또한 상당 시간 동안 봉사 활동에 참여함으로써 공동체 의식과 책임감을 키운다. 예를 들면, 매주 금요일 오후에 2학년 학생들은 지역 초등학교에 가서 독서 지도나 도서관 지원, 학습 지도 같은 자원봉사활동을 한다. 3학년은 학교나 구청, 지역 사업체나 시민단체 같은 자신이 관심 있는 곳을 찾아가 일한다. 학생들은 이런 활동을 통해 매해 만 시간 이상 봉사활동에 참여하고 있다.

이런 봉사활동 프로그램에 더해 학생들은 견학이나 수학여행 등을 통해 정기적으로 문화 교류를 경험하고, 타문화를 이해하는 기회를 갖는다. 신입생은 필라델피아의 지역 교육 장소를 답사한다. 2학년이 되면, 주state 어느 곳인가를 여행한다. 3학년은, 미국의 어느 곳으로 여행을 떠난다. 최고 학년이 되면 해외로 나가 타문화를 체험한다. 필라델피아 메노나이트 고등학교 학생들을 위한 자금 모금 서비스 센터가 있어서, 학생들은 중앙아메리카, 남아메리카, 아프리카, 아시아로 교육여행을 가도록 지원하고 있다.

아나뱁티스트-메노나이트의 정체성을 보여주는 학교의 또 다른 모습은 학생들에게 갈등 조정과 화해 훈련을 가르치는 것으로 나타난다. 학기 시작 첫 날부터, 학생들은 '평화를 만드는' peacemaking 기술과 전략을 훈련 받는다. 특별히 학교에서 발생한 갈등 상황을 평화롭게 해결하는 법을 배우게 된다. 이런 훈련으로 말미암아 적지 않은 성과를 거둘 수 있었다. 교장인 모지스가 말한 바로는, 학교가 설립된 지 10년이 넘는 세월 동안, 단 4건의 다툼만 발생했고, 2003년에는 아예 단 한 건도 불미스런 일이 생기지 않았다고 한다. 그렇다 보니, 이 학교의 학생들이 지금은 지역에 있는 중학교에서 갈등 조정 훈련을 진행해 달라는 요청까지 받는 실정이다.

"저는 우리 학생들이 그저 성공한 사람이 아니라 중요한 사람이 되길 바랍니다. 그래서 우리 학교나 필라델피아 지역에서만이 아니라, 이 세상에 그리스도의 사랑을 보여주는 사람들이 되었으면 해요. 그러나 저는 학생들이 위대한 인물로 자라기를 기대하지만, 위대한 사람이 되고자 하는 자는 남을 섬기는 종이 돼야 한다는 하나님의 말씀을 먼저 기억할 수 있기를 원합니다." 모지스 교장의 말이다.

이 모든 과정에서, 교사와 직원들은 하나님의 임재를 깊이 경험하고 있다. 미술과 과학을 가르치는 한 교사는 이렇게 고백한다. "하나님의 부르심이 없었다면, 저는 여기 있지 않았을 거예요. 저는 매일 기도로 하루를 시작합니다. 제가 이 학교에서 교사로 있으면서 경험한 것을 한 가지만 말하라고 한다면, 이걸 말하고 싶군요. 저는 제가 얼마나 연약하고 불완전한 존재인지 알게 되었답니다. 그런데 이런 기분을 느낄 때마다 저는 제 안에 뭔가 아름다운 일이 일어나는 걸 경험해요. 바로 하나님이 일하고 계심을 정말로 알게 됩니다. 저는 이제 학생들 한 사람 한 사람을 대할 때마다 하나님이 저를 사용하시는 기회로 보게 되었답니다. 이건 제게 특권이에요. 하나님이 일하시는 방법을 알게 되는 거죠. 그런데 솔직히 말씀드리면, 가끔은 하나님이 어떻게 하실지, 저는 또 뭘 어떻게 해야 할지 모를 때도 많아요. 그런데 이럴 때, 하나님께 그저 맡겨드리면, 오히려 생각지도 못한 엄청난 일이 이루어지는 걸 경험합니다.”

학교 주변의 도시 문화는 폭력이 난무하고 마약이 성행하며, 학교를 그만두는 아이들이 넘쳐나고, 이것이 당연한 듯 여겨지고 있지만, 필라델피아 메노나이트 학생들은 오히려 새롭게 자기 자신을 확신하고, 인생의 목표를 발견하고, 더욱 분명한 초점을 갖게 되었다. 한 여학생이 선생님들에 대해 하는 말을 들어보자. “여기 계신 선생님들은 어떤 상황에도 저희를 포기하지 않으실 거란 걸 알아요. 늘 우리가 생각하는 것보다 우리를 더 나은 존재로 대해 주시니까요.”

지금까지 살펴본 필라델피아 메노나이트 학교의 모습이 다른 곳과 구별돼 보이지만, 그렇다고 여기가 유일한 것은 아니다. 1998년에는 이미 볼티모어 지역에 저소득층 학생들을 대상으로 마운트 클레어 기독교 학교Mount Clare Christians School가 세워졌다. 더 최근에는 정의와 평화 학교Peace and Justice Academy가 설립되어 다양한 인종의 학생들을 교육하고 있다. 학교 관계자들은 이렇게 말한다. “우리의 주된 목표는 세상을 변화시킬 사람들을 배출하는 것입니다. 평화와 정의를 강조하는 메노나이트 전통에서 교육받은 학생들이 공동체를 새롭게 할 것입니다.”24)

19세기 말에 시작한 메노나이트의 교육 실험은 20세기 중반을 지나면서 초등과 중등 교육을 전부 아우르게 되었고, 21세기인 오늘날에는 새롭고 다양한 방식으로 나타나고 있다.

이런 감동적이고 희망적인 이야기를 통해, 우리는 메노나이트 교육의 과거와 현재와 미래를 가늠해 볼 수 있다. 우리는 문화적 · 경제적 격변기의 한가운데 있고, 아나뱁티스트–메노나이트 교육은 현재 심각한 도전에 직면해 있다. 그러나 찾아보면, 우리가 희망을 말할 수 있는 수많은 이유가 존재한다. 오래 전에 세워진 학교들은 밀려오는 새로운 도전들을 창조적인 방법으로 이겨내면서 계속 발전하고 있다. 아나뱁티스트 유산을 이어받은 새로운 학교들은, 선교에 방향을 맞춘 새로운 교육 모델을 보여주어 오래된 학교들이 새로워진 교육 환경에 잘 적응하도록 돕고 있다.

미래를 확신하고 우리의 길을 개척하는 것은 과거를 올바로 인식하고, 현재의 교육적 지평을 명확히 이해하는 일로부터 시작한다.

메노나이트 기관들이 활동하던 시대는 끝났는가?

지난 19세기 중후반에, 미국 내 메노나이트 교회는 커다란 위기에 맞았었다. 피 튀는 남북전쟁이 단지 나라를 둘로 쪼갠 것만이 아니라 남부와 북부에 자리한 메노나이트 교회 공동체에도 깊은 균열과 상처를 남겼다. 개간지를 헐값에 제공한다는 정부 시책이 유혹이 되어 수많은 메노나이트 젊은이가 서부로 이주하였고, 그곳에서 여기 저기 흩어져 정착하다 보니, 제대로 된 리더십을 갖춘 공동체를 형성할 수 없었다. 반면에, 펜실베이니아, 버지니아, 오하이오 같은 전통적인 메노나이트의 중심 거점에 자리한 공동체들은 오랜 내분으로 체력이 고갈되고 있었다. 공동체의 주된 쟁점은 교회의 규율을 더 강화해서 에큐메니컬 진영과 부흥운동에 호의적인 사람들을 배격하고 공동체의 입장을 명확히 세워야 한다는 것이었다.

전통적인 메노나이트 지도자들은 주변 문화를 대할 때 한 발 물러나 있어야 한다는 입장을 취했다. 이들은 세상 문화가 급속도로 팽창하는 세대에서 메노나이트는 겸손하게 평화의 복음을 수호하는 자리에 머물러야 한다고 강변했다. 미래의 후손들은 분명히 영어를 사용하게 될 것임에도 이들은 독일어 사용을 고수했고, 젊은이들이 사업을 한창 진행할 때도, 상거래 같은 경제 활동에 대해 분명한 입장을 내놓지 못했다. 일부에서 교단을 기반으로 한 대학들을 연결하는 방대한 네트워크를 구축하려고 할 때도, 이들은 고등 교육을 실시하면 교만해질 수 있고, 외부 문화를 접촉하게 될 위험이 크다며 우려를 표했다.

19세기를 마감할 때까지 북미 메노나이트의 상황을 묘사하자면, 한마디로 정체성의 혼란기와 공동체의 분열기라고 말할 수 있다. 1890년에 한 공동체 지도자는 당시 상황을 이렇게 묘사하고 있다. "젊은이들은 교회를 선택할 때, 메노나이트가 아닌 다른 일반 교회를 택했다. 그곳이 더 활기 있어 보였기 때문이다."25)

그러나 놀랍게도, 이후 몇 십 년을 지나면서 메노나이트 교회는 그대로 사그라지지 않았다. 오히려 20세기 동안에는 그 속에서 살아남았을 뿐 아니라 성장까지 할 수 있었다. 가장 큰 이유는 지역 교회를 넘어선 다양한 기관이 설립되면서 이를 통해 메노나이트의 정체성을 공고히 확립할 수 있었기 때문이다. 이런 새로운 기관들은 개별 지역 교회보다 규모가 컸고, 이사회 방식으로 운영되었으며, 저마다 고유한 사명을 가지고 있어서, 메노나이트 교회와 주변 문화를 잇는 가교 역할과 개별 교회 공동체가 주변 문화에 강제로 포섭되는 일을 방지하는 완충제 역할을 했다.

다양한 형태의 기관들이 설립되었다. 이를 테면, 1860년대에 이미 메노나이트 교단은 서부 지역에 있는 알라파호 족이나 호피 족, 사이엔 족과 같은 인디언 부족들을 위한 선교 기관을 세웠다. 1906년에는 인디애나와 오하이오에 있던 메노나이트 교회의 주도로 산개해 있던 개별 선교 기관을 통합하여 단일 기구를 세웠다. 1930년에도 펜실베이니아 지역 메노나이트 그룹을 중심으로 또 다른 선교 기관이 세워졌고, 1920년에는 다섯 개의 메노나이트 그룹이 협력하여 메노나이트 중앙 위원회Mennonite Central committee를 설립해 러시아 혁명의 여파로 황폐화된 러시아 남부 지역의 기아 상황을 지원하고 전쟁 폐허의 재건을 도왔다.

이 시기를 전후로 수많은 기관이 설립되었다. 여성들은 교회에 바느질 봉사 반을 만들어 해외 구제 사업을 펼쳤고, 많은 교회 공동체가 서로 돕고자 상호 부조 기관을 세웠다. 메노나이트 지도자들은 전시 징병제에 대응하고자 다양한 대체 복무 프로그램을 만들었으며, 자연 재해가 발생하면 메노나이트 재난구호봉사회Mennonite Disaster Service가 나서, 각 교회에서 자원봉사자를 조직했다.

이런 기관들의 활동으로 각 지역의 공동체는 서로 협력을 증진할 수 있었고, 메노나이트라는 정체성을 공유하는 일이 가능했으며, 나아가 공동체 전체가 그리스도가 맡기신 대위임령Great Commission을 수행할 수 있었다. 이 기관들은 또한 메노나이트 교회가 지역 공동체라는 협소한 시각에서 벗어나 세계를 향해 눈을 돌릴 수 있도록 했고, 창조적인 방식으로 젊은이들이 여러 세대를 거쳐 교회 사역에 동참할 수 있도록 했다.

메노나이트 초ㆍ중ㆍ고등학교와 대학교, 대학원 같은 교육기관들도 20세기에 발맞추어 성장하면서, 이런 거대한 흐름을 지속했다. 거의 모든 메노나이트 선교기관과 출판사, 상호부조 기관, 보건 기구, 구제 기관의 초창기 지도자들이 메노나이트 교육기관에서 배출됐다.

메노나이트 학교 출신 지도자들은 다시 자신들이 속한 기관들의 신학적ㆍ역사적 정체성을 아나뱁티스트–메노나이트 전통에 뿌리박을 수 있도록 했다. 메노나이트 학교 졸업생들은 또한 노래를 작곡해 찬송집을 편찬하고, 성서 주석, 경건생활 실천서, 교회 관련 간행물, 주일학교 교재 등을 만들어 20세기 메노나이트 교회의 영적 윤곽을 잡아나갔다. 헨리 스미스C. Henry Smith나 코넬리우스 크랜Cornelius Krahn, 헤롤드 벤더Herold S. Bender 같은 메노나이트 대학의 초기 교수들은 메노나이트의 신학 정체성을 확립하고 복원하는 데 기여했다. *Mennonite Quarterly Review* 같은 잡지와 메노나이트 역사와 신학을 망라한 백과사전인 *The Mennonite Encyclopedia*, 그리고 헤롤드 벤더가 발표한 유명한 연설문, 『재세례신앙의 비전』*The Anabaptist Vision*(KAP 역간) 등도 메노나이트 대학의 지원 없이는 생각할 수조차 없는 일들이었다.

2차 대전 당시 마련한 대체 복무 프로그램Civilian Public Service, 가이 F. 허시버거가 강조한 사회 윤리, 신학계에 커다란 영향을 미쳤던 존 하워드 요더John Howard Yoder의 평화 복음에 관한 저작들, 그 외에도 20세기 중반 이후부터 나온 수많은 메노나이트 역사가와 신학자, 사회학자, 소설가와 시인, 이들의 서적과 에세이, 기고문들은 메노나이트 교육기관이 아니었다면 거의 존재가 불가능했다 해도 과언이 아니다.

이에 더해, 메노나이트 신학교에서 훈련받은 수많은 목회자와 메노나이트 교육 기관에서 교육받은 수많은 학생이 존재하며, 이들의 존재를 보면서 오늘날 사람들은 교회 주도의 기독교 교육의 기여한 장기적인 영향력을 이해할 수 있게 되었다.

물론, 메노나이트 교육기관이 전혀 문제가 없던 것은 아니다. 가끔 메노나이트 학교는 권력 투구의 장이 되기도, 교회 갈등의 중심이 되기도 했다. 심지어 일각에서는 메노나이트 학교들, 특히 대학과 신학교를 변절의 원천으로 생각하기도 했다. 그러나 역사를 더 넓은 시각에서 보자면, 메노나이트 학교들이 있었기에 메노나이트 교회가 격심한 변화의 시기에도 방향을 잃지 않고 길을 잘 찾아갈 수 있었다.

그러나 21세기 초입에 들어서면서, 메노나이트 교회는 중대한 역설에 직면하게 되었다. 한편으로, 역사를 통틀어 메노나이트에게 이렇게 호의적이었던 시절은 없었다. 적어도 기독교라는 거대한 우산 속에서 메노나이트의 위치를 지우는 문제에서는 그랬다. 메노나이트는 4세기가 넘는 기간 동안 사람들의 멸시와 비웃음의 대상이었다. 그러나 오늘날에는 사정이 달라졌다. 권위 있는 대학의 여러 교회사 교수들이 아나뱁티스트를 매우 경탄하며 심지어 영웅적으로까지 치켜세우며 설명하기 시작했다. 전에는 일반 교회사에서 아나뱁티스트를 "종교개혁의 변형이나 개악"으로 그렸으나, 이제는 많은 교회사 책들이 아나뱁티스트를 종교적 자유에 대한 용감한 수호자요, 정교 분리를 주창한 선구자라고 다시 쓰고 있다. 특별히 존 하워드 요더의 저작들에 큰 영향을 받아, 이제는 개신교와 가톨릭 진영에 속한 신학자와 윤리학자들이 모두 아나뱁티스트의 윤리학과 교회론을 진지하게 받아들이게 되었다.

아나뱁티스트-메노나이트 전통의 독특한 신학적 주제들이 북미 주류 기독교 담론에서 거론되기 시작했으며, 초교파 잡지와 출판계의 주요 고객으로 자리 잡게 되었다. 이와 함께, 메노나이트 교회들은 초교파적 교회 논의에 참여해 달라고 요청받게 되었다. 이는 몇 세기 전만 해도 생각조차 할 수 없던 일이었다. 아나뱁티스트는 한때 모든 기독교 교파로부터 박해를 받았으나, 이제는 존경받는 대화 상대자요, 다양한 초교파적 선교, 구제, 봉사 사역의 협력자로 대접받게 되었다.

그러나 이런 부분들은 단지 전체 이야기의 일면일 뿐이다. 빛이 밝으면 그림자도 긴 법. 아나뱁티스트-메노나이트 전통이 공공의 관심과 존경을 한 몸에 받게 되자, 메노나이트 교회는 심대한 위기를 맞을 수도 있을 만큼, 건강 상태가 악화되었다. 몇몇 도심 지역의 공동체가 활성화되고 있고, 최근에는 이 중 두 곳이 괄목할 만한 성장을 보이고 있지만, 전체적으로 미국 내 메노나이트 교인 수는 지난 10년 새 계속 감소했다. 동시에, 신자들의 평균 연령은 계속 높아진다. 인구 통계학의 몇몇 자료들은 이런 우려를 더 명확히 보여준다. 2005년에 실시한 한 조사를 따르면, 전체 메노나이트의 약 1/3만이 메노나이트 교단에 "매우 헌신"한다고 응답했고, 군 복무와 관련해서는 단지 23%만이 "절대 불가하다"고 답변했다. 또한, 무려 88%의 신자들은 "그리스도인이 비그리스도인을 개종시키고자 어떤 일이든 할 수 있다"고 응답했으며, 단지 18%만이 "신앙 전통에 부합하는 경우"에만 그렇게 해야 한다고 답변했다.26) 이런 통계만이 위기의 지표는 아니다. 최근에는 거의 모든 메노나이트 산하 기관들이 프로그램을 운영할 예산 확보에 어려움을 겪고 있다. 지역 노회도 프로그램과 인력을 감축하고 있으며, 교회 공동체는 나라 전체가 그런 것처럼 정치적으로 양분돼 있다.

몇몇 눈에 띄는 예외를 제외하고는, 전반적으로 이런 위기의 상황이 지속되고 있다. 한때 교회를 갱신하고 메노나이트 정체성을 확립해 전수하던 많은 기관이 이제는 휘청거리고 있다. 이런 어려움의 여파가 고스란히 메노나이트 학교들에도 전해지는 실정이다.

메노나이트 교육이 직면한 도전들

경제적 도전: 적정한 교육비용 유지하기

공립학교는 좀 더 심한 편이지만, 모든 교회 관련 학교가 재정 위기를 맞고 있다. 지난 수십 년 동안, 교육비는 지속적으로 증가했고, 그 상승폭은 물가나 가계 수입보다 훨씬 컸으며 속도도 빨랐다. 이와 동시에 지역 교회 공동체와 노회의 지원도 흔들리기 시작했다. 그러자 많은 학교가 예산 삭감, 인력 감축, 복지 경감, 프로그램 축소, 시설투자 연기 등의 자구책으로 악화된 경제 상황을 버틸 수밖에 없었다. 이런 현상들은 다시 학교의 위기를 부추겼다. 가뜩이나 신입생 등록 문제로 압박을 받는 학교들이 신입생들에게 전혀 매력적인 모습으로 다가오지 않게 된 것이다. 눈앞에 펼쳐진 도전 과제는 냉정하다. 기독교 학교들은, 한편으로는 어떻게 양질의 교직원과 교육 내용, 학교 시설을 확보하여 학생과 부모들의 기대에 부응하면서, 동시에 기독교 교육을 원하는 저소득층 학생들에게 장학금을 지원할 수 있을까? 부모들도 비슷한 딜레마를 겪고 있다. 회사에서는 의료보험 혜택이나 퇴직 연금이 줄어들고 있는데, 학교마저 장학금 혜택이 없어지고 있으니 어떻게 늘어나는 교육비를 감당해야 할까?

이런 도전들이 야기하는 결과가 전적으로 부정적인 것만은 아니다. 어떤 때는 이것이 계기가 되어 학교는 억지로라도 더 효율성과 책임성에 대해 스스로 물을 수밖에 없고, 더 혁신적인 방식을 모색할 수밖에 없다. 최근 몇 년 사이 메노나이트 대학들은 학제를 넓혀 장년층을 위한 수료과정을 개설하고, 새로운 석사 과정을 마련했다. 학교가 입학정책을 바꾸고, 마케팅 전략도 지역민들에게 더 많이 맞추다 보니, 자연스럽게 종교적·문화적·경제적으로 다양한 배경에서 온 학생들을 더 따뜻하게 맞는 것이 기독교적인 모습이 아니냐는 건강한 질문도 제기되었다.

그러나 이런 새로운 경제 현실은 다른 면에서는 너무도 고통스런 결과를 낳았다. 2009년에는 지난 1981년에 세워져 지역 내 다양한 소수인종을 교육으로 통합하려고 했던 시카고 메노나이트 학습 센터가 문을 닫았다. 재정 악화가 주된 이유였다. 메노나이트 대학교들은 현재 심각한 경제적 도전에 직면해 있다. 메노나이트 대학들이 자리한 지역에는 비슷한 성격의 다른 기독교 대학들이 즐비하고, 신입생 유치를 위한 경쟁이 치열한 상태이다. 전통은 오랜 세월 흘러왔고 동문들의 힘도

막강하지만, 아무것도 미래를 보장해 줄 수는 없다. 실제로 2007년에 만 미국 내 대학 26 군데가 폐교했다.[27] 어쩌면 메노나이트 학교들도 구조조정에 들어가야 할 날이 올지도 모른다.

변화하는 교육 환경

경제 문제와 뗄 수 없는 도전 과제는 교육의 본질이 급속도로 변화하는 현실을 들 수 있다. 이 문제는 실제로 모든 교육의 영역에서 일어나고 있지만, 특별히 대학이나 대학원 같은 고등교육에서 두드러지게 나타나고 있다. 국가 차원에서 실시하던 18세에서 22세 사이의 학생들을 위한 기숙사형 4년제 인문학 대학 형태가 이제 점차 줄어드는 추세다. 고등 교육을 받으려는 대상 중 장년층의 비중이 상당히 높아졌기 때문이다. 이들은 퇴근 이후 자유로운 시간을 활용해 경력에 도움이 될 만한 전문훈련을 받고자 학교로 돌아오고 있다. 그러나 장년 학생들은 가족을 부양하려면 학업과 직장 생활을 병행해야 해서, 기숙사 같은 학교 시설은 불필요하고, 수업도 야간이나 주말 코스가 필요하기 때문에, 학교는 이에 맞는 형태로 변화하는 상황이다.

여기에 더해, 고등학교와 전문학교에 대한 전통적 기준이 사라지고 있다. 전문학교들도 고등학교처럼 대학교 진학에 유리한 가산점 제도와 심화학습 코스를 운영하거나 아직 대학 수업을 들을 역량이 안 되는 학생들을 위한 예비 코스나 학습 지원 서비스 등을 실시하라는 요구를 받는 실정이다.

교육 환경에서 가장 심대한 변화는 첨단 기술의 발전에서 왔다고 할 수 있다. 기술 발전 덕분에 사람들은, 전에는 불가능했던 엄청난 양의 정보를 더 효율적으로, 더 편리하게 그리고 더 저렴하게 받아 볼 수 있게 되었다. 첨단 기술은 온라인 강좌나 팟캐스트[28] 등을 통해 생활 형태와 관계없이 모든 연령대의 사람들이 교육 콘텐트에 접근할 수 있게 해 주었다. 새로운 전송 기술은 지리적 한계를 뛰어 넘어 강의 시간표를 무의미하게 했으며, 교육의 형식도 이를 소비하는 사람들에게 최적화된 형태로 바꾸어 놓았다. 그러나 이런 변화는 또한 배움의 본질과 내용, 전통적인 면대면 수업방식과 관계 형성의 중요성에 대해 근본적인 질문을 던지게 한다.[29] 전자 장치로 매개한 교육은 관계 형성을 이끌어 낼 수 없다. 이는 말 그대로 '가상' 관계일 뿐이다. 그래서 아나뱁티스트–메노나이트 교육이 진정으로 성육신에 뿌리를 두고 있다면, 온라인 교육과 같은 것에 교육학적으로 심각한 의문을 제기하지 않을 수 없다.

시장의 압력이 거센 것이 사실이다. 그러나 다른 교육 기관들이 인터넷을 이용해 값싼 학점을 주고 돈을 받고 학위를 발급할 때, 교회 주도의 기독교 교육은 반드시 이것을 왜 돈을 들여가며 공부할 가치가 있는지 그 차이를 전보다 더 분명하게 제시할 수 있어야 한다.

정체성, 다양성, 그리고 사명

나는 이 책에서 메노나이트 학교들은 반드시 적극적으로 독특한 아나뱁티스트–메노나이트 신앙과 실천, 신학적 확신을 받아 안아, 이를 학교의 정신과 교육학을 통해 드러내고 학교의 첫 번째 목표로 설정해야 한다고 주장했다. 우리가 하려는 기독교 교육이, 정체성 면에서 독특한 구별점이 나타나지 않는다면, 구태여 아나뱁티스트–메노나이트라는 이름으로 학교를 유지해야 할 이유가 없다.

이 책의 또 다른 중심 주제는, 메노나이트 학교의 학생들은 문화적·종교적·인종적 다양하게 구성되었다는 사실을 생각해 보는 것이었다. 1970년대 중반만 해도 대학 진학을 앞둔 메노나이트 학생의 약

40%가 메노나이트 학교를 택했다. 그러나 지금은 이 수치가 11% 밑으로 떨어졌다. 물론, 이런 수치는 학교마다 다소 차이가 있겠지만, 전반적으로 감소폭은 비슷하다. 그러나 이런 감소가 오히려 학교의 다양성에 기여한 측면도 있다. 상황의 변화로 말미암아 학교는 의식적으로 선교 전략을 고민해야 했고, 교육위원회와 교직원들이 학교의 문호를 일반인들에게 열어 모든 사람이 기독교 교육의 혜택을 볼 수 있도록 조치했다. 그러나 사실, 이런 다양성 정책은 더 실용적인 판단에서 나온 결과이기도 하다. 학교는 경제적 측면에서 생존이 절박했기에 더 넓은 교육 시장에 문을 연 측면도 있다.

기존 환경에 변화가 찾아오면 표면적으로 긴장이 조성되는 것이 사실이다. 그러나 정체성이란 독특성과 특수성을 전제한다는 사실도 기억해야 한다. 교육위원회와 교직원들이 자기 학교의 아나뱁티스트 전통을 이해하고 구현하려 하지 않고, 정체성이 학교를 세우는 긍정적인 힘과 학교를 존재하게 하는 DNA라고 생각하기보다 짊어지고 가야 할 짐이라고 여긴다면, 메노나이트 학교가 유지돼야 할 이유도, 교회 공동체가 학교를 우선순위에 두고 후원해야 할 이유도 없을 것이다.

아나뱁티스트-메노나이트 정체성은 학교가 진정으로 선교적으로 거듭나서 모든 학생을 포용하려 할 때, 심지어 학교가 표방한 신앙 내용과 전혀 부합하지 않고 기본적인 전제조차 공유할 수 없는 학생이 있다 할지라도, 그들을 맞아주고 그들에게서 배우고자 할 때, 가장 잘 드러날 수 있다. 선교 지향적 정체성과 경제적 생존이 서로 양립하는 것은 아니겠지만, 메노나이트 학교는 이런 근본적인 변화가 야기한 동력과 결과를 명확히 인식하고 있어야 한다. 다른 많은 것보다 아나뱁티스트-메노나이트 정체성을 전수하는 책임은 교직원들에게 맡겨진 주요 임무임을 잊어서는 안 된다. 이를 위해서는 아나뱁티스트 관점에서 기독교 신앙을 분명하게 설명할 수 있어야 한다. 그러자면, 대안적 관점, 심지어 정반대의 관점을 존중하고 세심하게 배려하는 자세가 필요하다. 또한, 학교의 독특한 정체성을 명확히 하면서 동시에 일반 학생들이 관심 가질 만한 학교가 되도록 균형을 유지할 수 있어야 하며, 이를 위해서는 탁월한 행정력도 반드시 필요할 것이다.

20세기는 메노나이트의 유수한 기관이 설립되어 성장하던 시기였다. 그중 메노나이트 학교는 교회를 새롭게 하고, 힘을 북돋고, 변화시키는 데 중요한 역할을 감당했다. 이제 메노나이트 교육에 대한 후원이 줄어드는 상황에서, 메노나이트 학교들은 메노나이트의 경계 밖 사람들에게 의식적으로 선교의 초점을 더 맞추려 하고 있다. 이 두 역할 모두를 통해 메노나이트 학교는 신앙 전통을 상기시키고 분별하게 함으로써, 그리고 그 본질을 한 세대에서 다음 세대로 전수함으로써 교회를 섬겨나가게 될 것이다.

기회와 새로운 방향: 메노나이트 교육의 미래

12-13세기에 걸쳐 유럽에서는 대성당을 건축하는 공사가 한창 진행되었다. 이 엄청난 건축물을 짓는 작업에 참여하던 건축가와 석공들은 자신들의 살아생전에는 공사가 완공되는 모습을 볼 수 없으리란 사실을 알고 있었다. 대성당 건축은 여러 세대의 노동력이 필요했다. 공사가 무척 더디 진행됐기 때문인데, 작업을 한 번 시작하려면 여러 마을에 목재용 오크나무숲을 조성하는 일을 병행해야 했기 때문이다. 이렇게 조성한 나무숲에서는 향후 90년에서 100년 뒤에나 건축용 목재를 구할 수 있을 터였다. 대성당 공사는 이렇게 튼튼한 나무를 베어 공사용 비계를 만들 수 있을 때까지, 딱 그 만큼씩 진전된 셈이다.

앞으로 지을 대성당을 위해 오크 나무를 심는 것처럼, 젊은이들을 교육하는 일은 믿음과 희망의 행동이자, 아직 태어나지 않은 아이들을 위해 열심히 미래의 교회를 세우는 일과 같다.

아무도 미래가 어떤 모습일지 정확히 그려낼 수 없다. 교육의 역사는 새로운 교육 방법론이 어지러이 등장했다 사라진 역사였다. 수많은 전문가가 줄기차게 새 이론을 주장했지만, 지금은 흔적조차 남지 않았다. 미래에도 기독교 교육이 지금 모습처럼 명맥을 이어갈 수 있을지 장담할 수 없지만, 우리는 지금 여기서 미래 세대를 위한 발판을 준비할 수 있다.

어려운 도전에 직면했던 모든 시기는 또한 커다란 기회의 시기였다. 메노나이트 교육의 미래를 창조적으로 이끌어가려면 다양한 것에 민감히 귀 기울여야 한다. 문화의 변동과 급변하는 교육 시장의 움직임을 감지하고, 각종 연구 결과에서 새로운 통찰을 얻고, 더불어 성령의 일하심에도 항상 열려 있어야 한다. 꿈꾸고 상상하지 않으면, 아무 일도 생기지 않는다.

그러므로 나는 미래에도 아나뱁티스트-메노나이트 교육이 이어질 수 있도록, 혹여 도움이 될 만한 의견을 몇 가지 제시하고 이 책을 마무리 하고자 한다.

하나님 나라는 인간이 세운 기관보다 크다

미래를 꿈꾸는 첫 걸음은 현재 우리의 모습, 우리 교육 기관의 모습을 올바로 바라보는 것으로부터 시작한다. 우리가 학교의 발전과 성장을 위해 헌신하고 매달릴 수 있겠지만, 하나님의 나라는 절대 우리의 기관의 흥황에 달려 있지 않다는 사실을 기억해야 한다. 세상을 향한 하나님의 뜻과 목적이 메노나이트 학교의 미래와 아나뱁티스트 교육의 운명보다 훨씬 더 크다는 말이다. 따지고 보면, 기독교 학교라는 기관은 사람의 손으로 만든 것에 불과하다. 고상한 목적을 위해 존재하고 그 일이 아무리 중요하다고 할지라도, 학교의 생존이 곧 하나님이 정해 진 하나님의 뜻이라고 말할 수는 없다.

이런 깨달음과 인식이 비관주의를 뜻하는 것은 아니다. 오히려 이런 관점은 학교가 위기를 겪는 순간에도 우리에게 편안하게 생각할 여지 를 남겨 준다. 하나님의 섭리 안에서 어떤 것들은 죽어야만 하고, 그래 서 새로운 생명이 피어나는 것인지도 모른다. 미래에 대한 우리의 모든 사고의 적절한 출발점은, 우리의 목표가 창조 세계를 치유하는 하나님 의 사역에 동참하는 것이지, 우리 손으로 만든 기관을 보존하는 것이 아니라는 사실이다.

선교적 관점을 확보하라

앞에서 살펴본 대로, 메노나이트 교육은 거대한 패러다임 변화의 한 가운데 있다. 아나뱁티스트—메노나이트 신앙 원리를 방어하고 다음 세 대에 전수하던 것에서, 다양한 신앙 배경을 가진 사람들과 아나뱁티스 트의 신앙을 공유하는 선교적 관점으로 흐름이 바뀌고 있다. 일부 신설 학교는 처음부터 이런 선교적 사명을 중심에 두고 시작했지만, 그렇지 않은 다른 곳들은 메노나이트 바깥으로 나아가는 일이 우리가 생각하 는 것보다 훨씬 더 큰 커다란 변화를 요하는 일이 될 것이다.

학교의 정체성이 더는 익숙한 사람들의 교우 관계나 혈통적 끈, 같 은 공동체에서 오는 유대감으로 유지될 수 없는 상황이 되었다면, 이제 는 이를 더 의식적인 방법으로 고양해야 한다. 말하자면, 학교의 사명 과 목적, 정체성을 아나뱁티스트—메노나이트 전통 속에 더 든든히 뿌 리 내리도록 노력해야 한다는 것이다. 이런 정체성과 확신을 이제는 의 도적이고 분명하게 전수할 때가 되었다. 더는 공동체의 전통적 관습과 내부 문화만으로 전달할 수 없는 시기가 된 것이다.

학교는 학생들에게 선교사적 감수성을 길러주어야 할 것이다. 새로운 학기가 시작되면, 우리가 늘 해 오던 것이라 다 알고 있다고 생각하는 습관부터 버리게 해야 한다. 옳다고 믿는 전제들을 잠시 내려놓고, 성령이 새로운 성육신의 방식으로 임하실 가능성을 열어 놓아야 한다. 선교적 관점이란 새 학생들이 가져오는 신학과 문화적 다양성에 진심으로 자신을 열어 놓는 것을 뜻하기 때문이다. 기꺼이 그들로부터 새로운 언어를 배우고, 함께 문화를 교류하며, 이런 작은 문화 중개인들의 조언에 적극적으로 귀 기울이는 것이 바로 선교적 관점이다.

새로운 동지들을 찾으라

기독교 교육을 선교적으로 접근한다는 의미는, 기꺼이 우리 자신과 아나뱁티스트–메노나이트의 전통 밖에서 더욱 앞으로 나아가기 위한 지혜를 찾는 것을 말한다. 과거에는 메노나이트가 수세적으로 물러서는 자세로 일관하고, 에큐메니컬 운동에 대해 신앙을 '희석'하는 것으로 의심스럽게 바라봤다면, 오늘날 메노나이트는 다른 많은 신앙 전통의 사람들과 새롭고 건설적인 대화에 참여하고 있다.

이런 대화는 공식적인 논의 석상에서 주로 이루어진다. 일례로, 최근 몇 십 년 동안 메노나이트 교단의 대표들은 가톨릭과 루터교와 더불어 초교파적으로 공식 회의를 진행해 왔다. 이보다 덜 공식적인 형태로 오순절 교단이나 개혁주의, 가톨릭 평신도와도 대화를 이어왔다. 이런 대화와 교류의 목적은 다양하지만, 거의 매번 서로 깊이 이해하고 각기 다른 신앙 전통을 통해 일하셨던 하나님의 섭리에 진심으로 감사하는 결과를 가져왔다.

아나뱁티스트–메노나이트 전통은 또 다른 모습으로 초교파적 맥락에서 전파되고 있다. 최근에 기독교 내부에 광범위하고 비조직적 형태로 다양한 교회 갱신 운동이 전개되고 있다. 이런 운동들은 여러 다른 이름으로 진행되는데, 신수도주의 운동, 위대한 출현the great emergence, 제3의 물결, 이머징 교회 등이 대표적이다. 이런 다양한 흐름들 속에는 몇 가지 뚜렷한 공통점이 나타난다. 깊이 있는 성서 해석과 일상에서 예수를 따르려는 열정, 진정한 기독교 공동체에 대한 갈망과 설령 미국 주류 문화에 반할지라도 그리스도께 충성을 다하려는 결단 등이 그것이다. 이 새로운 갱신 운동의 지도자들은 이런 흐름을 지속하고 더욱 탄탄하게 유지하고자 훌륭한 공급원을 찾고 있다. 이들 중 많은 사람이 아나뱁티스트를 동역자와 동지로 여기고 찾아오는 것은 놀랄 일이 아니다. 5백 년 동안 급진적 기독교 운동에 헌신해 왔던 아나뱁티스트와 깊은 교류 관계를 맺는 것을 그들은 큰 힘으로 여긴다.

이런 새로운 관계 형성이 메노나이트 교회와 교육 기관에 어떤 영향을 가져다줄지 아직 뚜렷이 예측할 수는 없다. 그러나 최소한 이런 새로운 관계는 메노나이트가 미래에 선교 지향적인 교회로 나아가려 할 때, 신선한 관점과 계획을 위한 자료를 가져다줄 것이다.

새로운 교육 모델을 개발하라

미래를 고민하는 메노나이트 교육자들은 또한 급변하는 교육 환경 속에서 다양한 대안을 고민하는 다른 변혁가들의 말에 귀 기울여야 한다. 예를 들면, 현재 미국의 많은 부모는 자녀들을 공립학교보다 규제 면에서 자유로운 차터 스쿨charter school에 보낸다. 약 5000여 개 학교에 1만 5천명의 학생이 다니고 있다. 일종의 대안학교인 차터 스쿨은 사실상 교육적 필요를 느끼는 사람들은 누구나 설립할 수 있다. 부모나 교육자, 시민 단체, 사업가, 봉사 단체나 교사를 막론하고 누구나 가능하다. 이 학교는 공립학교에 적용되는 각종 규제와 규정에서 자유롭기 때문에, 규모는 공립학교보다 훨씬 작으면서도 그 크기에 비해 더 많은 소수 인종과 가난한 학생에게 교육 기회를 제공할 수 있다. 그러나 공립학교와 마찬가지로 공적 자금으로 설립되기 때문에, 일정 기간 내에 학생들의 성적을 향상시키거나 교육 결과를 끌어내야 하고 이를 주 정부에 보고해야 할 책임이 있다.

차터 스쿨에 대한 관심과 더불어 홈스쿨 운동homeschool movement이 주목 받고 있다. 어느 정도가 홈스쿨을 하는지 정확히 파악하기는 어렵지만, 어림잡아 1만 5천 명 정도를 추산하고 있다. 차터 스쿨이나 홈스쿨이 메노나이트 교육을 대체할 리는 없겠지만, 창의적인 교육자라면 이런 새로운 운동과 공조할 방안을 찾을 것이다. 차터 스쿨은 명시적으로 종교적 색채를 띨 수는 없지만, 메노나이트 공동체의 유능한 교육 기업가들이 참신한 방법을 찾아 학교를 세울 수 있을 것이고, 교회 공동체는 학교의 공식 멘토가 되어 학생들에게 특별한 관심을 기울일 수 있을 것이다. 또한, 기존 메노나이트 학교는 홈스쿨 그룹이 학교 시설을 사용하도록 허용하거나 아니면 토요일에 실험실을 내줄 수도 있다.

또 다른 새로운 교육 모델을 생각해 볼 수도 있다. 메노나이트 대학을 선택하는 메노나이트 청년들이 줄어드는 추세를 감안할 때, 메노나이트 학교들은 소위 '메노나이트 학기' 라고 부르는 특별 코스를 개설하여 학생들을 유치할 수 있다. 이를테면, 학교가 아나뱁티스트 역사, 신학, 윤리학, 문학 등을 묶어 한 학기 코스나 여름 방학 프로그램으로 만들면, 일반학교에 다니는 학생들도 한 학기 동안 메노나이트 학교에 다니면서 이런 아나뱁티스트 전통을 배우는 유익을 얻을 수 있다. 물론, 메노나이트 학교에 정식으로 등록해 공동체 생활과 교우 관계를 장기적으로 쌓는 것이 가장 이상적이겠지만, 이렇게 단기 집중 코스를 듣고 아나뱁티스트를 이해하는 것도 미래 교육을 향한 큰 걸음으로 생각할 수 있다.

다른 많은 교단과 달리, 메노나이트는 체계적인 캠퍼스 선교 사역은 하지 않는다. 교단 규모에 비춰 각 학교에 캠퍼스 사역자를 파송하는 것이 현실적으로 불가능했기 때문인데, 이 문제는 아마도 교단 교육부가 지역 교회 목회자들을 후원해 캠퍼스 순회 사역을 할 수 있도록 도우면 가능할 것이다. 그렇게 되면, 주중에 집중 코스를 만들어 학생들에게 아나뱁티스트 역사와 신학을 교육하는 일이 가능하다.

더욱 커진 문화와 인종적 다양성

다가올 세대에 메노나이트 학교에 생길 가장 두드러진 변화 중 하나는 학생들이 점점 더 인종적 문화적으로 다양해질 것이라는 점이다. 이런 변화의 일부는 새로운 도시 학교들이 가져온 불가피한 결과이다. 도시 학교들은 거의 항상 인종과 문화적으로 점점 더 다양해지고 있다. 이런 변화의 또 다른 이유는 미국 전체에 인구 통계학적 변화가 일기 때문이다. 오늘날 대부분 마을과 도시에는 히스패닉 인구가 10년 전에 비해 크게 증가했고, 이런 추세는 지속될 전망이다. 그러나 앞으로 메노나이트 학교에 인종적 다양성이 크게 늘어날 것이라고 예측하는 또 다른 중요한 이유는, 메노나이트 교회 내부에 다양한 인종의 공동체가 빠르게 성장하고 있기 때문이다. 전통적인 메노나이트 중심 지역에 자리한 공동체 수는 정체하거나 줄어드는 추세지만, 필라델피아, 볼티모어, 로스앤젤레스, 시카고 같은 도심 지역에 위치한 교회들은 계속 성장하고 있다.

메노나이트 교육기관은 공식적으로 반인종주의를 지지하고 표방하고 있다. 그러나 가끔 현장을 들여다보면, 실제 현실은 명시적으로 표방한 것에 못 미칠 때가 많다. 메노나이트 교육을 변혁해 각 사람의 모든 재능이 온전히 드러나게 하는 일은 항구적이고 단호한 헌신이 필요한 일이다. 열린 자세로 인종주의로 상처받은 사람들과 정직하게 대화하고, 기꺼이 이들을 목회적 차원에서 돌보고, 또한 개인이 노력을 기울여도 변하지 않는 차별의 구조적 측면을 지속적으로 인식하고 자각하는 노력을 기울여야 한다. 무엇보다도 이런 변화는 하나님의 임재와 은혜, 치유의 사랑이 있을 때 가능하다. 메노나이트 공동체가 진정으로 이런 비전을 붙잡고 실천하는지 확인하려면, 우리가 사용하는 어법을 보면 알 수 있다. 공동체에 속한 모든 사람이 서로 '우리'와 '그들'로 구분하지 않고, 진정으로 스스럼없이 '우리'라고 부를 수 있다면, 오랜 세월 우리를 분열시켰던 인종이라는 상처를 치료하는 일에 한 발짝 더 다가설 수 있을 것이다.

어떤 신앙 공동체가 부족과 인종과 민족의 장벽을 깨뜨리고 있다면, 그 공동체는 존재만으로 세상에 그리스도의 사랑을 강력히 증거하는 것이다. 미래의 메노나이트 학교는 이런 모습으로 변모하여 사람들의 관계 속에 화해의 영으로 임하시는 그리스도를 증거할 수 있어야 한다.

전세계 아나뱁티스트 공동체에서 배우라

16세기 스위스에서 아나뱁티스트가 출현한 지 5세기가 지난 지금, 아나뱁티스트 신앙은 이제 그야말로 글로벌한 신앙 운동이 되었다. 메노나이트 세계교회협의회MWCMennonite World Conference를 따르면, 오늘날 전세계에는 약 1백 60만 여명의 아나뱁티스트 세례 교인이 있으며, 이들 중 유럽에 6만 5천명이 거주하고, 북미에 52만 5천여 명이 살고 있다. 나머지 백만이 넘는 신자가 80여 나라에서 227개의 교회 공동체를 이루며 전세계 아나뱁티스트를 구성하고 있다.

아나뱁티스트-메노나이트 교회가 유럽과 북미를 중심으로 형성되던 것에서 그 수적 중심이 다른 곳으로 옮겨가게 되자, 아나뱁티스트의 공통의 정체성을 유지하는 일이 시급하고 복잡한 문제로 대두되기 시작했다. 지난 세기 내내 MWC는 상호 소통의 중심지 역할을 해왔다. 정기적인 회기를 지정해 전세계 아나뱁티스들이 모여 대화를 나누고 상호 증진 방안을 논의하고 영적·물질적 자원을 나누어 왔다.

MWC에 속한 모든 교회 공동체는 저마다 다른 문화적 배경과 신학적 강조점을 가지고 있지만, 교육 문제만큼 모두에게 같은 관심사임을 알 수 있다. 예를 들어, 파라과이에 있는 여러 메노나이트 그룹은 최소한 80여 개의 학교를 관장하고 있다. 콩고의 메노나이트 교회들도 400여 개의 학교를 운영하고 있다. 모든 그룹이 기초 교육, 미래 사역자 양성, 평신도 신학 교육에 지대한 관심을 보이고 있다.

2009년에 파라과이에서 열린 MWC 회합에는 여러 나라에서 교육자들이 참석했으며, 논의를 통해 서로 많은 것을 배울 수 있었다. 모든 사람이 공조하고 협력을 다져갈 때 더 유익하고 효율적인 논의를 할 수 있을 것이다.

현재 아나뱁티스트-메노나이트 교회의 성장세는 지구 남반구를 중심으로 뚜렷이 나타나고 있다. 교육은 아나뱁티스트라는 큰 우산 아래 모인 전세계 공동체가 함께 생각을 나눌 수 있는 자연스러운 공간이다. 이를 통해 우리는 미래 교육을 염려하는 각각의 노력에 서로 힘을 보태주며, 자극하고, 새롭게 할 수 있을 것이다.

"맛보아 알지어다"

정체성과 위기, 그리고 회복은 성서에 등장하는 익숙한 주제들이다. 시편 기자는 "너희는 여호와의 선하심을 맛보아 알지어다"라는 말로 근심으로 지쳐있는 사람들을 위로한다. "그에게 피하는 자는 복이 있도다… 저를 경외하는 자에게는 부족함이 없도다… 여호와를 찾는 자는 모든 좋은 것에 부족함이 없으리로다". 시34:8-10

하나님의 선하심이라는 이 약속은 추상적인 희망이나 영적인 어떤 것으로 우리에게 주신 것이 아니다. 하나님의 선하심은 어떤 지적 개념이나 신학 이론도 아니다. 그렇다. 하나님의 선하심은 만져질 만큼 실제적이다. 맛 볼 수 있고, 음미할 수 있고, 살아있고, 구체적인 모습을 가졌으며, 경험할 수 있고, 눈앞에 드러나는 것이다. 그러므로 하나님의 선하심을 알려면, 하나님이 지으신 이 창조 세계를 선한 것으로 알고 기뻐해야 한다.

말씀이 육신이 되신 이 성육신이야말로 아나뱁티스트 신학의 근간이며, 아나뱁티스트 관점에서 본 기독교 교육 철학의 기본이다. 예수 그리스도의 인성 안에서, 하나님은 죄로 말미암아 망가져 버린 인간과의 친밀한 관계와 사랑을 회복하시려 자신을 낮추셨고, 물리적 형상을 입는 위험을 감수한 채 이 세상에 뛰어드셨다. 그러므로 이 회복의 관계, 하나님과 이웃과 세상과 더불어 화해하는 이 관계야말로 그리스도가 전해주신 복음의 핵심이다.

아나뱁티스트-메노나이트 신앙에 기초한 학교들은 이 성육신의 복음을 옳게 드러내야 할 것이다. 예배의 정신을 통해서, 전통을 올바로 이해하는 것을 통해서, 그리고 진정한 공동체를 세우는 일을 통해서 이 복음을 드러내야 할 것이다. 교사들은 학생들에게 호기심과 이성, 기쁨, 인내심 그리고 사랑이라는 성향과 자질 면에서 모범이 돼야 할 것이다. 이런 가르침은 학생들이 창조 세계에 깃든 하나님의 임재를 인식하고 자신들의 전 감각을 통해 온전히 알아 가는 모습을 보일 때, 진정으로 전해졌는지 알 수 있을 것이다. 성육신의 교육학은 언제나 물질에서 정신을 분리하고, 신앙과 이성을 나누려 하고, 과업과 은총을 구분하려는 모든 시도를 거부할 것이다. 아나뱁티스트 교육자들은 학생들에게 늘 새로운 힘을 공급해 창조 세계를 치유하시는 하나님의 손길을 느끼게 할 것이고, 그 회복의 사역에 하나님과 더불어 동참하도록 격려하며, 우리가 열매를 맺는 참된 비결은 오직 원 포도나무이신 그분에게 붙어 있을 때에만 가능하다는 사실을, 그것이 은총임을 인식하도록 도울 것이다.

중세 사람들은 적어도 한 세기가 지나기 전에는 자신들의 수고를 남들이 알아줄 수 없다는 사실을 알면서도 대성당 건축을 위해 나무를 심었다. 22세기 미래 교회를 위해서 우리는 지금 무엇을 해야 할까? 나중에 미래 세대가 과거를 돌아보며 우리가 내린 결정이 지혜로웠다고, 그 예측이 옳았으며, 아직 태어나지 않은 세대를 위해 헌신해서 고맙다는 말을 들을 수 있을까?

우리는 매일 하나님의 선하심이라는 은총을 경험하며 산다. 우리는 매일 그 선하심을 증거하고, 그 은총을 사람들과 나누어야 한다. 우리는 이렇게 살라고 부름 받았다.

여호와의 선하심을 맛보아 알지어다!

<h1 style="text-align:center">부 록</h1>

메노나이트 학교들의 역사와 참고 문헌

아래 제시하는 메노나이트 각 학교들의 기원에 대한 짧은 설명은 총회 교육부와 학교들에서 보내준 자료를 토대로 했다. 현재 운영되는 학교의 완전한 목록을 보려면 www.menoniteducation.org를 방문하라.

◐ 초등, 중등 과정 학교들

아카데미아 메노니타Academia Menonita

- 푸에르토 리코, 베타니아 지역 소재
- 설립 시기: 1947
- 설립 배경: 알 수 없음

아카데미아 메노니타Academia Menonita

- 푸에르토 리코, 서밋 힐스 지역 소재
- 설립 시기: 1961
- 설립 배경: 1961년에 서밋 힐스 메노나이트 교회가 이 학교를 세웠으며, 선교를 목적으로 영어로 메노나이트 교육을 제공하는 초등 언어 교육 기관으로 세웠다.

벨빌 메노나이트 학교Belleville Mennonite School

- 펜실베이니아, 벨리빌 지역 소재
- 설립 시기: 1945
- 설립 배경: 지역 교회 목회자들이 교회 아이들에게 기독교 교육을 시행할 목적으로 벨빌 메노나이트 학교를 세웠다.

베다니 기독교 학교Bethany Christian School

- 인디애나, 고센 지역 소재
- 설립 시기: 1954
- 설립 배경: 1947년에 인디애나–미시건 노회에서 공동체 생활연구 위원회를 발족했다. 이 위원회는 공동체 생활을 위한 구조적 환경을

면밀히 조사하여 성서적이고 유익한 방안을 다음 회기까지 제시하기로 결의했다. 그리하여 노회에서 학교를 설립하였고 헤롤드 벤더Harold S. Bender, 아모스 호스테틀러Amos O. Hostetler, 가이 허시버거Guy Hershberger가 학교의 초대 교육위원으로 뽑혔다.

센트럴 기독교 학교Central Christian School

- 오하이오, 키드론 지역 소재
- 설립 시기: 1961
- 설립 배경: 키드론 지역의 많은 메노나이트 그룹이 오하이오와 동부 노회에 메노나이트 고등학교를 설립해 달라고 요청했고, 1959년 11월 26일 기공했다. 이 학교는 오하이오 지역에 있는 최초의 메노나이트 중등 교육 기관이다. 학교는 1961년에 문을 열었으며 8명의 교사와 4명의 직원, 156명의 학생으로 시작했다. 초대 교장은 목회자인 클레이톤 스워쩐트루버Clayton L. Swartzentruber가 맡았다.

크리스토퍼 덕 메노나이트 고등학교Christopher Dock Mennonite High School

- 펜실베이니아, 랜스데일 지역 소재
- 설립 시기: 1954
- 설립 배경: 펜실베이니아 지역의 프란코니아 노회에 지역 교회들이 아이들의 교육과 영성 훈련의 필요성을 피력하였고, 이에 대한 응답으로 고등학교 설립 안이 제시되었다. 노회는 학교 설립 문제를 별도 위원회에 위임해 조사해 본 결과, 지역 공동체에는 초등학교나 중학교를 더 원하고 있어 고등학교 설립이 승인되지 않았다. 7년 후인 1952년에 원년 교육위원이던 폴 클레멘스Paul Clemens가 다시 고등학교 설립을 제안했고, 이번엔 받아들여져 학교가 세워졌다.

다이아몬드 스트릿 어린이 센터Diamond Street Early Childhood Center

- 펜실베이니아, 애크론 지역 소재
- 설립 시기: 1969
- 설립 배경: 애크론 메노나이트 교회의 선교의 일환으로 세웠다. 아이들 각자가 특별하고 가치 있는 존재라는 사실을 강조하며, 지속적으로 기독교 환경에서 자라도록 교육하고 돌보는 사역을 하고 있다.

이스턴 메노나이트 학교Eastern Mennonite School

- 버지니아, 헤리슨버그 지역 소재
- 설립 시기: 1917
- 설립 배경: 1913년에 처음으로 동부 지역의 메노나이트들이 학교

설립에 대한 계획을 세웠다. 1914년에 회합을 갖고 학교 교육운영위원회를 결성하고 해리슨버그 지역에 학교를 세우기로 의결했다.

에프라타 메노나이트 학교Ephrata Mennonite School

- 펜실베이니아, 에프라타 지역 소재
- 설립 시기: 1946
- 설립 배경: 알 수 없음.

프리맨 아카데미Freeman Academy

- 사우스 다코타, 프리맨 지역 소재
- 설립 시기: 1903
- 설립 배경: 유럽에서 이주해온 메노나이트들이 다코타 지역에 정착하기 시작하자, 프레드리히 오트만Friederich Ortmann은 학교를 세워 영어 수업과 독일어로 신앙 교육의 필요성을 느꼈다. 점차 지역 내 다른 메노나이트 교회들의 후원을 받게 되면서, 1900년에 학교 법인이 설립되었다.

그린우드 메노나이트 학교Greenwood Mennonite School

- 델라웨어, 그린우드 지역 소재
- 설립 시기:1928
- 설립 배경: 그린우드 메노나이트 학교는 가장 오래된 메노나이트 초등학교이다. 학교는 1928년 3월에 메노나이트 학생들이 그린우드 공립학교에서 양심에 따라 국기에 대한 경례 및 맹세를 거부한다는 이유로 쫓겨나면서부터 시작되었다. 넬빈 벤더의 지도하에 1930년대의 어려운 시기에도 공동체의 지원으로 학교가 유지될 수 있었다.

힝클타운 메노나이트 학교Hinkletown

- 펜실베이니아, 에프라타 지역 소재
- 설립 시기: 1981
- 설립 배경: 1980년에 위버랜드 메노나이트 교회가 학교 설립에 관심을 표명하면서, 힝클타운 학교는 랭캐스트 메노나이트 노회의 교육 위원회의 도움을 받아 세워졌다.

호피 미션 학교Hopi Mission School

- 아리조나, 키코츠모비 지역 소재
- 설립 시기: 1951
- 설립 배경: 이 학교는 호피 지역 기독교 가정에서 자녀들에게 성서

를 가르칠 목적으로 세웠다. 호피 미션 학교는 1991년 일 년을 제외하고 처음부터 지금까지 계속 운영되고 있다.

아이오와 메노나이트 학교Iowa Mennonite School

- 아이오와, 칼로나 지역 소재
- 설립 시기: 1945
- 설립 배경: 2차 대전 당시 고양되는 애국심에 대한 응답으로, 아이오와에 있던 메노나이트들은 기독교 학교를 지을 것을 청원했다. 사역자였던 아모스 진저리치Amos Gingerich가 웰맨 메노나이트 교회에서 열린 사역자 회의에서 이 프로젝트를 수행할 것을 제안했고, 이에 곧 교육위원회를 발족하고 학교를 세웠다.

주니아타 메노나이트 학교Juniata Mennonite School

- 펜실베이니아 맥알리스터빌 지역 소재
- 설립 시기: 1954
- 설립 배경: 주나타 메노나이트 학교는 자녀들에게 기독교 교육을 시키고자 하던 메노나이트 가정들이 모인 한 단체가 1954년에 세웠다. 처음에 델라웨어 메노나이트 공동체가 교회 건물을 빌려주어 학교 이름을 델라웨어 메노나이트 학교로 짓고 시작했으나, 1980년에 후원자들을 중심으로 다른 기구가 생기면서 현재의 이름으로 변경하였다.

레이크 센터 기독교 학교Lake Venter Christian School

- 오하이오, 하트빌 지역 소재
- 설립 시기: 1947
- 설립 배경: 이 학교는 올드 오더 아미시, 비키 아미시, 하트빌 메노나이트, 킹 아미시, 메이플 그로브 메노나이트, 이렇게 다섯 개 그룹이 함께 후원 단체를 만들어 설립했다. 아미시는 아이들을 학교에 등록시키는 데 그치지 않고 교육위원회에 참여함으로써 학교 운영에 적극 동참했다. 학교의 본래 이름은 레이크 센터 기독교 데이 학교이었다. 첫 해 180명의 학생과 5명의 교사로 학교를 시작했다.

랭캐스터 메노나이트 학교Lancaster Mennonite School

- 설립 시기: 랭캐스터 메노나이트 학교는 랭캐스터 메노나이트 고등학교(1942년 설립)와 랭캐스터 메노나이트 중학교(2000년 설립), 뉴 댄빌 메노나이트 학교(1940년 설립), 로쳐스 그로브 메노나이트 학교(1939년 설립), 2006년에는 크레이빌 메노나이트 학교(1949년 설립)과 합병해 현재의 모습에 이르렀다.

- 설립 배경: 이 학교의 합병의 역사를 살펴보면, 아나뱁티스트의 뿌리와 교단 연결성을 강화하려는 노력을 알 수 있다. 학교의 합병을 통해 건물 및 시설의 규모가 커졌고, 모든 학년을 아우르는 학제를 갖추게 되었으며(유치원부터 고등학교까지), 조직 효율성을 높일 수 있었다. 당시 합병은 메노나이트 교육을 시행하는 데 있어 계속 개별 학교들로 남는 것보다 새로운 하나의 학교로 통합하는 것이 더 나으리라는 판단으로 시행하게 되었다.

리티츠 메노나이트 학교Lititz Area Mennonite School

- 펜실베이니아, 리티츠 지역 소재
- 설립 시기: 1978
- 설립 배경: 이 학교는 1978년 9월에 23개의 교회 공동체에서 온 67명의 학생과 6명의 교사로 시작했다. 학교는 교복 착용을 의무화했는데, 이는 현재까지 유지되고 있다. 당시에 실시했던 학습 부진 학생들을 위한 특별 프로그램은 현재까지도 학교의 필수 요소로 자리 잡고 있다. 이 학교의 설립자가 남긴 사명 선언문에는 다음과 같이 언급하고 있다. "우리 학교의 교육 목표는 각 학생들에게 탁월한 기초 교육을 제공하고, 성서에 따른 확고한 신앙을 교육하며, 예수 그리스도를 삶의 모든 영역의 주로 받아들이게 하고, 지역 공동체에 평화 교회의 신념이 확고히 뿌리내리도록 돕는다."

맨하임 기독교 학교Manheim Christian Day School

- 펜실베이니아, 맨하임 지역 소재
- 설립 시기: 1953
- 설립 배경: 1952년에 새로운 공교육 제도의 변화를 우려한 메노나이트 교회와 부모들이 다음 세대에 성서 교육과 신앙을 전수할 목적으로 이 학교를 세웠다. 현재 맨하임 기독교 학교는 다양한 교단의 학생들을 가르치고 있으며, 성서적 가치를 바탕으로 교육하겠다는 처음의 목표를 그대로 실천하고 있다.

마운트 클레어 기독교 학교Mount Clare Christian School

- 메릴랜드, 볼티모어 지역 소재
- 설립 시기: 1998
- 설립 배경: 이 학교의 설립 논의는 1997년에, 위켄스 에비뉴 메노나이트 교회의 교인들이 기독교 학교의 필요성을 언급하면서 시작되었다. 당시에는 공립 중학교에 다니던 많은 학생이 중도에 학교를 그만두고 비행으로 빠지는 일이 빈번했다. 이에 몇몇 교회가 모여 학교 설립을 추진하였다. 주변 학교들이 80%를 상회하는 자퇴율을

보이고 공립학교는 이 문제에 속수무책이었으므로, 새로운 학교를
시작할 명분은 충분했다.

뉴 커버넌트 기독교 학교New covenant Christian School

- 펜실베이니아 레바논 지역 소재
- 설립 시기: 1981
- 설립 배경: 알 수 없음

뉴홀랜드 학습 센터New Holland Early Learning Center

- 펜실베이니아, 뉴홀랜드 지역 소재
- 설립 시기: 1981
- 설립 배경: 알 수 없음

펜 뷰 기독교 학교Pen View Christian School

- 펜실베이니아, 서더톤 지역 소재
- 설립 시기: 1945
- 설립 배경: 이 학교는 프랑코니아 노회 소속의 개인들이 모여 자녀
  들에게 영적 자양분을 공급할 목적으로 기독교 초등학교로 세워졌
  다. 이는 그 주에서 최초로 학부형이 운영하는 학교가 되었다.

필라델피아 메노나이트 고등학교Philadelphia Mennonite High School

- 펜실베이니아 필라델피아 지역 소재
- 설립 시기: 1998
- 설립 배경: 1993년에 필라델피아 지역에 문화적으로 다양한 배경을
  지닌 목회자들이 모여 중등 교육 이상을 책임질 메노나이트 학교 설
  립을 논의했다. 이 학교는 1) 젊은이들에게 화해와 평화의 정신을 가
  르치며, 2) 지역과 교회에 필요한 일꾼을 양성하는 것을 목표로 한
  다. 1996년에 학교 교육위원회가 조직되었고, 위원회에서는 이 새
  로운 모험을 이끌 헌신된 교장을 물색하다 바바라 모지스 박사를 교
  장으로 세웠다. 그녀의 하나님을 향한 강한 헌신과 아나뱁티스트 신
  앙에 대한 동의한 부분이 큰 이유였다. 그녀의 30년 넘는 도심 지역
  교육자로서의 경험과 교육 철학도 교육 위원회의 마음을 사로잡았
  다. 이후 1998년에 교육위원회는 필라델피아 미술관 인근의 조용한
  길가에 자리한 3층짜리 학교 건물을 매입해 학교를 시작하게 되었
  다.

퀘이커타운 기독교 학교Quakertown Christian School

- 펜실베이니아, 퀘이커타운 지역 소재
- 설립 시기: 1951
- 설립 배경: 이 학교는 로키 릿지 메노나이트 교회와 주변 공동체에서 인근 주민들에게 기독교 교육이라는 대안을 제시할 목적으로 세워졌다. 1951년 9월 11일, 학교는 처음에 교회 지하실에서 19명의 학생을 가지고 매우 작은 규모로 시작했다.

록웨이 메노나이트 학교Rockway Mennonite Collegiate

- 온타리오 키친너 지역 소재
- 설립 시기: 1945
- 설립 배경: 1943년에 온타리오 메노나이트 학교 교육위원회에서 온타리오 노회에 메노나이트 고등학교 설립 타당성 검토를 하자고 제안해 왔다. 이내 위원회가 구성됐고, 그 결과 1945년에 첫 수업을 시작할 수 있었다.

사라소타 기독교 학교Sarasota Christian School

- 플로리다, 사라소타 지역 소재
- 설립 시기: 1958
- 설립 배경: 1957년에 튜틀 애비뉴 메노나이트 교회에 출석하는 20여 명의 부모가 모여 플로리다 지역에 메노나이트 고등학교를 세울 계획을 논의했다. 첫 해는 교회에서 학교를 열었다. 교직원은 모두 튜틀 애비뉴 메노나이트 교회 출신이었지만, 인근 지역 학생들이 등록했다.

샬롬 기독교 아카데미Shalom Christian Academy

- 펜실베이니아 챔버스버그 지역 소재)
- 설립 시기: 1976
- 설립 배경: 샬롬 기독교 아카데미는 1960년대 말과 1970년대 초에 일어났던 기독교 교육 운동의 일환으로 설립됐다. 메노나이트 가정들, 그리스도의 형제단, 형제 교회 등에 속한 사람들이 자녀들을 아나뱁티스트 관점에서 교육하기를 원했다. 샬롬 학교는 "아나뱁티스트 관점으로 성서를 바라보고, 교육을 하려는 부모들"을 도우려는 사명으로 1976년에 세워졌다.

평화와 정의 아카데미The Peace and Justice Academy

- 캘리포니아, 파사데나 지역 소재
- 설립 시기: 2009

- 설립 배경: 2008년 여름에 파사데나 메노나이트 교회 교인들이 학교 설립을 논의했다. 이들은 지역의 가난한 사람들과 비시민권자들에게 관심을 갖고, 역사적 아나뱁티스트-메노나이트 전통에 입각한 교육을 통해 진정한 사랑의 공동체를 세우고자 하였다. 현재 이 학교는 파세이다 지역에 있는 형제 교회 건물을 빌려 학교를 운영하고 있다.

유나이티드 메노나이트 교육원United Mennonite Educational Institute

- 온타리오, 리밍턴 지역 소재
- 설립 시기: 1944
- 설립 배경: 이 지역에 사립학교나 기독교 고등학교가 부족했기 때문에, 1920년대에 대거 리밍턴 지역으로 이주해 온 러시아 메노나이트들은 유나이티드 메노나이트 교회 지하에 성서 학교를 세워 젊은 이들을 가르쳤다. 곧이어 독일어 수업이 커리큘럼에 첨가되는 등 이 성서 학교 프로그램이 수년간 발전을 거듭하면서, 자연스레 정규 학교를 세우고자 하는 요구가 생겼다.

워윅 리버 기독교 학교Warwick River Christian School

- 버지니아, 뉴포트 뉴스 지역 소재
- 설립 시기: 1942
- 설립 배경: 워윅 리버 기독교 학교는 1934년 불과 22살의 나이에 워윅 리버 교회의 사역팀의 일원으로 제비 뽑힌 조지 브런크 2세 George R. Brunk II가 큰 비전을 품고 설립을 추진했다. 브런크의 노력으로 많은 메노나이트 교회가 아이들을 향한 메노나이트 교육 문제에 관심을 갖게 되었다. 1942년 9월 21일 21명의 아이들을 맞아 교회 지하실에서 학교를 처음 시작할 수 있었다.

웨스트 팔로우필드 기독교 학교West Fallowfield christian School

- 펜실베이니아, 앳글렌 지역 소재
- 설립 시기: 1941
- 설립 배경: 웨스트 팔로우필드 기독교 학교는 자녀들을 교육하고 양육하는 기독교 가정들과 제휴하여 설립되었다.

웨스턴 메노나이트 학교Western Mennonite School

- 오레곤, 살렘 지역 소재
- 설립 시기: 1945
- 설립 배경: 이 학교는 태평양 연안 노회의 지도자들이 그 지역 메노나이트 젊은이들을 위해 설립한 고등학교이다.

대학교

벧엘 칼리지 Bethel College

- 캔자스, 노스 뉴톤 지역 소재
- 설립 시기: 1887
- 설립 배경: 캔자스 지역 메노나이트들은 신앙을 기반으로 한 고등교
  육 기관을 설립하고자 이미 과거부터 많은 노력을 해 왔다.(할스테
  드 신학교, 에멘탈 학교 등) 이런 노력의 일환으로 1887년에는 "분
  파주의가 아닌 기독교 대학"을 세우려는 목적으로 뉴톤 칼리지 연
  합회를 결성하여 1887년에 학교를 설립할 수 있었다. 이후 메노나
  이트 교단에서 학교의 소유권을 양도받았다.

블러프톤 대학교 Bluffton University

- 오히이오, 블러프톤 지역 소재
- 설립 시기: 1899
- 설립 배경: 오하이오 지역에 대학을 설립하자는 논의가 일자,
  GCMC교단의 중부지역 노회가 위원회를 만들어 학교 설립 계획에
  착수했다. 이후 몇 년 간 위원회가 계획에 진전을 보지 못했으나, 노
  아 허시(Noah Hirschy)의 강력한 리더십 아래 학교가 설립될 수 있
  었다. 처음에는 센트럴 메노나이트 칼리지(Central Mennonite
  College)라는 이름으로 세워졌다.(누락된 부분 있음)

이스턴 메노나이트 대학교 Eastern Mennonite University

- 버지니아, 해리슨버그 지역 소재
- 설립 시기: 1917
- 설립 배경: 버지니아 덴비 지역 메노나이트 교회의 몇몇 지도자들은
  동부지역에 보수적인 메노나이트 신앙을 기반으로 한 고등 교육 기
  관이 없는 것을 심각한 문제로 여겼다. 이들은 학교 설립을 청원하
  고자 공동체들을 순회하며 관심을 이끌었다. 덕분에 위원회가 결성
  되었고 구조가 완비되었다. 그러나 메노나이트 교육위원회와 협력
  하는 문제에서 항상 비판에 부딪혔다. 여기에 속하면 고센 칼리지와
  자유주의 사상도 함께 해야 한다는 이유에서였다. 따라서, 이스턴
  메노나이트 학교는 보수적인 색체를 유지하고 전적으로 교회의 통
  제에 있게 되었다.

고센 칼리지 Goshen College

- 인디애나, 고센 지역 소재

- 설립 시기: 1894
- 설립 배경: 1894년 처음 설립될 당시에는 에크하르트 교육원으로 시작했다. 이때는 학교가 메노나이트 교단과 연관성을 분명히 갖지는 못한 상태였다.1903년에 학교는 동쪽으로 이전하여 현재의 고센 칼리지가 되었다. 학교 이전에 발맞춰 이때 메노나이트 교육위원회에 학교의 권리를 양도하였고, 이후부터 메노나이트 교단에 속한 지역 노회에서 새로운 교육위원회가 구성돼 학교를 운영하게 되었다.

헤스턴 칼리지 Hesston College

- 캔자스, 헤스턴 지역 소재
- 설립 시기: 1909
- 설립 배경: 서부 지역에 메노나이트 학교에 부족한 것에 문제의식을 가진 메노나이트 설교자 T.M 얼브T.M Erb가 1907년 노회에 대표로 참석에 의견을 피력했고, 1909년에 학교를 세웠다.

↻ 신학교

연합 메노나이트 성서 신학교 AMBS

- 인디애나, 에크하르트 지역 소재
- 설립 시기: 1957
- 설립 배경: AMBS는 미국 내 메노나이트 두 교단의 협력으로 만들어졌다. 시카고에 있던 메노나이트 성서 신학교(GC)와 고센 성서 신학교(MC)가 1957년 에크하르트 지역으로 통합해 지금의 모습을 유지하고 있다. 이런 협력과 노력이 2002년에 두 교단을 미국 메노나이트 교회라는 단일 교단으로 통합하는 결과를 낳았다.

이스턴 메노나이트 신학교 Eastern Mennonite Seminary

- 버지니아, 헤리슨버그 지역 소재
- 설립 시기: 1965
- 설립 배경: 1921년에 이스턴 메노나이트 칼리지에서 동부지역에 신학교를 설립하자는 논의가 일었다. 교회 지도자였던 J.B 스미스와 C.K 레흐만이 신학교 설립을 대학 당국에 강력히 요구했다. 이 계획은 1958년에 이스턴 메노나이트 칼리지 이사회에서 받아들여졌고, 1960-61년에 1년짜리 대학원 과정이 개설됐다. 그러나 1965년이 돼서야 학교는 정식 명칭과 별도의 총장을 갖고 정식 신학교로 출범하게 되었다.

후주

서문

1) 역주: 학생이 실제로는 월반할 실력이 되지 못하나 자존감 향상을 고려하여 상급 학년으로 승급시키는 것.

2) 이 자료는 국가교육통계센터(National Center for Educational Statistics)에서 가져온 것이다. www.nces.de.gov.fastfacts/dispaly. asp?id=372를 보라.

3) 공식적으로 MEA에 가입한 학교들 외에, 메노나이트 보수파(Conservative Mennonite), 비키 아미시(Beachy Amish), 올드오더 아미시(Old Order Amish) 등에 속한 수백 개의 학교들이 MEA에 가입하지 않은 상태로 있다. 또한, 메노나이트 미국 총회(MC USA) 소속 지역 내에도 MEA에 가입하지 않은 학교들이 더러 있다.

4) 개혁주의 접근법의 사례를 보려면, Clifford Williams, *The Life of the Mind: A Christian Perspective*(Grand Rapids: Baker Academic,2002), Francis Beckwith, William Lane Craig and J.P.Moreland,eds. *To Everyone and Answer: A Case for the Christian Worldview*(Downers Grove,III: Inter Varsity, 2004)를 보라. 보수적 기독교 교육의 민족지학 연구를 보려면, Alan Peshkin, *God's Choice: The Total World of a Fundamentalist Christian School*(Chicago: University of Chicago Press, 1986)을 보라. 그리고 John Evans, *Clint's Story: A Public Schoolteacher's Case for Homeschooling* (Seattle: CreateSpace, 2009)를 참고하라.

5) 이런 일반화에 대해 명백한 두 가지 예외가 존재한다. 하나는 Daniel Hertzler, *Mennonite Education: Why and How? A Philosophy of Education for the Mennonite Church*(Scottdale, Pa.: Herald Press, 1971)이며, 다른 하나는 Sara Wenger Shenk, *Anabaptist Ways of Knowing: A Converation about Tradition-Based Critical Education*(Telford, Pa.: Cascadia, 2003)이다. 또 다른 주목할 만한 예외는 Christopher Dock이 1750년 집필하고 1769년에 출간된 *Schul-Ordnung*으로 식민지 시절 미국에서 출간된 최초의 교육학 매뉴얼이다.

1장 : 북미 메노나이트의 교육환경

6) 토론을 위한 추가 설명은 Harold E. Huber, *With Eyes of Faith: A History of Greenwood Mennonite Church, Greenwood, Delaware, 1914-1974* (Greenwood, Del: Country Rest Home, 1974), 88-103 페이지를 보라

7) 존 로스와 데이비드 요더의 2009년 11월 28일 인터뷰.

8) Donald Kraybill, *Passing On the Faith: The Story of a Mennonite School*(Intercourse, Pa.: Good Books, 1991), 9-11

9) 자유7학은 3학과와 4학과 두 개의 학문 군으로 이루어진다. 3학과는 문법, 수사, 논리학이, 4학과는 산술, 기하, 음악, 천문학이 포함된다. 자유학(liberal arts)에서 자유(liberal)라는 말은 라틴어liberalis에서 왔으며, 이 말은 "자유민(사회?정치적 엘리트)을 위한 교양"이라는 의미다. 이는 특히 노예학(servile arts)라는 말과 대조의 의미로 쓰였는데, 그러므로 자유학은 사회 엘리트층이 필요한 능력과 일반적 지식을 대변하는 것으로, 노예학은 그 엘리트들에게 고용된 사람들이 갖추어야 할 기술을 익히는 것을 가리킨다.

10) 국립교육통계원(National Center for Educational Statistics) 자료, "Fast Facts" 참고

11) Wladi ldimir Süss, *Das Schulwesen der deutschen Minderheit in Russalasnd: Von den ersten Ansiedlungen bis zur Revolution 1917*(Köln: Bühlau, 2004)

12) 현재 북미에는 두 개의 큰 교단이 지역을 기반으로 존재하는데, 미국 지역의 Mennonite Church USA와 캐나다 기반의 Mennonite Church Canada가 있다. 이는 사실상 하나의 교단이며, 단지 지역을 기반으로 나뉘어 있을 뿐이다. 이 교단은 기존에 미국에 존재했던 Mennonite Church(MC, 혹은 "Old Mennonite"-1725년 설립)와 General Conference Mennonite Church(GCMC-1860년 설립), 캐나다에 있던 Conference of Mennonite in Canada(1903년 설립)라는 세 개의 교단이 통합하여 만들어졌다. MC는 1683년 처음 북미 펜실베이니아 지역으로 이주한 독일계 메노나이트와 18세기 초에 이주한 스위스 메노나이트, 아미시 그룹 일부가 만들었으며, 통합되기 이전까지 북미에서 가장 큰 메노나이트 교단이었다. GCMC는 그보다 나중에 이주해 온 메노나이트, 아미시 그룹과 1870년대 대거 이주해 온 러시아 메노나이트가 함께 결성했다. 이 교단은 학교와 신학교 같은 교육기관 설립에 주력했으며 통합 전 90년대까지 캐나다, 미국, 남미에 410여 개 교회, 6만 4천여 명의 회원을 보유하고 있었다. 캐나다의 Conference of Mennonite in Canada는 1786년에 미국 펜실베이니아에서 캐나다로 이주해 온 첫 세대와 이후 유럽에서 직접 건너온 메노나이트들이 함께 설립했다. 이후 나중에 합류한 여러 이주자들이 더해지면서 확장되었다. 미국은 1980년대까지 MC와 GCMC 두 교단은 미세한 차이를 두고 공존하다가, 1983년 메노나이트가 미국으로 이전한지 300주년을 기념해 한자리에 모였을 때 통합을 거론하였다. 이후 1989년에 본격적으로 통합 논의가 시작되었고, 수년간 토론과 연구, 관련 회의가 이루어지다가 1995년 투표를 통해 북미 전역을 대표하는 하나의 교단을 설립하고 캐나다와 미국, 두 지역을 기반으로 나누기로 합의한다. 1999년에 최종적으로 교단 통합이 조인되었으며, 2002년에 이르러 미국과 캐나다의 지역 노회들의 가입 절차가 마무리돼 현재의 모습에 이른다. 그러나 일부 보수적 메노나이트 복음주의자 그룹은 교단 통합에 우려했으며 지금도 별도로 존재한다. MC USA는 2006년 현재 950개 교회, 11만 696명의 회원을, MC Canada는 2003년 현재 235개 교회, 3만 5천명의 회원을

보유하고 있다.

13) Kraybill, *Passing on the Faith*, 13

14) 이 수치들은 Paul Toews의 Mennonites in American Society: Modernity and the Persistence of Religious Community (Scottsdale, Pa.: Herald Press, 1996). 173 페이지에서 가져왔다. 그러나 Steven M. Nolt는 이 수치는 잘못 산출되었을 가능성이 매우 크다고 지적한다. 그는 상당한 규모의 일부 메노나이트 공동체에는 많은 청년이 양심적 병역거부자로 판정돼 농장에서 대체복무를 했으나, 이 수치가 계산에 반영되지 않았다고 지적한다. Through Fire and Water: An Overview of Mennonite History, rev.ed. (Scottsdale, Pa.: Herald Press, 2010), 316 페이지, 각주 6번 참고.

15) Donald kraybill, Mennonite Education: Issues, Facts and Changes (Scottsdale, Pa.: Herald Press, 1978) 68 페이지.

16) 일부 블러프턴 대학교 같은 학교의 경우는 처음부터 상당한 비율의 외부 학생을 받아 가르쳤다. 그러나 이는 명백한 예외에 속한다.

3장 : 배움의 공동체 만들기

17) C.S. Lewis 『예기치 못한 기쁨』*Surprised by Joy: The Shape of My Early Life*(New York: Harcourt Brace. 1955) (홍성사 역간)

18) 크리스토퍼 독의 저작이 많이 인용된 전기를 보려면, Gerald C. Struder, Christopher Dock, *Colonial Schoolmaster: The Biography and Writings of Christopher Dock*(Scottsdale, Pa.: Herald Press, 1993) 을 보라.

4장 : 메노나이트 교육의 결과

19) 국립교육통계원(National Center for Educational Statistics) 자료, "Fast Facts" 참고

20) Miroslav Volf, *Exclusion and Embrace: A Theological Exploration of Identity, Otherness, and Reconciliation*(Nashville, Tenn: Abingdon Press, 1995)

21) 어떤 면에서 "경험 학습"이라는 말은 부적절할지 모른다. 독서와 사고력 등도 인턴 프로그램이나 단기 봉사와 마찬가지로 진정한 경험이라 할 수 있기 때문이다.

22) Richard Louv, *Last child in the Woods: Saving Our children from Natrue-Deficit Disorder*(Chapel Hill, NC: Algonquin Books, 2006)

5장 : 논의 지속하기

23) 학교 신설에 도움이 될 만한 실질적인 참고 자료를 찾는다면, 메노나이트 중등 교육 위원회가 편찬한 *Handbook to Establish a Mennonite School*를 보라. 총회 교육부에서 배포하고 있다.

6장 미래 내다보기

24) Laurie Oswald Robinson, "A Priceless Education" *The Mennonite* (January 20, 2009), 10.

25) Theron F. Schlabach, *Peace, Faith, Nation: Mennonites and Amish in Nineteenth-century America*(Scottsdale, Pa.: Herald Press, 1988), 295.

26) 이와 관련된 더 많은 자료를 보려면, Conrad Kangay, *Road Sings for the Journey: A Profile of Mennonite church USA*(Scottsdale, Pa.: Herald Press, 2007).

27) David J. Koon, "*On the Brink of Disaster?*" *The John William Pope Center for Higher Education Policy*, August 20, 2009, www.pope center.org/news/article.tml?id=2220

28) 편집자주: 팟캐스트는 애플의 아이팟(Ipod)과 방송(Boradcasting)을 결합해 만든 신조어로, 포터블 미디어 플레이어(PMP) 사용자들에게 오디오 파일 또는 비디오 파일 형태로 뉴스나 드라마, 각종 콘텐츠를 제공하는 것을 말한다. 기존 라디오 프로와 달리 방송시간에 맞춰 들을 필요가 없이, 자동으로 업데이트 되는 관심 프로그램을 내려 받아 아무 때나 들을 수 있는 새로운 개념의 맞춤형 개인 미디어.

29) Shane Hipps, *Flickering Pixels: How Technology Shapes Your Faith* (Grand Rapids, Mich.: Zondervan Press, 2009)